U0628345

| 光明社科文库 |

# 互鉴互通

## 历史上的中国与世界

刘丹忱　　赵国辉◎主编

光明日报出版社

图书在版编目（CIP）数据

互鉴互通：历史上的中国与世界 / 刘丹忱，赵国辉

主编 . -- 北京：光明日报出版社，2023.5

ISBN 978 - 7 - 5194 - 7188 - 0

Ⅰ . ①互… Ⅱ . ①刘… ②赵… Ⅲ . ①中外关系—文

化交流—文化史—研究 Ⅳ . ①K203

中国国家版本馆 CIP 数据核字（2023）第 078103 号

## 互鉴互通：历史上的中国与世界
HUJIAN HUTONG：LISHISHANG DE ZHONGGUO YU SHIJIE

主　　编：刘丹忱　赵国辉

责任编辑：梁永春　　　　　　　责任校对：杨　茹　张慧芳

封面设计：中联华文　　　　　　责任印制：曹　净

出版发行：光明日报出版社

地　　址：北京市西城区永安路 106 号，100050

电　　话：010 - 63169890（咨询），010 - 63131930（邮购）

传　　真：010 - 63131930

网　　址：http：// book. gmw. cn

E - mail：gmrbcbs@ gmw. cn

法律顾问：北京市兰台律师事务所龚柳方律师

印　　刷：三河市华东印刷有限公司

装　　订：三河市华东印刷有限公司

本书如有破损、缺页、装订错误，请与本社联系调换，电话：010 - 63131930

开　　本：170mm×240mm

字　　数：251 千字　　　　　　印　　张：16.5

版　　次：2023 年 5 月第 1 版　　印　　次：2023 年 5 月第 1 次印刷

书　　号：ISBN 978 - 7 - 5194 - 7188 - 0

定　　价：95.00 元

版权所有　　翻印必究

# 序 言

    2021 年，我国制定了《中华人民共和国国民经济和社会发展第十四个五年规划和 2035 年远景目标纲要》，其中高等教育部分提出"推进高等教育分类管理和高等学校综合改革，构建更加多元的高等教育体系""建设高质量本科教育"等要求，通识教育是近 30 年中国高等教育发展的重要内容之一，也是建设高素质本科教育重要的一环。

    大学通识教育的根本应是价值观教育，目的是培养为民族振兴、国家富强、人民幸福而奋斗的人才。课程建设作为通识教育发展的核心问题，是各高校战略规划的重要任务，也是学校内涵发展的根基所在。大学通识教育需要承担其历史使命。而历史学课程在大学通识教育课程体系中占据了重要地位，历史学科有助于学生培养"三维"的思维方式，即从纵向的历史看源流，从横向的中外历史比较中看异同，还能透过现象分析总结出问题本质。

    中华民族是世界上最具有历史理性的民族，他们最擅长在"通古今之变"中求索历史发展的因果性，探讨其背后合乎理性的规律性因素。作为全人类文明进程伟大记录的一部分的中国史学，无愧是人类文明发展进程在世界东方的辉煌记录。它不间断地记录了中华文明连续发展的历史和特点，它促进了中华民族各族间的历史文化认同，增强了中华民族的凝聚力。另外，对外交流互鉴是世界各国成长与发展过程中的大事，一直受到重视，一直在被研究。总结互鉴、交流中外历史经验与教训，借鉴一切民族与国家有益的东西，促进中华民族伟大复兴，是我国当前改革开放的一项基本国策。国家间的交往过程就是文明共享的过程，也是向更高程度的文明演进升华的过程。历史类通识课程对青年学生培养中华民族认同感以及比较互鉴中外历史文化自信有着不可替代的重要作用。

　　中国政法大学是一所以法学为优势与特色的多科型大学，一直以来非常重视通识课程的建设。经过多年努力建立起比较完备的通识课程体系，中国政法大学人文学院历史研究所一直承担着全校历史类通识课程的教学任务，《互鉴互通：历史上的中国与世界》是该所重点打造的两门通识主干课程之一，2020年还获批校级课程思政示范课。作为目前中国政法大学唯一一门贯通中西两个通史的历史类课程，该课程系统梳理了中国与世界从早年的比较互鉴到后来的碰撞交流，直至今天的互联互通的历史，给学生以中外关系的历史全景式的展现，避免因学科细分带来的视野局限。中国史与世界史，在目前的学科体系中是两个一级学科，这导致中国史的讲授基本不涉及世界其他国家和地区，世界史的讲授中不包括中国史。就通识教育而言，这样的授课是不合理的。毋庸置疑，中国是世界的一部分，中国史的考察应当放入世界之中，而缺少中国史的世界历史是不完整的。

　　《互鉴互通：历史上的中国与世界》课程力求做到以下几点：第一，讲清楚勤劳智慧的中国人民如何培育、继承、发展以爱国主义为核心的伟大民族精神，如何在历史长河中发展形成了多元一体、守望相助的中华民族共同体。第二，讲清楚中华民族在与世界互动的过程中，特别是"数千年未有之大变局"背景下，如何逐渐形成以改革创新为核心的时代精神。第三，讲清楚中华文明与人类其他文明和谐共处、交流互鉴的历史，体会到我们可以从不同文明中寻求智慧、汲取营养，从而深刻理解人类文明之间互联互通互鉴、命运与共的伟大意义。

　　本课程运行已进入第8年，经过教学团队的努力，从课堂反应、学生问卷和教学评价来看，教学效果优秀，每学期的选课人数都有数百人之多，深受学生好评。整体来说，课程体系与师资队伍已经较为成熟和稳定，但是一直没有与本课程主讲内容和授课学时完全适应的专用教材，缺乏配套教材，对教师授课、学生听课及课后复习而言，都造成了诸多不便。编写一套适合本课程的教学用书十分必要。2020年春季学期及暑假期间，教学团队克服新冠疫情带来的诸多困难，经过一年多的撰写和修改，期间还举办了多次线下和线上研讨会、通稿会，我们终于完成了这部教材的编写工作。

　　《互鉴互通：历史上的中国与世界》教材以专题的形式大致勾勒出中外交流互鉴的历史脉络。先秦之前中国的原生文明处于自然孕育中，处于雅斯贝尔斯所说的人类精神觉醒的轴心时代，它是"中国固有文化发生时期"。从汉至唐宋，与外族之间的联系逐渐增多。汉代张骞通使西域建西域都护府之后，印度文明中佛教开始由西域传入中国，并通过与儒道两家交融开始深刻地影响中国文化的发展进程。待到唐朝鼎盛时期，西域源源不断地向内地传入胡服、胡食、胡乐等西域风俗，而新入的宗教，诸如拜火教、摩尼教、景教等虽也有所传播，但佛教对中国人的影响显然更胜一筹。

元明以来的中国与印度的文化渐行渐远，而同西方文化的交流日趋密切。中西交流之盛，前所未有。元朝在西征过程中，由于其军中各民族兼而有之，并实行"东西兼蓄"的外交政策，相应地促进了民族间的文化交流。诸多基督徒和色目人纷至沓来，开始授教和经商，促成了中国四大发明（造纸术、印刷术、火药和罗盘）在西方的传播，甚至对西方的大航海时代有所帮助。

明清时期与欧洲文明的双向互动。由于中西交通畅通，在明朝隆庆、万历一直到清朝乾隆的 200 年间，西方商人和传教士纷至沓来，西方的天文历法、哲学、几何、火器等近代科学技艺开始传入中国，而中国的漆器、丝绸、瓷器、古典经籍等随着西归的传教士传入西欧。

但随着中西交往深入，农业文明的中国与工业文明的西欧在明朝之后开始碰撞冲突。清朝延续的 268 年，是资本主义世界市场逐渐形成并向全世界扩张、掠夺的时期。1840 年之后中国的大门被迫打开，近代以来中国的历史贯穿着与西方世界的接触、摩擦和冲突。面对"三千年未有之大变局"，中华文明经历了百年探索，经历了凤凰涅槃般的浴火重生，由被动现代化成功地走向了主动现代化。

中外关系史就是这样一门研究主体之间关系的学科。主体际亦称主体间性，在其概念的形成过程中，事实上涉及了三个领域，从而也形成了三种含义不同的主体间性概念，即社会学的主体间性、认识论的主体间性和本体论（存在论、解释学）的主体间性。社会学的主体间性是指作为社会主体的人与人之间的关系，关涉人际关系以及价值观念的统一性问题。认识论的主体间性意指认识主体之间的关系，它关涉知识的客观普遍性问题。本体论的主体间性意指存在或解释活动中的人与世界的同一性，它不是主客对立的关系，而是主体与主体之间的交往、理解关系。法学理论中，主体际关系指法律关系中各主体之间的相互关系，法学上有古老的契约制度、"意识自治"原则，诉讼法中有"当事人主义"原则等。可以看出，近代西方法律思想和自由平等的市民社会孕育了主体际思维，它体现了近代西方法律思想人本主义的伦理学脉络。主体际的法学思维自 14 世纪萌芽至 20 世纪 60 年代确立，经历了 6 个世纪。这一时期交换经济彻底战胜了自然经济，理性哲学战胜了经院哲学。与此相适应的是代表理性主义和自由主义的法学战胜了封建专制法学，完成了"从身份到契约"的转变。当时盛行的自由、平等等法哲学观念，孕育了"主体际"理念。吸收近代的法治文明、排除殖民者的不法侵害是近代中国摆脱半殖民地半封建历史命运的真实经历，也是一个兼具近代中外关系史和法治史的问题，循此思路的学术认知，既有学术意义，亦不乏现实价值。编写组发挥法科强校优势，在近代部分强调了国际法在国家交往中的运用，并将法治思维贯彻其中。

《互鉴互通：历史上的中国与世界》教材引入"新文科"教研理念，尝试从中国史和世界史两个一级学科的"分科治学"走向"科际融合"，从"重学科"走向"重问题"。运用历史学、国际政治学、国际关系学、国际法等多学科的视角和方法，保证"描述"历史事物的科学性、客观性。充分借助多学科交叉优势，力求解读历史学的前沿性问题。作为一部中国历史通识教育教材，本教材还力求学术性与趣味性、历史性与哲学性之间达到平衡。在引导学生掌握历史知识的同时，收到树立正确历史观和培养学术研究能力的多重教学效果。

参与本教材编写的均为中国政法大学人文学院历史研究所的中青年骨干教师，他们长期从事历史学的科研和教学工作，曾先后主持过多项相关的国家及省部级科研课题和教改项目，有着扎实的研究基础和丰富的教学经验。本教材主编为刘丹忱、赵国辉，负责教材内容和体例设计以及全书统稿，各章编者如下：第一、二章由刘丹忱撰写，第三、四章由王学深撰写，第五章由郑云艳撰写，第六章由王敬雅撰写，第七、八章由赵国辉撰写，第九、十一章由王静撰写，第十章由胡小进撰写。

"志不求易者成，事不避难者进。"中国与世界交流互鉴的历史宏阔浩繁，教材编写工作任重而道远。虽然本教材已是本所同人共同努力的成果，但难免挂一漏万，其中错误、不当之处，诚请方家不吝指正。

编　者

2022 年 6 月

# 目　录
CONTENTS

# 第一章

# 中国的"天下观"与西方的世界秩序观

## 一、问题的提出

"天下"是一个传统的中国概念,如今人们转换使用"世界"这一称谓。一般认为"世界"一词来源于印度佛教,其实,"世界"这一概念只是中国古代"天下"概念中的一部分。"天下"在古代中国内涵极其丰富,它是中国思想家建构出的最大的空间单位,既可指中国与四方合一的世界,也可指人文与自然交会的空间;它不是一个简单意义上的地理概念,更是与"家""国"一起构成谱系的价值体,是"国"之合法性的最后依据。这种"天下观"是古代中国人一种非常重要的价值观。

面对近代以来的数千年未有之变局,中国传统的观念包括依据此观念建立起来的一整套涉外制度体系,都遭遇到来自西方全方位的冲击,这是人所共知的。那么,这种遭遇是不是一种野蛮与文明的对抗,抑或是落后封建意识与先进资本主义的意识的碰撞,还是一种分别来自东西方不同文化背景观念的遭遇,而各有千秋、互有长短呢?笔者认为必须从思想观念的源起、形成和影响入手,进行较为深入的比较研究,方能够言之成理。

当代研究国际关系的学者越来越重视思想观念对一个国家涉外制度的影响。① 中国传统思想观念对于古代中国对外关系的作用,一般来说主要体现于涉外制度、政策以及中外关系形态,也就是中央王朝根据思想观念所提供的原则

---

① [美]朱迪斯·戈尔斯坦,罗伯特·基欧汉. 观念与外交政策:信念、制度与政治变迁[M]. 刘东国,于军,译. 北京:北京大学出版社,2005.

化理念去确定世界秩序的目标，并选择达到目标的手段。因此，就古代中国对外关系历史中思想观念的作用展开研究，不仅关系到思想史研究的广度，也关系到中外关系史研究的深度，而且可以直接为当代中国国际关系理论的建设提供必要的价值资源。

今天中国的崛起已经成为世界性的话题。从近代史上看，一个贫穷落后的中国并不利于东亚的和平与稳定。那么迅速崛起走上现代化道路的中国对于未来的东亚乃至世界意味着什么呢？历史经验告诉我们，一个大国的兴起必将给地区乃至世界格局带来重大的冲击，国家间力量对比失衡往往导致原有的国际秩序出现转型，这种转型意味着很大的不确定性。美国"重返亚太"以及"亚太再平衡"战略的提出从反面印证了研究这个问题的迫切性，中国的和平发展战略能否成为一个有效的对外战略，其核心在于我们战略的指导思想能否促使国家的发展与外部环境之间尽可能形成一种良性的互动，以减少阻力。因此，从思想、文化的视角研究国际秩序的转型具有重要的战略意义和现实意义，这关系到我们能否从历史中寻找价值资源，为外交战略的制定提供思想启迪的问题。

## 二、中国的"天下观"

中国传统思想中的"天下观"，根据美国学者史华慈（Benjamin I. Schwartz）等人的观点，就是中国的世界秩序观[1]。东亚的学者对于中国的天下秩序在观念和制度等层面更是多有研究[2]。

有关商朝以前的天下秩序的概念，我们只能从后人的记述中去猜测了。后

----

[1] Benjamin I. Schwartz. "The Chinese Perception of World Order", in John K. Fairbank (ed.). *The Chinese World Order: Traditional China's Foreign Relations* [M]. Cambridge, Massachusetts: Harvard University Press, 1968: 266-288.

[2] 中国大陆学者如李云泉的《万国来朝：朝贡制度史论》、陈尚胜的《闭关与开放——中国封建晚期对外关系研究》、何芳川的《"华夷秩序"论》等。日本学者如安部健夫的《中国人的天下观》、滨下武志的《近代中国的国际契机——朝贡贸易体系与近代亚洲经济圈》等。韩国学者有全海宗的《汉代朝贡制度考》《韩中朝贡关系概览》等。中国港台学者如黄枝连的《天朝礼治秩序研究》（上、中、下三卷）、邢义田的《天下一家：中国人的天下观》。

人记述以《史记》的《五帝本纪》和《夏本纪》最为系统。然而我们无法确定太史公所说的有多少是实况的反映,又有多少是利用后来的概念去描述的。例如,在他的笔下,五帝俱曾为"天下"诸侯推尊的"天子"。《五帝本纪》提到舜分天下为十二州,《夏本纪》有九州、五服之说。此外,在"中国"的四周,已经整齐地分布着戎夷蛮狄。天下、中国、四方、四海、九州、东夷、西戎、南蛮、北狄似乎在夏代以前都有了,事实是否如此,我们无法证明。

充满疑古精神的古史辨派代表顾颉刚先生曾在《秦汉统一的由来和战国人对于世界的想象》中批评了以为中国从来就是统一的误解,他说:"秦汉以前的中国只是没有统一的许多小国;他们争战并吞的结果,从小国变成了大国,才激起统一的意志;在这个意志之下,才有秦始皇的建立四十郡的事业。"[①] 但是近几十年的考古研究取得了巨大的成就,使人眼界大开。也许正是经历过这样否定之否定的过程,对我们上古史的研究才能更加深入。《新中国的考古发现和研究》指出:"综观各地发现的殷商时期的方国遗存,它们的文化面貌尽管在某些方面也表现出一定的地方特点……但在很多主要的方面和殷商文化几乎是完全相同的。这就表明殷商文化的分布已经远远超过原先的想象,它不仅存在于黄河中下游,而且发展到长江以南的广大地区……它充分证实了殷商文化对于各个方国的强大影响。这些方国中,有的是殷商帝国的重要盟国,有的长期与殷商帝国处于敌对状态。但是,无论是哪一种情况,在物质文化上都接受了殷商的文明。"[②] 这便说明不容忽视的文化统一的进程正为政治的统一奠定着坚实的基础。

也许可以说,中国人的天下观在夏商之时孕育出朴素的原型,到两周时期得到进一步发展。周人对天下观的贡献并不在于延续了商殷以来较为机械的方位、层次观念,而是产生出一种文化的天下观。"中国"和"天下"这两个词在周初时正式出现在传世文献中。"天下"首见于《周书·召诰》中的"用于天

① 顾颉刚. 古史辨·第 2 册上编 [M]. //载 [民国丛书] 编辑委员会编. 民国丛书·65 (影印本). 上海:上海书店出版社, 1992:1.
② 中国社会科学院考古研究所. 新中国的考古发现和研究 [M]. 北京:文物出版社, 1989:244.

下，越王显"，意思是说用此道于天下，王乃光显也。可见"天下"是一个由"王"来执政行道的世界。"中国"首见于《周书·梓材》中的"皇天既付中国民越厥疆土于先王"，此处的"中国"仅是"中原"之义。

"天下观"作为一种政治思想，形成于先秦时期。在《易经》《诗经》《尚书》《论语》《孟子》《大学》《中庸》等儒学经典中，"天下"既指中国与四方的总合，也指人文与自然交会的空间。中国与四方的"四夷"，共同构成以中国为中心的同心圆。同时，"中国"的文明至高无上，天子受"天命"而执政于"天下"。

周天子对于王畿以外的地区不直接施政，而是视层次的不同，以不同形式的"礼"与他们互动。祭公谋父在劝周穆王不要征犬戎时说："夫先王之制，邦内甸服，邦外侯服，侯卫宾服，夷蛮要服，戎狄荒服。甸服者祭，侯服者祀，宾服者享，要服者贡，荒服者王。日祭、月祀、时享、岁贡、终王，先王之训也。"（《国语·周语上》）其中甸、侯、宾、要、荒就是我们习称的五服。以往顾颉刚等学者认为文献记载多有漏洞而不甚可信。其实，罗志田先生的观点倒更令人信服，"此一叙述的不那么严整，恐怕反提示着其更接近变动时代制度的原状。"① 对于不守职贡的各服，甸、侯、宾三服同属华夏，所以要刑、伐、征；而对要、荒二服则主要是德化感召。畿服理论中"无勤民于远""德流四方"的传统于此奠定。关于五服或九服的理论还见之于《尚书·禹贡》《周礼·秋官》《周礼·夏官》等文献中。

中国历史上有天下观，中国的最高理想是天下大同，当然要向大一统的多民族国家来过渡。这使得中国文化具有了包容非华夏民族的文化基因，形成了中华民族所特有的凝聚力和向心力。所以在中国历史上分裂状态是暂时的，而人们追求的统一状态是常态，是主流。因此，不了解中国文化中的道统，就不了解中国人的理想，也就很难深入地理解中国的历史了。古代的天下观既有源远流长的理论，又与每个朝代面临的局势密切相关。葛兆光先生分析宋代的"中国"意识，认为当时由于辽、西夏、金的兴起，宋朝士大夫有了实际的敌国

① 罗志田. 先秦的五服制与古代的天下中国观［M］. //学人·第10辑. 南京：江苏文艺出版社，1996.

意识和边界意识①。历史上中原华夏政权的宗主地位时常受到挑战甚至被异族所取代，但华夏中心意识和大一统观念却根深蒂固。入主的异族政权往往以华夏正统自居，沿用封贡制度，在与周边民族和邻国交往中确立自己的华夏宗主地位。这便构成了中华民族多元一体化历史进程的一部分。

具体到中国传统对外思想的原则化理念是什么？这是一个尚未讨论清晰的问题。古代儒家的"天下观"，虽然认为"华夷有别"，但却又更主张"天下一家""王者无外""和也者，天下之达道也"，可见，"一"与"和"是中国古代思想家们的一种原则化信念，所谓"王者无外""定于一""一统华夷""和而不同""和为贵"，都表达了这种"一"与"和"的原则化理念。

在具有大同理想的天下观的统摄之下，涉及"华夷观""王霸观"等几个从属观念，虽然大一统是儒家高扬的旗帜，但对"夷狄"却倡导不干预主义的原则，东汉人何休在注疏《公羊传》时这样说："王者不治夷狄，录戎来者不拒，去者不追也。"（《春秋公羊传注疏》卷二"鲁隐公二年"条）其把能够"守在四夷"视为中国安全的象征。《左传》中载："古者天子守在四夷。天子卑，守在诸侯。诸侯守在四邻。诸侯卑，守在四竟。"（《左传·昭公二十三年》）在其后的历史进程中又逐渐形成了"守中治边""守在四夷""王者不治夷狄"等治边思想。在提倡王道的"亲仁善邻"政策的同时，天下观还一直保有"以力辅仁"的外交理念。孔子在《论语·颜渊》中回答子贡为政要旨问题时，就强调"足食、足兵、民信之"对治国都非常重要，他还在齐鲁夹谷之会中实践了自己"有文事者必有武备，有武事者必有文备"的外交原则。《左传》在分析军事与道德关系时，有过这样的总结："天生五材，民并用之，废一不可，谁能去兵。兵之设久矣，所以威不轨，而昭文德也。"《荀子·王制》中说得更加清楚：一个国家对外要做到"仁眇天下，义眇天下，威眇天下。仁眇天下，故天下莫不亲也；义眇天下，故天下莫不贵也；威眇天下，故天下莫敢敌也。以不敌之威辅服人之道，故不战而胜，是知王道也"。对于实施王道而言，

---

① 葛兆光. 宋代"中国"意识的凸显——关于近世民族主义思想的一个远源［J］. 文史哲，2004（1）.

广布仁义与保持强大的军力缺一不可，只有常备强大的军力足以抚顺诛逆，中原王朝的广布仁义才能真正收到效果。

下面我们重点分析一下天下观在观念层面的华夷之辨与制度层面的天朝封贡体系。

目前学术界有些学者片面强调中原汉族政权的华夷观对当时民族关系的恶劣影响，而学习中国近代史的学生更是被灌输"华夷之辨"是一种狭隘的民族主义的观念，反映了中国传统观念的封闭僵化、盲目排外的思想，因此要加以严厉的批判。这在很大程度上是一种因果倒置的凭空指责，历史真的如此吗？为什么长时段的史实和这样的说法不尽相同呢？事实上汉、唐甚至包括宋、明，这些王朝几乎都有一种海纳百川、有容乃大的气魄，对外来文明中优秀的东西一般是抱着学习、吸收的态度，这些时代的人民也好，知识分子的主流也好，较普遍地具有开放豁达的心态。

《左传正义·定公十年》中孔颖达疏："中国有礼仪之大，故称夏；有服章之美，谓之华。华、夏一也。"孔子最早也最系统地提出了以"夷夏之辨"为主要内容的民族思想。在孔子看来，诸夏代表着文明和先进，夷狄代表着野蛮与落后，历史的进程应当以诸夏的文明改造夷狄的野蛮，使原本落后的夷狄向先进过渡，最终达到诸夏的文明水平，实现天下大同的理想。

但孔子并不排斥夷狄，甚至也没有歧视夷，《论语·子罕》中说："子欲居九夷，或曰：'陋，如之何？'子曰：'君子居之，何陋之有？'"这话的两层含义是：第一，夷是可居之处，所谓陋只是外在环境和生活的相对困难；第二也是更重要的，孔子认为有教无类，君子居于夷狄之地肩负着文化传播与改造的责任，因此夷狄可以教化不以为陋。《孟子》曰："舜生于诸冯，迁于负夏，卒于鸣条，东夷之人也。文王生于岐周，卒于毕郢，西夷之人也。"（《孟子·离娄》）可见，具有夷狄血统的大舜和周文王却能被奉为华夏族的著名先王。这与亚里士多德关于"蛮族就是天生的奴隶"[①] 的种族优劣论有着天壤之别。

孔子以文化的野蛮与文明作为区分夷夏的最高标准。这一文化概念，不仅

---

① ［古希腊］亚里士多德. 政治学（英汉对照本）［M］. 高书文，译. 北京：九州出版社，2007：39. 古希腊人把非希腊人都称为"蛮族"（Barbarian）。

包括语言、风俗、经济等基本要素，而且更包括了周礼这种深层次的文化内涵。孔子还认为夷夏可变，如果夷用夏礼，也就是夷的行为符合周的礼乐文明，夷则进而为夏；如果夏用夷礼，则退而为夷。楚庄王问鼎中原，被视为"非礼"，而至鲁宣公十二年的晋楚之战，孔子在《春秋》中却礼楚而夷晋①。春秋诸家中，夷夏观最为明确的当属以孔子为代表的儒家，但儒家在明"夏夷之辨"的同时，并不排斥异族。孔子说："远人不服，则修文德以来之，既来之，则安之。"（《论语·季氏》）孔子相信夷狄可以教化的思想显然与希腊先哲柏拉图视"异族为异类"的种族观大相径庭。

中国人自己很早就把中国看成一个文化共同体，而不是一个政治疆域，更非一个种族疆域。中国所涵盖的民族和疆域不断以内聚的形式扩大的历史进程，印证了中华天下观中的华夷之辨所独具的包容性和向心力。春秋时代，秦、楚都不被视为中国，秦因为受"戎翟之教，父子无别，同室而居"（《史记》卷六八《商君列传》），直到秦孝公（前361—前337年）变法之前，仍不得参加中国诸侯的盟会，中国以"夷翟遇之"（《史记》卷五《秦本纪》）。孟子说："吾闻用夏变夷者，未闻变于夷者也。陈良，楚产也，悦周公仲尼之道，北学于中国。"（《孟子·滕文公》）可见直到战国中期，孟子还认为不行周公仲尼之道的楚国不属于中国。历史上中原华夏政权被异族取代的现象并不鲜见，但华夷观念难以撼动。南北朝时的五胡、后来的元朝、清朝的绝大部分都融入中国的此观念之中。正如雍正《大义觉迷录》所云："中国而夷狄也，则夷狄之；夷狄而中国也，则中国之。"华夷互转的含义，概括起来就是"夷狄入华夏则华夏，华夏入夷狄则夷狄"，翻译成白话也就是说："文明人如果接受了野蛮愚昧的观点和行为方式，那么，他就已经脱离了文明变成野蛮人；而如果一个曾经处于野蛮愚昧环境的人，进入了文明开化进步的体系，接受了文明，那么，他就可以变成一个文明人了。"

其实华夷之辨的原意是文明和野蛮之辨，并非狭隘的民族主义观念，其本质是歌颂追求文明，反对倒退野蛮愚昧！不但是对中国，放到全世界，都是具

----

① 费孝通. 中华民族多元一体格局 [M]. 北京：中央民族大学出版社，1999：224-225.

有超越时空意义的至理箴言。孔子于夷夏之界，不以血统种族及地理与其他条件为准，而以文化来区别，这比两千年后持着民族优越论来殖民世界、贩运黑奴的欧洲殖民者在道义上高多了。后来中国清朝统治者出于维护既得利益集团的目的，据"华夷之辨"抗拒先进的资本主义文明潮流，绝非该思想的原意和主流。至于个别持有类似狭隘思想的人物其他文明的历史中都有，并非中华文明所独具。

关于天朝封贡体系①，以儒学思想作为意识形态的中国在东亚建立了一种秩序，以天朝为核心，覆盖东亚、东南亚地区的封贡体系，天朝与朝贡国不是现代国际关系意义上平等国与国之间的关系，但也绝非殖民体系下，宗主国与殖民地之间充满了掠夺和压迫的殖民关系。晚清外交家曾纪泽曾指出："盖中国之于属国，不问其境外之交，本与西洋各国之待属国迥然不同。"② 一些国外学者也持类似的观点，"这里所涉及的朝贡体制是一个内涵更为复杂的多元体系。它作为亚洲世界和国际秩序中的外交、交易原理发挥其作用，使各个国家和民族保持自己个性的同时，又能够承认彼此的存在，它是一个共存的体制。……近代的统治—被统治、剥削—被剥削的经济关系是不能和它相提并论的"③。封贡体系的不平等性主要体现在封贡礼仪与封贡表文当中，象征意义更为突出。这与近代殖民体系的不平等性有本质的不同。

封贡体系中的等级性与中国自古以来就有的天下观与华夏中心意识有关。这种华夏中心意识的存在是由对自身文化的优越感而产生的。由于地理环境的相对封闭，缺少与其他发达文明之间的对等交流，华夏族日益增强了自身的文化优越感。所以，在天下观的影响下，中国往往以天朝上国自居，把与中国发生关系的其他国家都纳入封贡体系的范畴，以和平互利为目的，维护自身社会的稳定和文明的发展，并通过和平的方式来促进其臣属国的发展。"在华夷秩序

---

① 由于受西方话语的影响，有时人们把古代中国与周边邻国结成的关系称为"宗藩关系"，其实很欠妥当。因为它们之间并无像西方殖民宗主国对殖民地藩属国那样拥有支配和统治的宗主权。而中国封建王朝与周边邻国之间由于"册封"和"朝贡"两种活动的关联，才结成一种特殊的国与国之间的政治关系，因此称为"封贡关系"更为恰当。

② 曾纪泽. 曾纪泽遗集 [M]. 长沙：岳麓书社，1983：208.

③ ［日］加藤阳子. 战争的日本近代史 [M]. 讲谈社现代新书，2002：66-77.

中，各国的最高权力即使难免受到来自王朝内部政变的威胁，却一般不会因来自外部侵略而遭罹亡国的命运；国家之间一般也不需要借用国际条约来确认自己在领地内的最高主权。此外，在文化多元化和多神诸教并存的宽松氛围中，没有一种宗教力量可以形成对中华帝国最高统治权威的挑战"①。这一秩序把东亚各国人民引导到了文明社会，促进了各国政治、经济、文化、教育等领域的制度和事业的发展，使这一地区的思想、道德、知识、社会管理、行政效率、经济和生活水准，在近代以前数千年中总体处于世界前列且较为和平稳定。该秩序的主要特征是和平互利性质的。

外交的终极目的是追求国家利益，或是为获得利益创造有利的国际环境。中国古代对外思想中的"守在四夷"，便体现了维护天朝安全的一种方法——缓冲国（Buffer-States），物质上的"厚往薄来"所换来的不仅仅是属国对天朝地位的承认，更重要的是国防意义上安定的周边环境。"协和万邦"也旨在形成一种对万邦进行协和的国际关系体系。经过漫长的历史演进，儒学与东亚各民族的文化水乳交融，成为他们的精神支柱，逐渐形成了"儒学文化圈"。东亚各国虽然民族构成、历史发展、风俗习惯各不相同，但由于有共同的儒学传统，因而信奉了包括天下观在内的一些共同价值观念，并共同巩固据此构建的封贡体系。

天朝封贡体系中的天朝与朝贡国是一种具有东方特色的不平等国家关系。比如，1644 年明末代皇帝朱由检殉国，"崇祯"年号却被朝鲜李氏王朝一直在内部公文中延用，加上朱由检在位的 17 年，前后一共使用了 265 年，堪称中国皇帝年号使用年限之最。中国的朝贡国这种远超现代国家利益考虑的做法，充分说明孔子的"远人不服，则修文德以来之，既来之，则安之"的王道政治理念的效用，使朝贡国并非力之不逮，实心悦诚服也。

再如，越南人接受儒家的夷夏之辨观念，越南人经常自命为"中国""中夏"，而以中国以外的其他民族为"夷狄"。越南人潘叔直编辑的《国史遗编》记载，1842 年，阮朝遣使往中国，到北京后清朝官员让他们住进"越夷会馆"，

---

① 肖佳灵. 国家主权论［M］. 北京：时事出版社，2003：194.

越使大怒，令行人裂碎"夷"字，方肯入内。又作《辨夷论》以示之，其义略谓：越南原圣帝神农氏之后，华也，非夷也。道学则师孔孟程朱，法度则遵周汉唐宋，未始编发左衽为夷行者。且舜生于诸冯，文王生于岐周，世人不敢以夷视舜、文也，况敢以夷视我乎！

毫无疑问，天下观对外部世界的影响使用了政治、军事资源，正所谓"以力辅仁"，但是更多的则是依靠思想和道德自身的力量。《贞观政要》云："先王患德之不足，而不患地之不广；患民之不安，不患兵之不强。封域之外，声教所不及者，不以烦中国也。"① 天下观中蕴含的儒家德教思想改变世界常常是以润物细无声、潜移默化的方式，自然而然地通过心灵的感化而显示出来。它超越时代、地域和民族的界限，甚至能够在一定范围内克服宗教和种族的顽固偏见，为自己开辟广阔的传播空间。可见，天朝封贡体系主要不是依靠武力维系，更有效的则是依靠华夏一整套的德教礼治。因此，该秩序具有一定的非强制性。

到 19 世纪 60 年代，中国与其周边国家，如朝鲜、越南、缅甸、老挝、泰国、琉球等，一直保持着朝贡册封的关系。根据 1818 年《嘉庆会典》记载，朝鲜对中国是一年四贡，琉球是两年一贡，越南也是两年一贡（贡使是两次一起派遣，所以也可以说是四年一贡），泰国是三年一贡，老挝则是十年一贡。19 世纪 70 年代中叶开始，中国的封贡体系崩溃，1875 年日本占领琉球（1879 年日本将琉球废藩置县），1885 年丧失越南，1886 年丧失缅甸，1895 年丧失朝鲜。1901 年清朝被迫放弃了传统的朝贡礼仪而接纳了西方的外交礼仪，这标志着传统天朝上国的世界秩序的终结。当然，当时世界上所有的农业文明无一例外地败给了以欧洲为代表的工业文明。

### 三、西方《威斯特伐利亚和约》后的世界秩序观

回顾欧洲的历史，我们发现分裂的状态是欧洲古代、中世纪时代的主旋律。直到 1648 年《威斯特伐利亚和约》（The Peace Treaties of Westphalia）的签署，

---

① （唐）吴兢. 贞观政要［M］. 长沙：岳麓书社，2000：300.

似乎战乱频发的欧洲才变得有序了一些。但是古代希腊罗马文明（特别是罗马文明）那种以战争作为生产方式的文明特征并未改变，地理大发现、贩运黑奴以及在全球范围内的海外殖民无一不是以强大军事力量来实现的。

欧洲文艺复兴时代的政治思想家们为近代西方的世界秩序观建立了坚实的理论基石。法国的让·博丹（Jean Bodin，1530—1596 年）在《论共和国六书》①（法文本 1576 年出版，拉丁文本 1586 年出版）中第一次明确提出了国家主权的概念："主权是共同体所有的绝对且永久的权力。"②"他们把君权同罗马法中的治权和封建时代的领主权融合到一起，确立了近代法律制度的主权地位。"③ 另一位则是荷兰的著名法学家胡果·格劳秀斯（Hugo Grotius，1583—1645 年），他在 1625 年发表的《战争与和平法》中发展了博丹的主权学说，认为"凡行为不从属于其他人的法律控制，从而不致因其他人意志的行使而使之无效的权力，称之为主权"④。格劳秀斯从主权对外独立的方面补充了博丹的理论，他的国际法思想是建立在罗马法体系的基础上，以希腊理性主义哲学理论为基石，把罗马私法理论涉入国家关系中⑤。至此，国家主权的两大支柱——对内主权和对外主权完全确立起来了。简言之，主权是国家对内最高、对外独立的权力。

欧洲文艺复兴时代的思想巨人是在继承古代希腊罗马的文化传统基础上，做出了现代性的转化，从而建构了近代西方世界秩序观的理论。当然，这些内容不仅成为欧洲国家间战争与和平时期需要遵守的惯例，而且也成为欧洲国家征服其他文明地区的理论依据。因为其中包含着一些扩张、劫掠有理的所谓

---

① Jean Bodin. *The Six Books of a Commonwealth*. Trans. R. Knolles，K. D. McRae（ed.）. Cambridge：Harvard University Press，1962.

② ［法］让·博丹. 主权论［M］. 李卫海，钱俊文，译. 北京：北京大学出版社，2008：25.（此中译本是从博丹的《论共和国六书》中摘译的有关主权理论的四章）。

③ ［法］莱昂·狄骥. 公法的变迁 法律与国家［M］. 郑戈，冷静，译. 沈阳：辽海出版社、春风文艺出版社，1999：14.

④ ［荷］格劳秀斯. 战争与和平法［M］. 何勤华等，译. 上海：上海人民出版社，2013：63.

⑤ 刘丹忱. 文艺复兴时代的著名政治思想家及其代表作［M］. 北京：中国青年出版社，2015：324.

"法律依据"，是与人类追求文明进步的历史走向背道而驰的。这一点我们不能忽视，必须实事求是地加以研判①。

威斯特伐利亚和约既是近代国际法的实际源头，又是国际关系史上的一个里程碑。美国学者莱恩·米勒（Lynn Miller）在《全球秩序》一书中认为，《威斯特伐利亚和约》"至少奠定了一种欧洲体系的基础，而在当代，这一体系事实上已成为一个世界性的体系"②。威斯特伐利亚和约象征着三十年战争的结束，它建立了作为现代国际关系之特征的民族国家分立的标准，还在实践上为古典罗马法权威增加了一个重要的概念：主权。主权意味着民族国家的统治者并不承认任何国家内部其他政治实体，也不承认任何来自外部的更高的实体。事实上，现代国际关系秩序是在国家主权原则和国际法之上的。

缔结《威斯特伐利亚和约》后，欧洲仍然战乱不断，他们似乎更愿意接受刀光剑影后达成的平衡，但此后欧洲国家间的战争都是以捍卫民族国家利益的名义而战，不再似中世纪那样打着某一所谓神圣的旗号而发生战争。用我们中国人的话就是为利而战，不再为所谓的义而战了。国家之上不再有一统天下的权威，哪怕是神权。而且无论战争如何血腥残酷，战胜国从战争中攫取到多么巨大的利益，在表面上它们都信誓旦旦地尊重主权和平等的原则。《威斯特伐利亚和约》签订之后，为了解决各国在势力范围方面的争端，建立能达到某种平衡的世界秩序，由列强主导又签订了许多和约，建立了各种体系，包括维也纳体系、凡尔赛-华盛顿体系和雅尔塔体系等。我们发现在这一系列体系建立的前面都是一场场血雨腥风。换言之，是堪称人类浩劫的大规模战争达成了某种平衡的世界秩序。

西方有民族国家观念，无天下观念，因此难以走向一体化。即使建立了像马其顿、罗马帝国这样的大帝国，也不会长久。日不落帝国的殖民体系足够庞大，但最后还是要纷纷独立，原因之一就是他们没有天下观去统摄，早晚要分

---

① 刘丹忱. 文艺复兴时代的著名政治思想家及其代表作［M］. 北京：中国青年出版社，2015：357.

② Lynn Miller. *Global Order: Values and Power in International Politics*［M］. Boulder, CO.: Westview Press, 1994：20.

崩离析。那么他们有民族国家观念，是不是就会尊重民族自决了呢？也未必。他们容易以此为依据挑动其他国家搞分裂、闹独立，但不适用于他们自己。为什么这样讲？举个反例就清楚了，北爱尔兰闹了那么多年的独立，大英帝国还是不许可，更不用说殖民地争取独立的艰难性了。

尊重主权和民族国家概念的深化有一定的进步意义，但也绝不可过分夸大。条约体系和殖民体系作为世界两大外交体系是不可割裂而言的，它们的一个重要特征就是对外的扩张性和侵略性，这与它们形成的历史时期和背景有关。条约体系是随着英国资产阶级革命的爆发和威斯特伐利亚会议的召开而产生的，是一种近代国际关系体系，也是欧洲人进行殖民扩张的重要工具。特别是殖民体系，是资本主义世界体系中帝国主义国家同其殖民地半殖民地以及附属国之间形成的一方压迫另一方的不平等的国际外交体系，很难与尊重主权和民族国家的理念结合起来。

冷战结束后的 20 世纪 90 年代，西方关于世界秩序观研究的理论发生了深刻的变化。主流的国际关系理论开始更多地关注文明、文化，出现了三个最突出的学说，即"文明冲突论""软力量论"和建构主义理论。亨廷顿的"文明冲突论"，在承认民族国家现在仍是国际事务中最重要因素的同时，强调文化和文明对国家间的冲突与联合所产生的影响，并预言文明的冲突将取代超级大国的竞争[1]。约瑟夫·奈的"软力量论"认为，同化性力量是一种能力，它需要一个国家的思想具有吸引力，同时某种程度上又具有体现别国政治意愿的导向。他还提到，类似于经济、文化这样的软实力需要同军事力量这样的硬实力相结合而互补，软力量更能使他国心悦诚服地仿效，其对世界的影响效用在某种程度上甚至超过硬力量[2]。建构主义代表人物之一的亚历山大·温特则在《国际政治的社会理论》一书中指出，社会的共同观念建构了国际体系的结构并使结构具有动力，以往的理论强调权力和利益是国际政治的动力，观念则无足轻重。

---

① [美]塞缪尔·亨廷顿. 文明的冲突与世界秩序的重建 [M]. 周琪等，译. 北京：新华出版社，1998：368.
② [美]约瑟夫·奈. 美国定能领导世界吗？[M]. 何小东等，译. 北京：军事译文出版社，1992：25.

但温特认为，观念最重要的作用就是建构作用。但共同观念的改变不会轻易完成，因为有体系的文化很难改变。而有底蕴的大国凭借其实力更具有创新文化的能力①。

可以说，西方传统的世界秩序理论以实力和利益作为分析的出发点，但今天越来越多的学者开始关注强大实力背后更深刻的文化价值观，认为一个国家的文化底蕴是该国外交行为的力量源泉，是国家外交行为信心的基础。亨廷顿指出："由于现代化的激励，全球政治正沿着文化的界线重构。文化相似的民族和国家走到一起，文化不同的民族和国家则分道扬镳。以意识形态和超级大国关系确定的结盟，让位于以文化和文明确定的结盟，重新划分的政治界线越来越与种族、宗教、文明等文化界线趋于一致，文化共同体正在取代冷战阵营，文明间的断层线正在成为全球政治冲突的中心界线。"② 我们在充分批判亨廷顿冷战思维和根深蒂固的西方文化中心论的基础上，必须承认他在这方面的敏锐和对我们巨大的启发作用。

### 四、当代启示

当今的国际秩序再次面临着重大的转型，这种转型无疑是硬力量对比之争，但也是理念之争。指导、引领体系之间转变的外交理念是一种无形的力量，这种外交理念是体系之间碰撞的产物，反过来又促进了体系的转变。如果一种文化价值观得到更多国际集体的认同，它就会对整个国际秩序体系产生作用。假若一个国家明确国际体系未来发展的方向，顺应时代进步的潮流，力量就会由弱变强，反之，力量就会由强变弱。

以世界秩序观为视角，研究中国与欧洲长时段的历史，我们似乎可以得出这样的结论：从某种意义上讲，儒学中的天下观、华夷之辨理论等具有一定凝聚、向心、尚和的力量，而欧洲民族国家观念、优胜劣汰社会达尔文理论具有

---

① ［美］亚历山大·温特. 国际政治的社会理论［M］. 秦亚青，译. 上海：上海人民出版社，2000：39-43.
② ［美］塞缪尔·亨廷顿. 文明的冲突与世界秩序的重建［M］. 周琪等，译. 北京：新华出版社，1998：129.

一定分裂、离心、尚争的作用。当然，这其中也必定会存在着平衡中的失衡或动态中的相对平衡等状态。如果说 20 世纪的世界主题是战争与革命的话，那么 21 世纪的主题就是和平与发展。稳定、和平、安全将成为世界秩序的基本价值取向，也是我们判断世界是否处于有序发展状态的重要标尺。

百余年，西潮东来，面对"数千年未有之大变局"，国人或抱残守缺、妄自尊大；或尽失自信、以夷变夏。国人震于西学之当今，以己之衰比彼之盛，以为非尽弃固有，不足以言革新，于是对西学做无根之嫁接。我们知道文化的兴衰是与能否纳新、能否应战相呼应的。犹如江河之于细流，拒之则成死水，纳之则诸流并进，永葆活力。文化之活力在兼容并包，同时须纠正自断脐带、漠视传统的错误，使传统与现代有机地衔接。对于一个伟大民族而言，传统与现代应该是一个连续性的整体，既不应该也不可能分割断绝。

当今世界的一个重要潮流是全球化，而全球化的趋势又是对国家主权理论的严峻挑战。各国在更高层次上做出理性的选择，可能会回归国家利益本位，对主权做一定的制约、限制，乃至有限的让渡。类似的做法甚至是可以被预见的。21 世纪的另一个焦点是亚洲的持续快速发展，据亚洲开发银行 2011 年 8 月在《亚洲 2050：实现亚洲世纪》一文中预测，2050 年亚洲经济总量占世界经济总量的比重将从目前的 30% 上升至 50%。各大国都在这一地区寻求推动多边合作，中国主导的亚投行等也引起了国际社会的高度关注。面对这一重大的历史机遇，如何在多边舞台上发挥负责任的大国的作用，应放在国家外交战略的高度加以深入研究。

作为世界上唯一没有中断的中华文明，其文化当然具有贡献世界优秀价值观的潜力。西方先行世界其他文明一步，实现了其文化的现代化，提炼出自身优秀的文化价值观，而后挟工业文明之威，完成了世界性传播，并据此构建了世界秩序。历史上中国的疆域扩大、民族融合是文化与民族内聚而形成的，并未伴随着以轴心向外辐射的大规模军事扩张，这一点同西方的大国崛起恰恰相反。此一特质既动摇了各版本"中国威胁论"的文化根基，也会增强我们推广自己外交道德的自信。目前首要的任务是着手于实现中华传统文化的现代性转化，提炼出自身优秀的文化价值观。从中国自身发展的逻辑上，完成一个从近代以来的融入世界到今天要建立自己外交话语体系的升级与转型，这种转型也应为未来人类社会的共同繁荣、发展做出应有的贡献。

**推荐阅读书目**

［1］刘家和. 古代中国与世界［M］. 北京：北京师范大学出版社，2010.

［2］刘家和. 中西古代历史、史学与理论的比较研究［M］. 北京：北京师范大学出版社，2013.

［3］费孝通. 中华民族多元一体格局［M］. 北京：中央民族大学出版社，1999.

［4］许纪霖. 家国天下［M］. 上海：上海人民出版社，2016.

［5］李云泉. 万国来朝：朝贡制度史论［M］. 北京：新华出版社，2014.

第二章

# 孔子与柏拉图治国思想之比较互鉴

## 一、问题的提出

从公元前 6 至前 3 世纪，彼此隔绝的古代中国、希腊和印度几乎同一时期出现了人类精神文明重大的突破性进展，三个地区的人类开始探究许多根本性的问题，产生了一批伟大的思想家，这就是雅斯贝尔斯（K. Jaspers，1883—1963 年）所说的人类精神觉醒的所谓"轴心时代"（Axial Period），"这个时代产生了直至今天仍是我们思考范围的基本范畴，创立了人类仍赖以存活的世界宗教之源端"。[①] 在此大背景之下，分别探析古代中国与古希腊社会和思想发展变化的轨迹，对孔子与柏拉图两位东西方文明代表人物的政治思想异同分析比较，是十分有意义的。中国与西方在政治发展史上迥异的发展路径必然引发人们对此问题的深层次思考。孔子的《论语》和柏拉图的《理想国》分别是东西方政治哲学的卓越之作，也对后世的政治家、思想家产生了深远的影响。人类对于理想社会制度的追求是永恒的，两位巨人治国思想相异的偏向随着历史的长河而逐渐被放大，对中国与西方的政治思想发展史产生着不同的影响。本书试从两大文明的"源头活水"寻找启发和价值资源。

---

[①] ［德］卡尔·雅斯贝尔斯. 历史的起源和目标［M］. 魏楚雄，余新天，译. 北京：华夏出版社，1989：9.

在所谓的"前轴心"历史时期，① 在相互隔绝的世界各大文明圈（如两河流域、尼罗河流域、印度河流域及黄河流域），他们的发展进程具有惊人的相似之处。那便是他们的文化，包括政治意识当中都具有浓郁的原始宗教意识。但是，随着这些文明的独立发展，不约而同地呈现出一个思想理性的轴心时代，对人类所面临的许多共同问题进行了深刻的思考。正是由于经历了被称为"哲学的突破"②，各地区最初的文明发展模式产生了巨大的分化，走上了不同的发展路径。

结合轴心时代中西方思想文化史及社会发展的历程，来分析比较中西两位最具影响力思想巨人的治国思想，梳理出其中同中有异、异中有同的内容，进而总结出两大文明在人类精神觉醒背景下，其政治思想层面的各自特点，同时为今天的治国理政提供思想资源。

## 二、孔子为政以德的治国策

### （一）家国同构和身国共治

#### 1. 古代中国的氏族制度遗存

在中国的早期文明与国家发展的过程中，因地处相对独立的自然地理区域以及农业经济的稳定连续发展，使得以血缘关系为纽带的家族——宗族组织结构始终保持并演变着，这成为古代中国文明与古希腊文明的重大区别，并导致后来东西方文明不同的发展路向。在政治上形成了宗族组织与政治权力的同层同构。

以血缘为基础的氏族制是人类发展的必经阶段，一切民族都经历了这一历

---

① ［德］卡尔·雅斯贝尔斯. 历史的起源和目标［M］. 魏楚雄，余新天，译. 北京：华夏出版社，1989：14. 一般来说，公元前 11 世纪是"前轴心期"与"轴心期"的分界线；在中国，"前轴心期"是指西周建立之前的历史阶段，以商代历史为典型；在西方，"前轴心期"则是指古希腊哲学产生之前的历史时期。

② 所谓"哲学的突破"最早是由德国思想家马克思·韦伯提出的，经帕森斯加以阐释，是指人们在更高的理性层面上对宇宙的本质、生活本质、人类生存境遇所产生的一种新的解释，并由于解释系统的不同，从而导致后来文化发展样式的巨大差异。（参见余英时. 士与中国文化［M］. 上海：上海人民出版社，1987：28—29.）

史阶段而进入文明。如前所述，古代中国是在未充分切断氏族血缘联系的情况下建立国家的。这一特点只要同古希腊（特别是雅典）城邦国家稍加比较，就可看清。

古希腊人曾经历过氏族制阶段，但是希腊地处欧、亚、非三大洲海上交通枢纽，海上贸易和殖民活动非常活跃。这促使希腊各氏族、部落的成员脱离其血缘母体，迁移散居到其他氏族、部落的聚居地，从而形成一个城邦中不同氏族成员混居杂处的局面。例如，雅典在英雄时代有十二个胞族和由它们组成的四个部落，十二个胞族各有单独的居住地。在英雄时代后期，由于商品经济、海上贸易和殖民活动的发展，雅典各部落、氏族以及外来的移民很快混居在一起，这种情况势必引起汤因比所说的原始氏族制度的"萎缩"。不同氏族成员的混居以及新经济利益集团的形成，使原来的氏族机构无法行使其管理职能，社会迫切需要一种新的机构代替原来的氏族各级机构。经过公元前594年的梭伦改革和公元前509年的克里斯提尼改革，雅典还是比较彻底地抛弃了原有以氏族为基础的四个部落，代之以十个按地域划分的所谓"部落"；管理社会的机构，也不再是由氏族首领组成的氏族机构，而是新设置的由社会全体自由民选举产生的机构。后来亚里士多德在《雅典政制》中评论克里斯提尼改革时说："（改革）目的是要使不同部落的成员混合起来，以便让更多的人可以参加到政府来；有一句本是对那些想查问人民氏族的人说的成语，'部落无分彼此'，便是由此而来的。"[①]

可见经过两次改革，雅典以血缘为基础的氏族制度已基本解体。"血族制度的各种机关便受到排挤而不再过问社会事务；它们下降为私人性质的团体和宗教会社。"[②] 类似的情况在希腊其他城邦也陆续发生。

中国社会的历史进程同古希腊就大相径庭，因商品经济不发达，如果一个人想要抛开土地、脱离其血缘氏族，而到其他氏族会变得难以生存。因此，缺少氏族成员脱离血缘纽带的条件，聚族而居的格局长期存在，难以打破。这样

---

① ［古希腊］亚里士多德. 雅典政制［M］. 日知等，译. 北京：商务印书馆，1999：25.
② ［德］恩格斯. 家庭、私有制和国家的起源［M］//马克思恩格斯选集·第四卷. 北京：人民出版社，1972：114.

在古代中国国家形成过程中，氏族的各级组织演变成了各级国家机关。

2. 西周分封、宗法、等级三位一体的政治结构

周初统治者文王、武王、周公等在总结夏商两代执政经验、教训的基础上，建立了所谓"立子立嫡"制度，从而使宗法制、分封制、等级制得到进一步的确立，分封、宗法、等级三位一体的政治结构和社会机构成为西周时代最显著的特征，并对其后两千多年中国封建社会的上层建筑产生了不容忽视的影响。

首先来看分封制。关于分封制何时起源，学界存在着不同的观点。但对于分封制在西周时期最为典型这一点，还是基本达成共识的。武王伐纣，特别是周公东征之后，周王朝开始了大规模的封邦建国。受封者有文王之子、武王之子及弟弟，周公之子在曲阜建鲁国等，还分封了一些异姓诸侯，如太公望受封于今山东临淄，建齐国等。《荀子·儒效》中这样记述，"（周公）兼制天下，立七十一国，姬姓独居五十三"。分宗建国从消极方面说，使失去王位继承权的诸王子分享了王室的部分权力，从而消弭他们的不满。从积极方面说，使同姓子弟掌握大部分领土"以藩屏周"（《左传·僖公二十四年》）。另外，实行同姓不通婚制，使周族与异姓贵族结成联姻关系，消除"异姓则异德"（《国语·晋语四》）的隐患。周初的封邦建国，大大加强和巩固了周天子"天下共主"的地位。

其次来看宗法制。周天子在群子中立嫡长子作为群弟的首领和王位继承人，在政权组织中即为天子，在家族中是大宗，而他的群弟在家族中是小宗，在政权组织中则被封为公侯。公侯的嫡长子在诸侯国中又成为大宗，继承公侯之位，他的群弟则是小宗，被封为卿士。由于大小宗的不同，所以形成从天子到公侯到卿士的不同等级，产生从上到下的臣属关系。

因此，天下就成为一个由姬姓家族及异姓宗族共同行使统治权的周天下，宗统与君统合一，家族组织与国家政权组织合而为一，形成宗法封建等级制国家。基于封建土地关系，"事父"的意义还要解释到"事君"的意义上去。

最后看一下等级制，各诸侯也效法王室分宗和分封采邑，各诸侯国中就形成了许多大夫的采邑，大夫之家也实行这种制度。如此层层分化，形成了等级制。《左传·昭公七年》有过这样的记述："王臣公，公臣大夫，大夫臣士，士

臣皂，皂臣舆，舆臣隶，隶臣僚，僚臣仆，仆臣台。马有圉，牛有牧。"周初统治者通过各种方式（包括制礼作乐）使等级制度固定化，最终形成了以血缘上的嫡庶、长幼以及与周天子血缘远近亲疏为标准的等级制。下一等级对上一等级的服从可以建立在子弟对父兄孝悌等血缘情感和宗法道德之上。因等级的差别所以要"尊尊"，又因血缘的纽带所以又能够"亲亲"。在这种制度下，孝亲与忠君一致，我们把它称作"家国同构"。

3. 孔子的身国共治之道

周平王东迁后，王室衰微，大国争霸；各诸侯国内部国君势力衰落，政治权力下移，形成了周王驾驭不了诸侯，诸侯控制不了卿大夫，卿大夫管不了自己的家臣的局面。关于春秋时期的历史背景，徐良高通过将传世文献与考古成果中的文化遗存现象对比研究，认为周代体制中的"明显的分权现象、王权受到制约和贵族世家大族共享权力"等特点，"不仅是西周分封制的社会基础，也是东周时期周王王权衰落，诸侯并争，诸雄争霸的历史原因"①。在此需要说明的是，春秋时代王室的衰微绝非偶然。周初统治者建立的宗法分封制度，曾经起到过巩固王室、缓和社会矛盾的良好作用。但这一制度本身包含着削弱王权的因素，随着王室的代代繁衍，大部分的土地和人民被嫡长子以外的"别子"所占有，其后果就是王室的经济和军事力量逐代削弱。这种造成王室衰微的原因，同时在各诸侯国发挥着作用，分封制度也逐代削弱着公室的势力，增强了大夫甚至陪臣的力量。这样的逐代积累，至春秋时期达到了礼崩乐坏的程度，分封制、宗法制日趋动摇瓦解。

然而，政治与血缘的关系并没有因此而被割裂。首先，因为宗法制度虽在解体过程中，但宗法的观念却因周初以来的"制礼作乐"而深入人心。其次，作为社会基本单位的宗族并无根本性的改变，宗族仍然是社会政治中最主要的政治力量。

产生于春秋末年的孔子德治思想，其出发点正是西周以来的氏族宗法观念。孔子对于社会的观察是极其透辟的，正是基于对古代中国政治与血缘紧密相关

---

① 徐良高. 由考古发现看商周政体之异同 [J]. 南方文物，2017（04）：104.

的现实的深刻体会，孔子提出了以孝悌、正身为前提的德治之道。

生当春秋乱世的孔子，看到虽有周礼这样完备的典章制度，但诸侯争霸、民不聊生，深感单纯依靠刑罚政令不足以为治，只有通过唤起人的道德自觉，用人伦道德精神去点化政治道德，才是有效治道。所谓：

> 道之以政，齐之以刑，民免而无耻；道之以德，齐之以礼，有耻且格。(《为政》)①

这句话可视为孔子治国思想的总纲，即德治主义。孔子指出，为政者以自己的美德作为表率，实现对人民的领导，相较于以政刑治国，会达到"有耻且格"的良好效果。这表明孔子治国的目标不仅是追求一个有秩序的社会，更要实现一个良善的、有正确荣辱观的社会。

德治该从哪里入手呢？孔子首先选择了孝悌。

> 有子曰："其为人也孝悌，而好犯上作乱者鲜矣。……君子务本，本立而道生。孝悌也者，其为仁之本与？"(《学而》)
> 出则事公卿，入则事父兄。(《子罕》)

孔子一开始就将家族伦理与政治道德结合起来，在宗法社会里亲与尊在伦理关系中往往是二位一体的，孝父是忠君的基础，而忠君又是孝父的扩大。孔子甚至认为在家孝父、友弟就可以算成是为政了。"君君、臣臣、父父、子子"（《颜渊》）更成为孔子治道的基本原则。两对关系从法律上看是权利、义务，从价值观上看是道德，人伦之德与政治道德相互重叠。这样就可以用亲亲之情维系礼乐文化的尊尊之制了。

此外，孔子要求"政者正也"，为政者要先正己身。

季康子问政于孔子。孔子对曰："政者，正也。子帅以正，孰敢不正？"

---

① 以下对《论语》的引用，只注篇名。

（《颜渊》）

其身正，不令而行；其身不正，虽令不从。（《子路》）

将"政"训为"正"，并非孔子的发明。《左传·桓公二年》载，师服曰："夫名以制义，义以出礼，礼以体政，政以正民。"这里说明政治是用来正人民的。孔子继承并超越了前人的思想，把"正"的重点从正民，转移到正执政者之身，认为只要为政者以德修身，修己成为君子乃至圣人，天下自然便会大治。反之，其身不正，再多的政令也不能推行。这两句彰显了孔子道德先于政治的立场。郭店简《缁衣》云："下之事上也，不从其所令，而从其所行。上好此物也，下必有甚者矣。故上之好恶，不可不慎也，民之表也。"说明儒家的治国理念是一贯的，为政者不是凭借权力来发号施令，而是要修己正身，之后才能风行草偃。

孔子将以修己为本、安百姓为旨归的仁学之道导入体现尊尊之制的君臣父子伦理关系之中，以建立符合人伦道德的政治伦常，使政治道德化，从而确立了孔子以道德改造政治的基本路径。

（二）内圣外王与忠君尊王

孔子的治道对周初确立的传统社会结构做了重大的修正。在宗法封建等级制度中，人与人之间的领属关系是双重化的，天子和诸侯是一对君臣关系，诸侯与卿大夫又是一对君臣关系，而卿大夫与其家臣也是一定意义上的君臣关系。但在孔子理想的德治社会中，只有三重结构，人们的地位是由德行而非血缘来决定的，即圣人—君子—小人，进而形成君—臣—民的彼此关系。这样君是唯一的，臣只是辅佐君的，民也是唯一的君之民，他们与臣不是领属关系。这一点正是被后来中央集权的君主专制制度所充分利用的。我们研究孔子的德治思想也是从这三重结构入手，首先来看治道中作为"治人者"的君、臣以及君臣关系。

1. 法先王

谈到君道，我们首先要联系到孔子倡始的法先王学说。具体到中国上古时代的"有道盛世"来说，先王们的典范形象和贤明政治，是历史和传说糅合在一起，许多是先秦时代的思想家为了托古改制而依据自己的理想夸饰的。孔子

"法先王"的真实意图就是为了鉴今。

首先，先王是理想人格的化身。

> 巍巍乎，舜、禹之有天下也而不与焉。（《泰伯》）
>
> 子曰："禹，吾无间然矣。菲饮食而致孝乎鬼神，恶衣服而致美乎黻冕，卑宫室而尽力乎沟洫。禹，吾无间然矣。"（《泰伯》）

在孔子眼里，舜、禹德行高尚，能以礼让得天下；生活俭约，严格律己。但对于当时被认为关乎国家社稷的祭祀之礼，他们却格外重视；对于关乎百姓生计的沟洫水利，他们也总是不遗余力。先王们的道德人格成为垂世的楷模和典范。

其次，先王是理想政治的化身。

> 舜有臣五人而天下治。武王曰："予有乱臣十人。"孔子曰："才难，不其然乎！唐虞之际，于斯为盛。有妇人焉，九人而已。三分天下有其二，以服事殷。周之德，其可谓至德也已矣。"（《泰伯》）
>
> 尧曰："咨！尔舜！天之历数在尔躬，允执其中。四海困穷，天禄永终。"舜亦以命禹。（《尧曰》）
>
> 子夏曰："舜有天下，选于众，举皋陶，不仁者远矣。汤有天下，选于众，举伊尹，不仁者远矣。"（《颜渊》）

以上的资料，值得我们注意的至少有两点。

（1）有关禅让。孔子提倡以德服民，不据天下为己有，主张在正常情况下政权的转移采取以德才为条件的禅让制。这也是儒家理想政治的基本原则。正如郭沫若先生所说的那样："他（孔子）之所以称道尧、舜，事实上也就是讴歌禅让，讴歌选贤与能了。……明显的是对于奴隶制时代的君主继承权，即父子相承的家天下制，表示不满。故生出了对于古代原始公社的憧憬，作为理想。

这动机，在当时是有充分的进步性的，无疑，孔子便是它的发动者。"① 同时我们还要注意另一方面，那就是孔子赞颂文王"以服事殷"为"至德"。当殷纣王在位时，人民生活在苦难之中，文王有力量应当尽速推翻殷纣，才能算仁德。而孔子竟赞扬文王事殷为至德，说明在忠君和仁民发生矛盾的时候，孔子更主张选择前者。

（2）有关举贤。任用贤才辅佐作为先王为政的重要内容被多次提及，可见尚贤、举贤是其德治思想的重要组成部分。伊尹的身份是商汤妻子陪嫁的奴隶，孔子赞美汤任用伊尹，表明孔子主张可以打破等级界限，不拘一格降人才。

总之，孔子认为尧、舜、禹时代之所以是有道盛世，根本原因在于作为政治权力的最高统帅以身作则、正己正人，是道与势、圣与王的有机统一。孔子"法先王"学说既是对当时社会现实的道德批判，又为理想的德治模式树立了"天下之权称"。通过先王的言行开启出德治的价值目标和精神方向，希望执政者能效法先王有利于人民的古道。

2. 内圣而外王

孔子的修己之道，安人是修己的自然延续，而仁民才是修己的真正归宿。那么君主应当如何践行仁政德治呢？在孔子看来，为政者具有了道德禀赋，便拥有了政治人格和权力权威，只有内圣才能外王。"圣王"最早见于《左传·桓公六年》："圣王先成民而后致力于神。""内圣外王"一词出自《庄子·天下篇》。应该说庄子对"内圣外王"的概括较符合儒学的基本精神。梁启超做了如此的判断："儒家哲学，范围广博。概括说起来，其用功所在，可以《论语》'修己安人'一语括之。其学问最高目的，可以《庄子》'内圣外王'一语括之。"② 其明确用"内圣外王"一词来概括儒学的精神实质。孔子认为君主的道德修养及人格力量决定了国家政治之前途及君民关系之命运。

子贡曰："如有博施于民而能济众，何如？可谓仁乎？"子曰："何事于仁！必也圣乎？尧舜其犹病诸！"（《雍也》）

《说文》："圣，通也，从耳，呈声。"说明"圣"字最初是与非凡的听觉功

① 郭沫若. 十批判书［M］. 北京：东方出版社，1996：102-103.
② 梁启超. 儒家哲学［M］. 天津：天津古籍出版社，2003：100-101.

能有关，所谓"闻其末而达其本者，圣也"（《韩诗外传》卷五）。有学者认为，"圣人"在远古文化中应当是能够闻声知情、天人相通的氏族首领。① 所以"圣人"虽具有超凡的才能和品格，却并非宗教意义上彼岸世界的神，在孔子那里更是人人可以通过道德修炼而能努力争取达到的境界。孔子的确是将统治者具有高尚道德当作为政的首要条件。在孔子的修己之道中，正身近则可成为君子修身齐家，远则可成为圣人治国平天下，因为圣君贤臣的思想行为本身就是民众所要奉行的法典，具有治国平天下的政治功能。

同时我们还应注意，孔子认为圣比仁更难以做到，因为圣人政治可以说是完美无缺的，但孔子的意图并非将自己的圣王思想限于空想，而是在于确立对现实政治的评判标准，从而使对现实政治的批判保持永不消失的空间。牟宗三先生说："在现实世界里，是不可能有圣人的，因为某人纵使在现实世界里最受推崇，一旦他自称为圣人，自命到达最高境界，那么他的境界便不是最高的，所以已不可算是圣人了。圣人的产生，必由于后人的推崇，便是这个道理。"② 当然，后来的历史中，"实然"代替了"应然"，王天下者就是圣人。简言之，"圣人为王"变成了"王者必圣"，这些是孔子始料不及的。

在孔子的德治思想中，高悬了一个"圣王政治"作为绝对参照系统和终极目标，相对应的便是正人必先正己的需要永远践行的内圣之道。孔子创立的仁学并不仅仅是一种关注个人成德成圣的道德哲学，也不仅仅是关注如何建立一个合理的政治秩序的政治哲学，而是一种体现了个体与群体、个人与社会、道德与政治的高度统一，囊括了内在道德修养与外在政治功业的内圣外王之道。

3. 忠君尊王的一统思想

（1）忠君尊王是孔子一贯的政治主张。在君臣关系上，孔子首先要正名。

　　齐景公问政于孔子，孔子对曰："君君，臣臣，父父，子子。"（《颜渊》）

　　孔子曰："天下有道，则礼乐征伐自天子出；天下无道，则礼乐征

① 赵明. 先秦儒家政治哲学引论［M］. 北京：北京大学出版社，2004：93.
② 牟宗三. 中国哲学的特质［M］. 台北：学生书局，1963：27.

伐自诸侯出。自诸侯出，盖十世希不失矣；自大夫出，盖五世希不失矣；陪臣执国命，三世希不失矣。天下有道，则政不在大夫；天下有道，则庶人不议。"（《季氏》）

孔子对于春秋时期屡屡发生的僭越行为痛心疾首，他斥责季氏八佾舞于庭为"是可忍，孰不可忍！"（《八佾》）。这些是孔子尽自己"忠君尊王"的本分。他要求消灭名实不符的现象，主张诸侯退居应有的地位，以恢复天子的地位；大夫也应退居原来的地位，以恢复诸侯的地位。如此正名则可使天下恢复有道，老百姓安居乐业，就不用谋论政事了。

（2）孔子提倡的忠君并非愚忠。孔子的君君臣臣是双向相对的概念，即君要像君，臣要像臣，后来的君为臣纲，纲是原则，变成了单向绝对的概念。孔子一直是把事君、忠君的重心落在"道"上。

以道事君，不可则止。（《先进》）

子路问事君，子曰："勿欺也，而犯之。"（《宪问》）

子路曰："桓公杀公子纠，召忽死之，管仲不死。"曰："未仁乎？"子曰："桓公九合诸侯，不以兵车，管仲之力也。如其仁，如其仁。"（《宪问》）

孔子对于管仲的评价最具代表性。《论语正义》引郑玄注："重言'如其仁'者，九合诸侯，功济天下，此仁为大，死节，仁小者也。"[①] 孔子认为管仲是以道事君，"相桓公，霸诸侯，一匡天下，民到于今受其赐"（《宪问》）。这样做的结果是造福百姓，泽及后世，可称得上仁人。由此可见，孔子以道事君的"道"应是以"仁民"为归宿的，而未以身殉主的失礼行为是可以不被责备的。孔子还鼓励人臣犯颜直谏"犯之"，也是对君的行为的一种约束。反观法家思想集大成者韩非的观点，他认为臣应当"顺上之为，从主之法，虚心以待令，

---

① （清）刘宝楠. 论语正义（下）[M]. 北京：中华书局，1990：577.

而无是非也"（《韩非子·有度》）。可见韩非与孔子的为臣之道完全不同。

但同时我们一定不要忽视"以道事君，不可则止"一句，这说明孔子在君臣关系上的政治态度是消极的、被动的。他的为臣之道是"用之则行，舍之则藏"（《述而》），"天下有道则见，无道则隐"（《泰伯》），在孔子那里绝不会听到有关用革命手段推翻旧政权（哪怕是昏君暴政），而使天下有道的言论，因为他视之为犯上作乱的大忌。也许正因如此，后来历代的统治者都尊崇他，长期奉之为圣人。孟子则进一步发展孔子的"君礼臣忠"思想，认为"君之视臣如手足，则臣视君如腹心；君之视臣如犬马，则臣视君如国人；君之视臣如土芥，则臣视君如寇仇"（《孟子·离娄下》）。对待像桀纣这样堕落为"残贼之人"的暴君独夫，孟子则主张"暴君放伐"，这显然比孔子的君臣观更为进步。

（3）孔子的一统思想。"天下有道，则礼乐征伐自天子出；天下无道，则礼乐征伐自诸侯出"，孔子忠君思想中包含着对天下统一、中央集权的深切向往和对分裂割据状态的强烈不满，这一点值得我们注意。孔子德治思想从来都是以全天下为治平目标的，这与古希腊思想家们把政治当作处理城邦的事务有着的根本区别。在夏、商、周三代，尽管小邦林立，处于分离状态，但其上是有一个共主或王朝的，这就是天下一家思想赖以萌芽的最初土壤。而周公又在思想和实践两方面做了突破性的贡献，即他的天命取决于人心向背、以德为核心的天下一家思想；和他所建立的封建、宗法制度，体现为姬周王朝一姓为核心的天下一家的实践。[①] 孔子是周公思想的继承和发扬者，自然会把礼乐征伐自天子的统一局面看成有道的状态。

（三）正民之道与德主刑辅

孔子德治对"治于人"者又是如何安置的呢？

1. 以德化民、为政以德

孔子根据"治人"者的道德水准，将正民之道按其不同层次而分为两个方式，即第一，无为而治，以德化民；第二，有为而治，以德导民。

---

① 刘家和．先秦时期天下一家思想的萌生［M］//史学 经学与思想．北京：北京师范大学出版社，2005：309-311.

（1）无为而治，以德化民。"无为"是老子学说的重要内容，但在孔子德治思想中，"无为"也占有较重要的地位，这一点未受到人们足够的重视。德治理想是建立在道德感化的基础上的，孔子认为一个道德高尚的人，对于他周围的人以至于整个社会都具有强大的道德感化作用，为政者通过修身正己，而后风行草偃，达到德化正民的目的，不用发布法令，天下就可大治。这就是他的"无为而治"，也是德治的最高境界。

　　子曰："为政以德，譬如北辰居其所，而众星共之。"（《为政》）
　　无为而治者其舜也与？夫何为哉？恭己正南面而已矣。（《卫灵
公》）

"无为"一词在《论语》中仅出现过一次，即孔子赞颂舜的话，可见"无为而治"的正民方式并不是可以轻易许人的。徐复观先生以独特的视角阐述了儒道两家"无为而治"的政治目的，给人启发良多。"儒家道家，认为人君之成其为人君，不在其才智之增加，而在将其才智转化为一种德量，才智在德量中作自我否定，好恶也在德量中作自我否定，使其才智与好恶不致与政治权力相结合，以构成强大的支配欲。并因此而凸显出天下的才智与好恶，以天下的才智来满足天下的好恶，这即是'以天下治天下'，……遂处于一种'无为的状态'"。①

（2）有为而治，以德导民。"无为而治"对于一般的君主贤相来说只是一个为政追求的目标，而他们现实可以做到的应是如何以德导民、勤政爱民。

关于勤政爱民：

　　子曰："道千乘之国，敬事而信，节用而爱人，使民以时。"（《学
而》）
　　子张曰："何谓五美？"子曰："君子惠而不费，劳而不怨，欲而不

---

①　徐复观. 中国的治道［M］//徐复观集. 北京：群言出版社，1992：124.

贪，泰而不骄，威而不猛。""因民之所利而利之，斯不亦惠而不费乎？择可劳而劳之，又谁怨？欲仁而得仁，又焉贪？君子无众寡，无大小，无敢慢，斯不亦泰而不骄乎？君子正其衣冠，尊其瞻视，俨然人望而畏之，斯不亦威而不猛乎？"子张曰："何谓四恶？"子曰："不教而杀谓之虐；不戒视成谓之暴；慢令致期谓之贼；犹之与人也，出纳之吝谓之有司。"（《尧曰》）

子路问政。子曰："先之，劳之。"请益。曰："无倦。"（《子路》）

孔子治理一个国家的从政步骤，有"尊五美，屏四恶"的信条。须"因民之利而利之"谨慎从事，要身体力行，不能懈怠；爱护百姓，役使他们要避开农时。他认为为政者要体察百姓疾苦，采取节用等利民措施，减轻民众负担。

关于取信于民：

子贡问政。子曰："足食，足兵，民信之矣。"子贡曰："必不得而去，于斯三者何先？"曰："去兵。"子贡曰："必不得而去，于斯二者何先？"曰："去食。自古皆有死，民无信不立。"（《颜渊》）

子张问政。子曰："居之无倦，行之以忠。"（《颜渊》）

这是反映孔子政治思想、经济思想很重要的一段话，孔子认为，老百姓的信任对为政者至关重要，为政以德必先取信于民，孔子把"民信"看得比"足食、足兵"更重要，生死安危都可以不顾，但要留住最重要的信誉。取信于民，民用情，则政通人和，民富国强。

二程释忠、信曰："尽己之谓忠，以实之谓信。"（《河南程氏遗书》卷第十一）在孔子看来，忠不仅是臣、民对君的事，信也不仅是同等身份的人之间的事，统治者对民也要忠、信，要尽己。君主对民不忠、不信，便不能取得民的忠心和信任。

2. 德主刑辅、宽猛相济

孔子是在"为政以德"的总体治国原则下,继承和发展了西周"明德慎罚"的思想,系统提出了德主刑辅、宽猛相济的正民手段的。

第一,孔子重德礼、轻政刑。

> 子曰:"道之以政,齐之以刑,民免而无耻;道之以德,齐之以礼,有耻且格。"(《为政》)

孔子洞悉了道德教化的优越性及法律刑罚的局限性,他认为,道德与刑罚都可通过规范约束人们之思想行为以达到维护社会等级秩序之目的,但其不同之处在于:刑罚只能弭祸于已发,但不足以服民众之心,刑罚是依靠外在强力来维持,民众只是由于惧怕惩罚而暂时收敛自己的行为,并未收到治本之效果;而德治则能防患于未然,通过潜移默化的道德情感唤起人们固有的羞耻之心,使人从内心深处产生避恶趋善之意识,使庶民有知耻向善之心,以达到"日迁善而不自知"的自觉自愿境界,其社会作用更为持久深远,在维护国家统治方面具有刑罚所不具有的社会教化功能。

第二,孔子并不排斥政刑,而主张德主刑辅、宽猛相济。

对于孔子的法律思想,学术界是存在着分歧的。有人认为孔子只讲仁礼,不讲法律;主张德治,反对法治。其实不然,孔子主张的是德主刑辅,并非专用其一。对此我们应当进行具体辨析。

孔子注意到刑罚在保障人民幸福,维护社会秩序中的辅助作用,它至少可使民免罪。所以他说:

> 君子怀德,小人怀土;君子怀刑,小人怀惠。(《里仁》)

"君子怀刑"一句,体现出孔子认为在君子心目中应当是重视政刑的。只不过孔子反对单纯依靠政令、刑罚治理人民,而更强调培养民众道德意识,使民众自觉维护既定的秩序。

孔子崇尚的是宽猛相济的正民方略。宽即指用德礼来治理国家，猛则是指用刑杀来治理国家。可孔子的德治并不是将人伦道德、礼乐制度与刑罚政令放在同一地位上的，而是以德礼为主，法刑为辅，即所谓的"德主刑辅"。

关于宽猛相济，《左传·昭公二十年》载：

> 仲尼曰："善哉！政宽则民慢，慢则纠之以猛；猛则民残，残则施之以宽。宽以济猛，猛以济宽，政是以和。"

宽猛相济思想的内涵是：宽、猛相互为用，做到宽不失法度，猛不失仁民之心。宽、猛两手交替使用，统治者可根据具体情况时宽时猛，即民慢则以猛纠之，民残则以宽施之。

第三，孔子德治的理想是以德去刑、以德息讼。

> 季康子问政于孔子曰："如杀无道，以就有道，何如？"孔子对曰："子为政，焉用杀？子欲善而民善矣。"（《颜渊》）
>
> 听讼，吾犹人也，必也使无讼乎。（《颜渊》）

孔子反对用刑杀来禁人为非。他认为"不教而杀谓之虐"，是为政的"四恶"之一。这与法家的"以刑止刑"主张有根本区别。《商君书·画策》中说："以杀去杀，虽杀可也；以战去战，虽战可也；以刑去刑，虽重刑可也。"说明他"以刑止刑"的方法是"重刑"，即轻罪重判、轻罪重刑。从法理学角度看，"重刑轻罪"是反人道的，它使刑罪不相对应，陷入了重刑主义，危害是巨大的。

而孔子是希望用礼仪道德教化的方式作为预防犯罪的根本。首先，"子欲善而民善矣，君子之德风，小人之德草"（《颜渊》）。也就是"治人者"率先垂范，修己正身。其次，孔子还认为应重视贫富不均的问题。"不患寡患不均，不患贫患不安"（《季氏》），才能使人民达到"有耻且格"的程度，防患于未然。贾谊对此有类似的看法："凡人之智，能见已然，不能见将然。夫礼者禁于将然之前，而法者禁于已然之后，是故法之所用易见，而礼之所为生难知也。……曰礼云礼云者，贵绝恶于未萌，而起教于微眇，使民日迁善远罪而不自知也。"（《汉书·贾谊传》）

事实上犯罪是一种社会现象，产生的原因多种多样，道德教育可以起到预防犯罪、减少犯罪的作用，但从根本上消灭犯罪是不可能的。可以说孔子"以德息讼"的主张有道德理想主义之嫌。但我们必须看到早在春秋时代，孔子就能提出以道德教化消弭犯罪的理想是充满人道主义精神，具有巨大的进步意义。

### 三、柏拉图正义理念的政治观

#### （一）雅典民主政治与城邦

谈到雅典民主政治、城邦，我们切忌由今而古、望文生义地想象古希腊的民主制。

众所周知，古希腊民主政治缺失妇女和奴隶的参与，是不完整的民主制。另一个容易被忽视的特征则是古希腊的民主并非需要争取的权利，而是公民必须履行的责任。在以政治为中心的古希腊，公共生活是人们讨论的主要内容，凡具有公民资格的成员都具有参与公共事务辩论和决策的权利，这些权利主要包括表决法律、监督执政官、协商战争与和平、讨论与外国缔结条约等。古希腊人的这些权利是为城邦履行某种职责时才具有的，与此并存的是，人们在公共领域之外是没有什么真正属于个人的权利和自由的。当时的人们还不可能像近代社会那样，划分个人与国家权利的界限。法国学者贡斯当在《古代人的自由与现代人的自由》一书中指出："我们今天视为弥足珍贵的个人选择自己宗教信仰的自由，在古代人看来简直是犯罪与亵渎。……而且，公共权威还干预大多数家庭内部关系。"① 古希腊的城邦不允许有任何人只顾私人事务，而不献身于城邦。伯里克利认为："一个不关心政治的人，我们不说他是一个注意自己事

---

① ［法］邦雅曼·贡斯当. 古代人的自由与现代人的自由［M］. 闫克文，刘满贵，译. 北京：商务印书馆，1999：27.

务的人，而说他根本没有事务。"① 因此，马克思称古希腊奴隶主民主制为一种"不自由的民主制"是有道理的。这些社会意识的特征，正是古希腊社会特点所决定的，希腊罗马文明是以战争作为生产方式的。而古希腊的城邦都较小，长期处于不安全的与外部紧张的关系之中，城邦之间特别是希腊人与非希腊人之间，常常兵戎相见。为避免城邦被攻陷沦为奴隶，人们形成了团聚在国家机构周围，积极参与国家事务的社会意识。

此外，古希腊所谓的"民主政治"与今日之意涵不同，在那个时代，民主政治意为"平民政治"，它是一种"阶级专制"，也就是使在中下阶层的"多数人"（the many）当家作主，把由贵族、巨室代表的"少数人"（the few）或国君（the one）的权力压制住，而不似我们今日把"全民共治"称为"民主"。一般都认为伯利克里时代是雅典民主政治的黄金年代，因国势壮大而爆发与斯巴达对抗的伯罗奔尼撒战争，战终之时也是雅典民主政治黄金时期结束之日。

古典时期的希腊世界有 750 多个大小不等的城邦，还有 300 多个从古就存在的希腊人殖民地。大多数城邦很小，平均面积不超过 100 平方千米，成年男子不足 1000 人。在所有城邦中，雅典人口最多，面积是第二位的，其主要地区面积约 2500 平方千米，整体人口数目较难估计，据推测公元前 5 世纪伯里克利时期成年男子约 60000 人。亚里士多德在《政治学》中对城邦的规模大小问题非常重视，他认为这个因素直接影响到政治的好坏：城邦应如船舶一样，太大或太小都不宜，太大的城邦人际生疏且不宜维持良好秩序，但太小又无以自足。只有不大不小的城邦，"全体公民直接民主"（direct democracy）才有可能实行。而今日普遍的"代议民主"（representative democracy）在雅典人看来只能算是一种"精英民主政治"，与 demo-cracy（平民—治理）是矛盾的。

古希腊的所谓"城邦"（polis）与我们今日所谓"国家"（state）的意涵也不同，亚里士多德在《政治学》中对城邦的定义为：它是一个由一群认同共同的"宪法结构"（politeia, constitution）的"城邦公民"（politai）所组成的"社

---

① ［古希腊］修昔底德. 伯罗奔尼撒战争史［M］. 谢德风，译. 北京：商务印书馆，1960：132.

群"（koinonia，community）。所以在古希腊，polis 实质上可看成是一群人"自愿性"组成的"服膺同一规范结构"的"社群"。它与今日的 state 最大的不同在于并不是基于"领土"因素之上：现代国家是先确定"领土范围"，然后再以其上的"最高主权"自居，来管理其中之"居民"。这是文艺复兴时代如马基雅维利等人使用 lostato 来指称"领土国家"，也就是今日国家 state 的来源。

西方人理解的国家观念最早起源于城邦，中世纪以后有了民族国家、领土国家观念，相对都比较狭隘，与古代中国思想家的国之下有家、国之上有天下的价值谱系大有不同。

（二）"正义""善"和"理念"

在西方语言中，"正义"一词源于古希腊文"δικαιοσύνη"，如果说古罗马人的正义观念是与法律不可分的，那么古希腊人的"正义"则在与法律相关的同时，更与宗教关系密切。在古希腊神话中"δικαιοσύνη"等有关正义的词类可能都源于希腊最高神宙斯或是正义女神狄铿（她是宙斯与忒弥斯的女儿）。① 因为源于宗教，所以在古希腊"正义"是具有绝对性的。

至于"正义"的内涵，西方学者多有阐述，罗尔斯认为："正义是社会各种制度的首要美德。"② 有学者指出："至少从柏拉图时代起，正义就被所有学派的政治思想家视为一个良好的政治秩序所具有的一个基本属性。"③《牛津法律大辞典》给"正义"的定义："通常被认为是法律应达到的目的的道德价值。"④ "法的目的正在于帮助人们在国与国、团体与团体、人与人之间的关系中实现正义。"⑤

柏拉图认为城邦的衰落，是由于人们行为的失范，而行为之所以失范，是

---

① 岳海涌．柏拉图正义学说［M］．北京：人民出版社，2013：3.
② ［美］约翰·罗尔斯．正义论［M］．何怀宏，何包钢，廖申白，译．北京：中国社会科学出版社，1988：1.
③ ［英］戴维·米勒，韦农·波格丹诺．布莱克维尔政治学百科全书［M］．邓正来主编，中国问题研究所等，译．中国政法大学出版社，1992：382.
④ ［英］戴维·M·沃克．牛津法律大辞典［M］．邓正来，等译．北京：光明日报出版社，1988：496.
⑤ ［英］戴维·M. 沃克．牛津法律大辞典［M］．邓正来，等译．北京：光明日报出版社，1988：518.

因为人们不理解正义，不能依据正义来指导和规范自己的言行，以致造成城邦生活的混乱无序和衰落。正义问题是柏拉图政治哲学中的核心问题之一。为了弄清个人正义和城邦正义，柏拉图借苏格拉底之口在对话中着重对围绕正义的错误观点加以澄清和批判。

一是对"正义是把善给予友人，把恶给予敌人"说的纠正。柏拉图认为"伤害不是好人的功能，而是和好人相反的功能""伤害任何人无论如何总是不正义的"①。

二是"对正义就是强者的利益"之说的批驳。通常讲，强者的利益，即是政府、统治者的利益，因为政府都以自己的利益为前提制定有关法律，昭示于民。柏拉图反驳说，政府立法时不可能一贯正确，统治者必须以百姓利益为前提。因此，"正义"的内涵不可能只是"强者的利益"。

三是关于"正义和不正义何者对人有益"的问题。针对辩论者"不正义较正义有利，能给人带来幸福，能给人带来更大的利益"的观点，柏拉图分析道：不正义之人热衷于钩心斗角、追逐利益；正义之人，既聪明又善良，充满智慧美德，而正义则促进人们的和谐和关系稳定。他指出："正义是心灵的德性，不正义是心灵的邪恶。正义的心灵、正义的人生活得好，必定快乐幸福。不正义的人则相反，是痛苦的。"②

柏拉图用"正义"与"善"构成的政治哲学，是他的哲学核心"理念论"引申到政治生活中的产物。"ἱδεα"一词被认为是柏拉图哲学的核心，译为：理念、理型等。"柏拉图所掌握和阐述的引人入胜的模型，是他毕生一直在探索的拯救人们的哲学观念（或理念）。"③ 柏拉图认为，理念世界是绝对的存在，不生不灭。而现实世界的每一事物则永远处于相对的位置，处于虚幻不定之中。它不过是理念世界中具体事物理念的影子，属于理念世界的"摹本"，是不完善、不真实的。理念世界应是现实世界追求的目标。

---

① ［古希腊］柏拉图．理想国［M］．郭斌和，张竹明，译．北京：商务印书馆，2002：15.
② ［古希腊］柏拉图．理想国［M］．郭斌和，张竹明，译．北京：商务印书馆，2002：42-43.
③ Richard Kraut. *The Cambridge Companion to Plato*［M］．Edited by Richard Kraut，Cambridge University Press，New York，1992：232.

柏拉图主张，每一事物，每一属性都各有其理念，在众多的理念当中，"善"的理念最高。"善"是一切事物、一切属性所共同追求的最高目标。柏拉图认为"善的理念是最大的知识问题"①。他还认为，真正的知识只能是运用理性对理念世界的认识。"给予知识的对象以真理给予知识的主体以认识能力的东西，就是善的理念。它乃是知识和认识中的真理的原因。真理和知识都是美的，但善的理念比这两者更美。"② 柏拉图吸收了毕达哥拉斯学派的灵魂观后提出了著名的"回忆说"。他认为，知识是灵魂在进入肉体之前作为自身纯粹的存在时所获得的，需要通过"回忆"来重新获得，而"回忆"的方式就是受教育和学习。"在可知世界中最后看见、最难看见的乃是善的理念，它确实就是一切事物中一切正确者和美者的原因，就是可见世界中的创造光和光源者，……就是真理和理性的决定性源泉。"③在柏拉图看来，善的理念是其他众理念存在的根据，远远超过了它的伦理道德范畴，成为人与社会的终极价值目标。"每一个灵魂都追求善，都把它作为自己全部行动的目标。"④ 基于上述的看法，柏拉图分析："最好的国家就是那种由于具有最低限度的变动与最大限度的静止的完美，从而也就最能模仿天上的样本的那种国家。"⑤ 这样的国家便是"理想国"。它是智慧、勇敢、节制和正义这四种品德的完美体现。在理想国中，善的理念的表现便是"正义"。"正义"是智慧、勇敢和节制各种品德的基础，是柏拉图政治观的核心。

（三）哲学王与美德治国

1. 贤人政治——哲学王

柏拉图对人灵魂的三部分和理想国中三部分人的内在联系做出了价值判断。

---

① ［古希腊］柏拉图 . 理想国［M］. 郭斌和，张竹明，译 . 北京：商务印书馆，2002：260.

② ［古希腊］柏拉图 . 理想国［M］. 郭斌和，张竹明，译 . 北京：商务印书馆，2002：267.

③ ［古希腊］柏拉图 . 理想国［M］. 郭斌和，张竹明，译 . 北京：商务印书馆，2002：276.

④ ［古希腊］柏拉图 . 理想国［M］. 郭斌和，张竹明，译 . 北京：商务印书馆，2002：261.

⑤ ［英］罗素 . 西方哲学史（上册）［M］. 何兆武等，译 . 北京：商务印书馆，1996：163.

他认为，理想国中的公民灵魂中应具有四种品德，一是智慧，二是勇敢，三是节制，四是正义。每个公民只需具有其中一种品德，从事一类固定的职业，因为任何人做一类职业方能胜任和专精。他认为在国家里主要有三个等级：一是负领导职责的护国者，有智慧之德，是掌握知识和经验的治国者；二是负责保卫国家的卫国者，有勇敢之德，以担任官兵为职业；三是负担国人生活所需品的供养者，有节制之德。而奴隶则不在这三个等级之内。柏拉图认为这三部分人构成的质料各不相同。"他们虽然一土所生，彼此都是兄弟，但是老天铸造他们的时候，在有些人的身上加入了黄金，这些人因而是最可宝贵的，是统治者。在辅助者（军人）的身上加入了白银。在农民以及其他技工身上加入了铁和铜。"①根据这一观点，柏拉图主张在三个等级的后裔中应把天生的"金种"与"银种"识别挑选出来，加以教育并委以重任，否则"铜铁当道，国破家亡"。

柏拉图进一步对正义的实质加以分析。柏拉图继承古希腊的传统伦理观念，将国家的德性规定为正义。在他看来，城邦"正义"的实质是使整个城邦具有像机器一样运转的能力，它的技术就是将每个人作为不同的机器零件安装在正常运转的各个位置上。三个等级的人在理想国里，安守本分，恪尽其职，互不僭越。

个人正义同城邦正义两者不可分割，每个人正义的有机组合才形成城邦正义。城邦内的护国者按最高理性执政，管理好国家，便是推行社会的正义；卫国者能够勇敢地捍卫领土，维持好城邦的秩序和安宁，便是执行了社会的正义；而各种职业的生产者，能够辛勤劳作，供应护国者和卫国者们生活所需，他们便是遵守和执行了社会的正义，这样便实现了整个社会的和谐有序。具体来说，统治者、卫国的官兵和生产者分别是理性、激情和欲望的代表。城邦的正义，必须由理性掌握激情，由激情控制欲望。柏拉图坚持主张："不正义应该就是三种部分之间的争斗不和、相互间管闲事和相互干涉，灵魂的一部分起而反对整个灵魂，企图在内部取得领导地位——它天生就不应该领导的而是应该像奴隶一样为统治部分服务的，——不是吗？我觉得我们要说的正是这种东西。不正义、

---

① ［古希腊］柏拉图. 理想国［M］. 郭斌和，张竹明，译. 北京：商务印书馆，2002：128.

不节制、懦怯、无知，总之，一切的邪恶，正就是这三者的混淆与迷失。"①

怎样才能实现城邦的和谐与正义呢？柏拉图认为必须靠哲学王治国，他总结道："当我年纪越来越大的时候，我看到要正确安排国家事务确实是件很困难的事。"② 柏拉图深感哲思智慧与政治权力的结合是治国理政的至要，他主张："极少数的未腐败的哲学家，出来主管城邦（无论他们出于自愿与否），并使得公民服从他们管理时，或者，国王本人，受到神的感化，真正爱上了真哲学时——只有这时，无论城市、国家还是个人才能达到完善。"③ 这种由哲学王统治城邦的观点，柏拉图重申过多次。

可以看出，柏拉图主张的是贤人政治，由哲学王统治城邦是柏拉图独创的观点。但《理想国》对"哲学王"如何产生和挑选没有提出具体的办法。有一条是肯定的，柏拉图从没提出过哲学王应靠父传子女的世袭制来产生，这同封建时代中国与西方中世纪的君主按血统世代相传的机制显然有别。

2. 以"正义""善"和美德治国

柏拉图认为理想国中应以"正义""善"与美德治国。他沿袭苏格拉底所主张的"美德即知识"的观点，相信真正的知识就是关于善的理念。柏拉图对以"正义""善"和美德治国有许多重要的论述。

首先，他提出统治者——哲学王应符合美德的标准，必须拥有作为统治者的专门知识和美德。"护卫者的工作是最重大的，他就需要有比别种人更多的空闲，需要有最多的知识和最多的训练。"④ "一个人如果不知道正义和美怎样才是善，他就没有足够的资格做正义和美的护卫者。……只有一个具有这些方面知识的卫护者监督着城邦的政治制度，这个国家才能完全地走上轨道。"⑤ 柏拉

---

① ［古希腊］柏拉图. 理想国［M］. 郭斌和，张竹明，译. 北京：商务印书馆，2002：173.
② ［古希腊］柏拉图. 第七封书信［M］//载于柏拉图全集·第四卷. 北京：人民出版社，2003：80.
③ ［古希腊］柏拉图. 理想国［M］. 郭斌和，张竹明，译. 北京：商务印书馆，2002：251.
④ ［古希腊］柏拉图. 理想国［M］. 郭斌和，张竹明，译. 北京：商务印书馆，2002：66.
⑤ ［古希腊］柏拉图. 理想国［M］. 郭斌和，张竹明，译. 北京：商务印书馆，2002：262.

图认为哲学王的德应表现在他是为了整个城邦的利益和幸福当统治者，而一些贪图钱财、争权夺利之徒不配当正义城邦的统治者。

其次，正义、善与美德治国，要以城邦的整体利益为前提。"一个护卫者成为一个名副其实的护卫者，尽可能使国家作为一个整体得到幸福，而不是只为某一个阶级考虑，只使一个阶级得到幸福。"①在理想城邦中，由于强调整体利益，以致统治者必然受到许多限制，诸如，不能有私产，不能有家庭、妻子和孩子，几乎损失了统治者的个人利益。

再次，治国之术在于培育公民美德和"照料人之心灵"。柏拉图认为照料人的心灵，比关怀人的财产和身体更为重要。人们的"好事与坏事可以分成三类：财产的、身体的、灵魂的好坏状况。财产的坏状况是贫困；身体的坏状况是虚弱、疾病、残废；灵魂的相应的坏状况是邪恶，而公认邪恶是三者中'最丑恶的'，……灵魂的恶劣从而是一个人面临的最大的邪恶"②。为了实现心灵的善，就要依靠国家通过立法来陶冶心灵，或通过司法来医治心灵，利用城邦和智慧的双重力量，把政治和哲学结合起来培育人的美德。

复次，培育正义和美德的基础在于学习哲学，逐步掌握真知识和善的理念。柏拉图认为迎合、取悦群众心理的"辩证术"是伪知识，在最高的善的理念指导下，才能"足够的知道正义和美"。

最后，真正哲学家的正义、善与美德高于法治。柏拉图主张治国者不需要事必躬亲，最重要的是对公民进行"教育和培养"。特别是教育要从小开始，着眼于音乐和体育，以便养成美德。这样的话，即使良法被破坏，"一旦国家发生什么变革，他们就会起而恢复固有的秩序"③。

在探讨正义、德治的同时，柏拉图认为，个人的善与城邦的善相关，而城邦的善又与城邦的政体密不可分。柏拉图针对古希腊历史上存在过的和现实中

---

① ［古希腊］柏拉图 . 理想国 ［M］. 郭斌和，张竹明，译 . 北京：商务印书馆，2002：203.

② ［英］A. E. 泰勒 . 柏拉图——生平及其著作 ［M］. 谢随知，等译 . 济南：山东人民出版社，1991：167.

③ ［古希腊］柏拉图 . 理想国 ［M］. 郭斌和，张竹明，译 . 北京：商务印书馆，2002：140.

存在的各种政体进行了分析和研究，提出了比较系统的政体理论。

（四）柏拉图对不同政体的比较以及晚年政治观的演变

希腊的城邦时代产生过多种政体形态，这无疑给古希腊思想家们以比较的方法考察各种政体的优劣提供了丰富的素材。据亚里士多德的《雅典政制》记载，希腊曾经存在过 158 种城邦政体。当然，"在不同的时间、地点、人物和主题中，柏拉图对政制问题的论述存在着极大的差异"①。我们主要是根据《理想国》中的论述而归纳和分析。柏拉图认为：自古希腊历史上存在过和现实中存在的政体，依次是王政、荣誉政体（Timocracy）、寡头政体（Oligarchy）、民主政体（Democracy）和僭主政体（Tyranny），共五种政体。通过比较，由"哲学王"治国的王政成为他心目中的"最佳政制"。柏拉图分析古希腊城邦政体日渐衰败和频繁更迭的原因时，认为是由于政局动荡的环境、不良教育以及公民个人性格因素所致。

《理想国》是创启西方政治哲学的开山之作。它系统反映了柏拉图思想成熟中期主要的政治观、社会观、教育观和经济主张。在《理想国》中，柏拉图提出了社会和城邦的形成是源于互助与分工说、"正义"与"善"的理念政治说、贤人政治——"哲学王"以德治国说、奴隶制城邦中等级有序、各司其职的社会和谐说；论述了五种政体并比较其优劣；提倡男女平等，对家庭、婚姻、优生、公餐制和宗教信仰提出看法；还表述了柏拉图对教育的目的、教育方针、教育体制和课程设计等教育诸多方面的具体主张。《理想国》不重视法律和舆论的影响，柏拉图认为有卓越知识的哲学王没有必要向舆论求教，也不必用法律条文来束缚手脚。柏拉图在《理想国》中未把法律作为国家的基本要素之一，有意略去法律正是他早期和中期著作中哲学思想体系和政治观的典型反映。

柏拉图晚年时的政治观有了比较明显的变化。《政治家篇》的写作时间约是公元前 360 年，在其中，过去宣扬的在统治阶层中废除私有财产、实行共产等理论，以及知识源于不朽灵魂对理念世界的回忆等观点，已不再出现，讨论集中在君主的统治技艺上。在《政治家篇》中，柏拉图仍然坚持最好的统治是

---

①　刘晨光等. 希腊四论 [M]. 上海：华东师范大学出版社，2006：252.

"真正的哲学家"的统治。但他又提出"法律是不可替代的，它代表着一种经验的结果，对人类事务的秩序化是必要的"①。

《法篇》是柏拉图晚年最后一篇对话，他描述了"第二等""好的国家的制度"②。这部作品明显地反映了柏拉图政治观的变化。他写道："把权力称作法律的使臣，这样说并非为了标新立异，而是因为我们深信社会的生存或毁灭主要取决于这一点，而非取决于其他事情。法律一旦被滥用或废除，共同体的毁灭也就不远了，但若法律支配着权力，权力成为法律驯服的奴仆，那么人类的拯救和上苍对社会的赐福也就到来了。"③他还主张，法律应该保持稳定，以维护法律的权威。但根据形势的发展变化，也要适时修改法律以便解决问题。"应当在必要之处试验这些法规，直到满意地拥有一套完整的、适当的法律汇编为止。"④《法篇》是继《理想国》和《政治家篇》之后柏拉图最具代表性的著作，对亚里士多德政治思想的形成，对罗马法学家的作用，以及对西欧近现代制约政治权力的思想和西方政治制度都有重大影响。

### 四、孔子与柏拉图治国思想之异同

孔子与柏拉图在政治总目标上都是试图通过实现德治的贤人政治的方式，来巩固贵族统治、创立等级有序的社会作为基本方向的。他们的理想社会都是按照等级分工负责、互不僭越，和谐共处。但在理论依据、路径选择等方面，二者又有不少差异。

#### （一）治国理论依据之异同

孔子通过总结西周和春秋以来的历史经验，纳仁入礼、释礼归仁构建了德治的理论基础。他主张"克己复礼为仁，一日克己复礼，天下归仁焉"（《颜

---

① ［古希腊］柏拉图. 政治家篇［M］//柏拉图全集：第 3 卷. 王晓朝，译. 北京：人民出版社，2003：147，154.

② ［苏］涅尔谢相茨. 古希腊政治学说［M］. 蔡拓，译. 商务印书馆，1991：145.

③ ［古希腊］柏拉图. 法篇［M］//柏拉图全集：第 3 卷. 王晓朝，译. 北京：人民出版社，2003：475.

④ ［古希腊］柏拉图. 法篇［M］//柏拉图全集：第 3 卷. 王晓朝，译. 北京：人民出版社，2003：607.

渊》）。孔子主张的基本要点是：仁是礼的内在根据，礼属于仁的外推规则，二者互为表里，相互渗透和制约，辩证统一，靠仁政德治去管理国家。仁和礼都植根于现实社会人与人之间的关系之中，正所谓道不远人。孔子好古敏求，述而不作，祖述尧舜，效法先王，以卓越的历史理性为中华民族开创了以仁礼学说为基础的治国之道。

而柏拉图根据古希腊的现实和自己的哲学理念，以"正义""善"和美德为治国方略。柏拉图的正义观是基于知识之上的整体主义正义观，他主张以"正义"统领各种美德，"善"是最高的理念，它独立于现实世界之外，具有绝对性。柏拉图苦心孤诣，孜孜以求，用杰出的逻辑理性建构了一个以正义为原则的理念世界中的理想国，并创立了西方客观唯心主义哲学体系。

在思想方法上，他们都是依据理性思考来构建自己的治国思想体系，但他们的理性路径存在着历史理性与逻辑理性的差异，这在中国与西方的政治思想史上产生了深刻的影响。中国古代的改革者往往是"托古改制"，使政治制度的连续性大于断裂性，形成较持续稳定的社会结构。而理论先于实践的思维方式则使得西方的政治理论不断创新。

（二）治国路径之异同

孔子强调治国先从修身齐家做起，先努力追求理想的人格和境界。由小到大，从个人到他人，先家庭后社会和国家，应"入则孝，出则弟；谨而信，泛爱众，而亲仁"（《学而》）。孔子的德治思想伦理观念浓厚，加上中国古代社会宗法制度强，使得政治与伦理、政治权威与宗法权威有机结合。孔子以人伦道德点化政治道德，建立起符合人伦道德的政治伦常，确立了以道德改造政治的基本路径。

柏拉图认为公民在公共决策方面缺乏必要的经验和知识，而且与权威、秩序和稳定之间存在着不协调。这会导致社会凝聚力下降，政治秩序因派系斗争而被打破。因此，他的政治哲学是以整体主义为特征的，即着眼于城邦视野下的秩序重建，是由少数精英统治的整体主义的政治秩序，这种政治秩序需要以个体利益消融在城邦的整体利益的所谓"正义"观念为指导。因此，柏拉图治国的路径是由大到小，从宏观走向微观，先着眼于城邦、社会的"正义"；然后才涉及公民的利害，即先城邦，后个人的顺序。他认为，城邦正义与个人正义是同构的。柏拉图强调建立理想国"这个国家的目标并不是为了某一个阶级的单独突出的幸福，而是为了全体公民的最大幸福，因为我们认为在一个这样的城邦里最有可能找到正义"①。他强调一般公民只是国家机器上的一个零件。在柏拉图的政治观中寻找的是不生不灭的理性世界和至高无上的"善"。他关注的是理性的正义和城邦，也不否认政治与道德具有本原性的关联，但他对德的认识基本上是继承苏格拉底"知识即美德"的观点，并不太关心家庭的伦理。

（三）对"政治"的不同理解以及政体问题

孔子主张"政者，正也"（《颜渊》），"其身正，不令而行；其身不正，虽令不从"（《子路》）。这体现了孔子对政治活动本质的认识，即从管理者的美德做起，帅以正，则民无不正的规范、管理社会的行为。与古希腊"政治是城邦事务"的定义相比，孔子更强调政治的道德性，始终认为政治不能超越道德价值，独立于善恶之外的政治是不存在的。

"古希腊人所说的'政治'（politike）一词，词根就是 polis，其意是'城邦的事务'，我们今天所讲的政治、经济、文化以及军事、宗教等等方面，对古希腊人来说，都在城邦的事务范围之内。故古希腊人的'政治'范围很宽。"②

关于政体问题，孔子深感于春秋时代社会转型期的各种社会矛盾加剧，所造成的"礼崩乐坏"的政治局面，追忆黄金时代的尧舜禹三代的圣王，因古代中国长期都是君主政体，春秋时各诸侯国的政体仍是君主制，故国"不可一日无君"（《公羊传》卷十三）是孔子坚定的观念。在孔子的著述中并没有涉及国家政体的优劣比较问题，中国关于国体、政体之优劣的较大规模讨论大概要迟至晚清了。

古希腊奴隶制社会的发展比较充分，各种政体并存和嬗递。而柏拉图生活的时代正逢雅典民主制由盛转衰之际，这促使知识分子认真思考国家的健康发展问题。柏拉图专门剖析了前述的希腊五种政体的利弊得失，认为哲学王执政

---

① ［古希腊］柏拉图．理想国［M］.郭斌和，张竹明，译．北京：商务印书馆，2002：133.

② 罗念生，水建馥．古希腊语汉语词典［M］.北京：商务印书馆，2004：700-701.

的贵族政体最有利于维护城邦的善和正义。古希腊以德谟克利特为代表的民主派思想家是拥护雅典的民主政治，认为民主政治能保证城邦正义；亚里士多德则主张介于贵族专制政体与民主政体之间的由中等阶级统治的政体，最能实现城邦的正义。

（四）"内圣外王"与"哲学王"之异同

在塔形的等级社会中处于塔尖统治者的人选问题，是孔子和柏拉图最为关注的重点。他们都认为这个人选对于社稷的安危和人民的幸福至关重要。两人的共同点是认为握有最高权力的君主非贤人莫属，一致主张实行贤人政治。但他们对合格君主——贤人的标准，却各有不同。孔子把统治者（"圣王"）本身具有高尚的道德和人格，能教化民众，看作为政的首要条件，并且认为只有圣人才可以成为真正的王，即在内圣有成的基础上，将内在的圣德推而广之，对外担当社会重任，致力于治国安民的功业，建立王道政治才是合格的君主："内圣外王"。孔子特别推崇上古传说中的帝王尧舜禹，倡导继承方式应是让位于最贤能者的"禅"。而值得注意的是，孔子乃至其后的儒家却一直未提出保证这种继承方式的制度约束来。

柏拉图虽不否认统治者应具有道德，但却主张"哲学王"应具有最高理念，以是否具有智慧和知识作为统治民众的首要条件。而且明确宣告，只有哲学家能成为国王，或者国王能严肃认真地追求智慧、学懂哲学，掌握统治者的政治技艺，才能使政治权力与聪明才智合而为一。智慧与权力统一起来，知识与理性有机结合的哲学王是理想国中最完美的君主。在"理想国"中，哲学王作为一种职位，并非终身制，也不是世袭制，而是明确规定实行轮换制。在柏拉图晚年作品《法篇》中，他更明确地指出应充分发挥议事会的作用，由议事会来推选五十岁以上称职的人做哲学王。而且连执法官甚至将军、主帅等也按制度分别由固定的选举人员推选。柏拉图称"以这样的方式进行的选举会产生一个介乎君主制与民主制之间的体制，一种合理的制度必定要这样做"[①]。尽管柏拉图为哲学王理想设计

---

① ［古希腊］柏拉图. 法篇［M］//柏拉图全集：第 3 卷. 王晓朝，译. 北京：人民出版社，2003：513.

的制度也未能落实，但毕竟说明他已经意识到必须用制度才能保障政治理想的实现，这更多地体现在柏氏晚年政治观中对法律作用的认识变化上。

（五）天下与城邦之异

所谓"天下有道，则礼乐征伐自天子出；天下无道，则礼乐征伐自诸侯出"，反映了孔子对天下统一、中央集权的深切向往，以及对分裂割据状态的强烈不满。这一点值得我们重视，孔子的德治思想从来都是以全天下为治平目标的。从孔子周游列国追求政治理想的人生经历，到孔子欲居九夷不以为陋，以及子夏"四海之内皆兄弟"的诸多说法，都说明孔门的思想视域绝不仅限于鲁国，亦不局限于华夏诸邦，而是以包括夷狄在内的整个天下为己任。后来儒家孟子"定于一"的思想与荀子"四海之内若一家"的思想，都是由此引申的。有趣的是，墨家、法家的思想家也都力图改变当时分裂的政治局面，可见在先秦时代的中国，天下一家的思想就已经深入人心了。

柏拉图始终把城邦作为其治国思想的出发点和落脚点。严格意义上讲，古希腊政治思想家的视域只可能局限于城邦，他们甚至认为应当对城邦的规模进行限制，人口不宜过多。我们看到古希腊的先哲没有表述过追求统一的思想，哪怕仅仅是希腊民族内部的统一。他们对于异族更是普遍抱有比较排斥的态度，柏拉图视"异族为异类"，亚里士多德甚至说"蛮族就是天生的奴隶"。笔者无意否认希腊先哲们为人类哲学思想做出的杰出贡献，但恐怕也要承认在对待民族之间的"我"和"他者"方面，他们还是表现得相当狭隘的。

在漫长的人类历史长河中，轴心时代的伟大思想家孔子和柏拉图分别是屹立于东西方的两位思想巨人，他们在治国理政方面都有系统精湛的论述，对中国与西方后来的政治文明产生了深刻而久远的影响，直到今天仍是我们政治智慧的源泉。人类对理想社会的探索是永恒的，中国与西方经过百多年的对立和寻找，在21世纪伊始，人们似乎终于发现，通过各美其美、美人之美、美美与共地比较互鉴，人类把分头找到的真理加在一起，形成多元共处的"和"，可能才是人类美好未来应有的状态。今天，迅速崛起的中国应以"自信、开放、多元"的观念，使本土传统、国家意志和外部文化资源得以协调统合。在比较互鉴中建立一种立足于中国历史传统，又能有效回应时代和中国发展的重大问题的本土思考框架，服务于中华民族复兴的伟大时代。

**推荐阅读书目**

［1］晁福林. 先秦社会思想研究［M］. 北京：商务印书馆，2007.

［2］王杰. 先秦儒家政治思想论稿［M］. 北京：人民出版社，2011.

［3］岳海湧. 柏拉图正义学说［M］. 北京：人民出版社，2013.

［4］［古希腊］柏拉图. 理想国［M］. 郭斌和，张竹明，译. 北京：商务印书馆，2002.

［5］刘丹忱. 孔子的德治思想：兼与柏拉图政治思想比较研究［M］. 北京：中国政法大学出版社，2018.

# 第三章

# "全球史"观念下汉唐时代与世界的互动

伴随着科技的发展与进步，今天的世界越来越紧密地联系在一起，不仅破除了国家之间因地理因素产生的隔阂限制，而且拉近了人与人之间的距离。从人们共用的卫星信号，到航空公司的洲际跨洋航线，从多种多样的视讯软件，再到跨越欧亚大陆的"中欧班列"，这些元素无不体现着当下生活的"零距离"状态。那么，历史上中国与世界的交往又有着怎样的互动呢？每当笔者在课堂上问及这一问题时，可能学生马上会联想到"丝绸之路""玄奘西行取经""马可·波罗东游""利玛窦来华"，或是"瓷器与茶叶外销"等。无疑，这些历史上发生的事件都是中国与世界交往与互动的见证。实际上，在上述这些人们耳熟能详的史事之外，又如玻璃制品的引进、技术的交流、族群的迁移、战争的爆发，甚至是环境的变迁、物种和疾病的传播等也都是历史上中国与世界的互动内容。

鉴于以上所说互动内容的广泛性，以及数千年长河中所发生的无以计数的历史往事，我们应该以何种观点或理论去理解和研究历史上中国与世界的交流呢？本章在开头部分引入"全球史"观念和大家分享，以期帮助读者更好地了解这一概念，并用此观念去深化我们对于历史的认知。实际上，近年来"全球史观"在世界范围内已经十分流行，我国也多有从事这方面理论研究的学者。例如，首都师范大学夏继果教授编辑出版的《全球史读本》[1] 就是致力于研究

---

① 夏继果，[美] 本特利. 全球史读本 [M]. 北京：北京大学出版社，2010.

和推广"全球史观"的一种尝试与努力。那么什么是"全球史"的理论呢？实际上，不同的世界史学者有着自己的研究和切入角度，笔者认为目前最为学界广泛接受的关于"全球史"的定义应属夏威夷大学教授、知名的世界史研究学者之一的杰里·本特利（Jerry·Bently）所提出的"跨文化互动"理论。

本特利在他一篇重要的论文《跨文化互动与世界史分期》（*Cross-Cultural Interaction and Periodization in World History*）① 中提出并强调"跨文化互动"的概念。他力图打破国界之间的限制，摒弃"欧洲中心论"的观点，以更加广泛的社会空间代替传统的国别史研究范式。在本特利看来，这种跨文化的互动使得世界"不只有一个中心，在不同的时期，世界可能有着多个不同的中心，形成了多种不同的传统"②。在这种观念下，本特利所关注的"全球史"内容主要包括：长距离的贸易、物种的传播与交流、文化的碰撞与融合、帝国的扩张与军事冲突、移民与离散社群、疾病的传播以及环境气候的变化与影响等。

那么，在这种"全球史"观念下，中国与世界又是如何开展互动的呢？不妨先让我们一同来简要了解一下先秦时期的概况。根据目前的一些研究认知，在夏商时代，青铜冶炼技术传入中国，结合本土技术蓬勃发展起来，至商晚期和西周时期臻于鼎盛，开启了中国的"青铜时代"。与之同时，马匹、战车和其他带轮的运载工具也在这一时期不断传入。③ 以上这些技术的引入是亚欧大陆间族群迁徙所造成的结果。沈福伟就曾指出，在夏商时代的亚洲北部和中亚地区也有青铜文化的出现，他认为"新疆的巴里坤、吐鲁番、伊吾等地居民就充当着新文化传递者的角色"④。随着考古发现的证明，如在商朝墓穴中发现的来自中亚的玉石，散落于中亚和中东地区的陶鬲，从美索不达米亚传入中国的马拉战车，从马来半岛传入的冶炼青铜所必要的金属锡，以及南西伯利亚巴泽雷克

---

① Jerry H. Bentley. Cross-Cultural Interaction and Periodization in World History [J]. The American Historical Review, 1996, 101 (3): 749-770.
② 魏凤莲.《新全球史》与杰里·本特利的全球史观 [J]. 史学理论研究, 2008 (2): 144-147.
③ [美] 本特利，[美] 齐格勒. 新全球史 [M]. 魏凤莲, 译. 北京：北京大学出版社, 2014: 133-134.
④ 沈福伟. 中西文化交流史 [M]. 上海：上海人民出版社, 2006: 8.

和德国符腾堡贵族墓穴中所发现的"平纹绸"和蚕丝,① 这些考古发现都说明了虽然有高山、沙漠、湖海等地理因素阻隔，以及缺乏探索与发现世界的科学技术，但中国在上古三代时期，就已经参与到了世界的互动与物品交换过程中，而远非人们印象中那般孤立存在。

### 一、丝路联通世界：秦汉至南北朝时期东西交流的"通"与"融"

步入秦汉时期，随着中国大一统王朝的出现和国力的日臻强盛，中国与世界的互动也更加频繁。不过，由于技术的限制，这一时期中国更多的是面向西北部的陆路地区探索未知的世界，而非东南方向的海洋。当中原王朝面向北方时，必然要与游牧民族相遇。日本学者杉山正明（Masaaki Sugiyama）就提出了游牧民族对于沟通欧亚的重要性。他认为游牧民族通过移动将各地的绿洲串联，并给出了"没有游牧民族为中心的中央欧亚，就没有内部连接"② 的观点。根据宿白的考古研究显示，在今日俄罗斯境内的米努辛斯克和西北的托木斯克，以及托博尔河与伊路西德河汇合处都发现了战国至西汉时期的铜镜，而被认为是北匈奴的遗物。③ 此外，在贝加尔湖、叶尼塞河上游、高加索地区以及刻赤均有匈奴和东西交流的遗迹。但是，除了汉王朝和匈奴双方的和平贸易与物品的流通外，中原王朝也不得不应对游牧民族的挑战，而他们也已经在沟通中西的过程中逐渐发展壮大，并成功引入和掌握了可以用于军事的技术。例如，当面对匈奴这样强劲的对手时，秦汉王朝都不得不调动大量的人力和物力与之周旋。

秦朝修筑了被称为"世界奇迹"的长城作为防御工事，又派大将蒙恬发动防御性的军事行动，最终得以"却匈奴七百余里，胡人不敢南下而牧马"。到了西汉时期，中原王朝和匈奴的军事冲突日渐升级。正是在这样的背景下，刚完成王朝治国方略调整——从崇尚黄老之术的"无为"转向独尊儒术的"进取"——的汉武帝出于军事战略考量，于公元前139年派遣张骞率一百余人出使西域，意图联合西部的大月氏共同对抗匈奴。在西行途中，张骞被匈奴人抓

---

① 沈福伟. 中西文化交流史［M］. 上海：上海人民出版社，2006：9-20.
② ［日］杉山正明. 游牧民的世界史［M］. 黄美蓉，译. 北京：北京时代华文书局，2020：9.
③ 宿白. 考古发现与中西文化交流［M］. 北京：文物出版社，2012：29.

获，羁留匈奴十余年，最后逃脱抵达大月氏。但是，当张骞到达目的地后，却发现大月氏自西迁后，"地肥饶，少寇，志安乐，又自以远汉，殊无报胡之心"①，最终导致他出使西域的战略意图没有实现，而在张骞无奈东返时，又被匈奴俘获，拘留一年时间，最终回到汉朝。

虽然张骞出使西域没有达到联合大月氏抵抗匈奴的军事战略目的，但是他却掌握了大量前所未闻的关于西域的第一手资料，为进一步加强中原和西域的交流，甚至为打通中国和西方的交流路径奠定了基础。所以，在历史上将张骞出使西域称为"凿空"之举。在此之后，出于商贸和军事目的，东西交流日渐频密，出现了从长安出发，途经天山南北的西域北道和西域南道这两条主干道，以及众多小线路，形成了联通东西的陆路交通网络。具体而言，从长安出发，至兰州，经河西走廊的武威、张掖、酒泉、敦煌，到玉门，然后选择西域北道或南道。西域北道线路包括龟兹、阿克苏、疏勒等地，而西域南道囊括鄯善、精绝、于阗等，然后再跨越葱岭，经大宛、粟特、安息，最终到达大秦。除了南北两道外，还有若干小线路，构建起交流通道与网络。这一东西交流的陆路网络将我国两汉时期世界上东西方的汉王朝、贵霜帝国、安息帝国和罗马帝国联通起来。

需要阐明的是"丝绸之路"这一概念虽然为世人所熟知，但却并非张骞出使西域后就立刻出现的概念，而是在将近 2000 年后，在公元 1877 年由德国旅行家和地理学家李希霍芬（Richthofen, Ferdinand von）所提出的。他用"丝绸之路"一词来指代汉朝丝绸外销的线路，但不包括汉代以后的历史。另一位德国人奥古斯特·赫尔曼（A. Herrmann）则直接将"丝绸之路"一词用在他 1910 年出版的著作《中国与叙利亚间的古代丝绸之路》（*Die alten Seidenstrassen zwischen China und Syrien*）的著作标题中。虽然在赫尔曼对于李希霍芬所提出的"丝绸之路"时间和线路总结有误②，却使得这一概念广为人知。

至 20 世纪 20 年代，随着赫尔曼著作的传播，国内外学界已经逐渐出现"古丝商之路"或"蚕丝贸易通路"等说法，此后又出现"丝道""丝路"等提

---

① （汉）班固. 汉书：卷 61，张骞列传 [M]. 北京：中华书局，2007：608.
② 杨俊杰. 弄丢了的丝绸之路与李希霍芬的推演 [J]. 读书，2018（2）：26-34.

法，并广为传播。1939 年瑞典考古学者斯文·赫定（Sven Hedin）出版了一部名为 *The Silk Road* 的著作，进一步将"丝绸之路"的概念具象化。20 世纪 30 年代，"丝路"的概念已经被学界广为接受。根据学者邬国义的研究发现，最早以"丝绸之路"指代"丝路"或"丝道"的材料出自 1943 年 2 月《申报》上所刊载的《马来亚纵横谈》，[①] 而"丝路"的概念也在 20 世纪 40 年代逐渐出现在当时的中学地理课本之中，使得"这一时期已经约定俗成地称为'丝路'或'丝道'，其概念业已进入大众视野，传播普及到了广大的学生和普通民众层面。虽说此后政局发生重大变化，其名称和基本概念仍保留并传承下来"[②]。

"丝绸之路"也绝不是一条单一沟通中西的道路，而是指代中国与地中海世界之间，贯穿欧亚的道路网络。荣新江指出，"丝绸之路是一条活的道路"，其所连接的空间"也不仅仅局限于中国与中亚、南亚的交往，还包括西亚、地中海世界，以及海上丝路所连接的朝鲜半岛、日本、东南亚等地"[③]。对于张骞此行的意义，刘迎胜认为"在张骞出使西域以前，波斯和相继而起的亚历山大政权将驿站体系和交通网络从西亚延伸至欧洲，而张骞出使西域则将连通亚欧交通的东段路线构建起来"[④]。

在张骞的"凿空"之举后，于公元前 129 年、前 121 年和前 119 年，汉武帝派遣卫青和霍去病先后三次发动对匈奴的大规模军事行动，将汉朝的影响力进一步向西北延伸。在汉朝军事胜利的背景下，张骞于公元前 119 年第二次出使西域，并于公元前 115 年顺利返回长安。在这次往返过程中，道路畅通，没有发生第一次出使过程中两次被羁押的事件，也由此可见匈奴的势力范围在与汉朝的军事对抗中逐渐缩小。虽然在唐代诗人李颀的《古从军行》中有"年年战骨埋荒外，空见蒲桃入汉家"对于汉王朝和匈奴作战的批判之语，但双方军事行动的一个客观事实是直接打通了连接东西的交通线，促进了东西商贸往来，让西域甚至更远地方的物种与商品同中原地区进行交换。张骞此行率领许多副

① 邬国义. 丝绸之路名称概念传播的历史考察 [J]. 学术月刊，2019（5）：145-167.
② 邬国义. 丝绸之路名称概念传播的历史考察 [J]. 学术月刊，2019（5）：145-167.
③ 荣新江. 丝绸之路与东西文化交流 [M]. 北京：北京大学出版社，2015：1.
④ 刘迎胜. 全球化视角下的古代中国 [M] //清华国学院. 全球史中的文化中国，北京：北京大学出版社，2014：67.

使，随从达三百余人，又备有牛羊、金帛等物。张骞派遣随行副使分别前往临近小国与其加强联系，如乌孙即派使节随同张骞返回长安，并向汉武帝进献"汗血宝马"，而张骞将沿途见闻做了汇报。

降至东汉时期，南北匈奴分列，南匈奴内附汉朝，进一步实现了民族融合，而北匈奴逐渐西迁。公元73年和89年至91年，东汉先后以窦固和窦宪为首，又发动了两次与匈奴的大规模军事行动，以致最后窦宪大败北匈奴与稽洛山，燕然山刻石记功而还。东汉派遣班超为西域都护，进一步打通并维护了西域北道，又于公元97年派出甘英出使大秦（罗马帝国）。虽然甘英因受信息误导折返而回，但一系列的军事和出使活动使得两汉时期东西沟通与交往的路线得以贯通，商贸往来日渐频密，农作物与技术的交流蓬勃发展。最终，在与匈奴的交战过程中，汉王朝所代表的中原文明的胜出，为中国通往外面的中亚走廊带来了安定的秩序。在汉王朝和匈奴的交战过程中，一部分匈奴部落内附，加速了民族融合进程；另一部分匈奴则经历过两次主要的西迁，将汉王朝的器物、丝织品和铜镜等带入欧亚草原地区。目前考古学界大致发现了两条匈奴迁徙路径：其一是至新疆巴里坤湖，经天山北麓向西进入中亚、黑海地区；其二，从米努辛斯克途径伏尔加河进入草原地区。① 如铜镜、丝织品、玉器、骨弓弭、铜鍑等器物被广泛发现于中亚和东欧地区。张骞所开辟的这条贸易与文化互动走廊是贯穿整个欧亚大陆的商贸网络的中轴线与枢纽，也将中国更好地融入世界体系之中。

在这一时期的商贸网中，汉代贸易快速向外扩张，商品向西域和更远的地中海区域流动，蚕丝无疑是这一时期最为重要的贸易物品。公元前128年，当张骞出使西域到巴克特里亚境内时，就曾注意到一些地方出售着丝织品和竹器等中国商品，并了解到这些东西都是取道孟加拉湾从中国西南部运来的。② 余英时在他的早期著作《汉代贸易与扩张：汉胡经济关系结构研究》中就曾提出大量中国商人到西域进行贸易的事例，并提出了汉朝商人的冒险性不比罗马商人

---

① 宿白. 考古发现与中西文化交流［M］. 北京：文物出版社，2012：35.
② ［美］本特利，［美］齐格勒. 新全球史［M］. 魏凤莲，译. 北京：北京大学出版社，2007：308.

差的观点。① 正是由于这些勇于探险的商人推动，使得汉朝的经贸版图快速向外延伸，丝绸远销欧洲，而在地中海彼岸的罗马帝国就对东方的这种当时的"奢饰品"格外向往。老普林尼（Gaius Plinius Secundus）就曾抱怨说，罗马大量的黄金都流向了东方，去购买这种薄如蝉翼的纺织品。学者郭小红则提出"大量的（丝绸）需求迅速消耗着罗马的黄金储备，造成国库空虚"。② 2018 年 6 月 1 日，在西安秦始皇陵博物院举办了"庞贝：瞬间与永恒——庞贝出土文物特展"。在横跨欧亚大陆而来的 120 件参展文物中，来自那不勒斯国家博物馆所藏的油画《飞舞的女祭司壁画》得以与参观者见面。画中女祭司身着丝绸的形象，印证了蚕丝在当时罗马帝国境内流行的情况，也在数千年后让"丝绸之路"两端的文明再次相遇。

随着"丝绸之路"的开辟，东西方的信息逐渐为彼此所知，有助于中国对世界的探索和交流。例如，在《后汉书》卷八十八《西域传》中，记载了条支、安息和大秦等欧亚国家的信息，及其与汉王朝交往的情况。在"安息"条目下详细描述了安息的地理方位和物产情况，如载有"安息国，居和椟城，去洛阳二万五千里。北与康居接，南与乌弋山离接。地方数千里，小城数百，户口胜兵最为殷盛。其东界木鹿城，号为小安息，去洛阳二万里"③。汉章帝章和元年时，安息国曾遣使进献狮子和符拔。汉和帝永元九年（公元 97 年），班超即派遣甘英出使大秦，就是听闻安息人所言"海水广大，往来者逢善风三月乃得度，若遇迟风，亦有二岁者，故入海人皆赍三岁粮。海中善使人思土恋慕，数有死亡者"④ 的警告，才终止了继续西行的计划。不过，根据余英时的研究，安息"在中国与罗马的丝绸贸易中，更多的是起了中间人的作用，而不是消费

① ［美］余英时. 汉代贸易与扩张——汉胡经济关系结构研究［M］. 上海：上海古籍出版社，2005：134.
② 郭小红. 古罗马向东方的探索与丝绸之路［J］. 首都师范大学学报（社会科学版），2011（S1）：202-207.
③ （南朝）范晔. 后汉书：卷 88［M］. 北京：中华书局，1965：2918.
④ （南朝）范晔. 后汉书：卷 88［M］. 北京：中华书局，1965：2918.

者的作用"①。因此，安息人有意地阻止中国与罗马的直接贸易。

然而，虽然东西交流可能被有意地阻碍，但并没有被抑制，而且在东汉桓帝时期实现了汉王朝与罗马帝国的直接对话。《后汉书》对罗马帝国的称呼是"大秦"，其载"大秦国，一名犁鞬，以在海西，亦云海西国。地方数千里，有四百余城。小国役属者数十。以石为城郭。列置邮亭，皆垩塈之"②。在史料中还特别提及了大秦和安息、天竺通过海陆进行贸易的情况。根据《后汉书》记载，公元166年罗马皇帝安东尼曾派使者前往洛阳觐见东汉桓帝，并携带象牙、犀牛角、玳瑁等物品进献，东西方的直接交流与对话"始乃一通焉"。值得注意的是，这次来自罗马的使者由汉朝日南郡（汉武帝元鼎六年，"公元前111年"设郡，属交州管辖，今属越南东部）登陆，③ 并呈献贡品的。这不仅彰显出两汉大一统王朝的国力，更提醒我们这些使者可能是通过海路经过印度洋和南海到达日南郡，然后经陆路前往洛阳的。

实际上，在《汉书》卷二十八《地理志》中还有不少描述关于东海和南海的记述，如：

> 自日南障塞、徐闻、合浦船行可五月，有都元国，又船行可四月，有邑卢没国；又船行可二十余日，有谌离国；步行可十余日，有夫甘都卢国。自夫甘都卢国船行可二月余，有黄支国，民俗略与珠崖相类。其州广大，户口多，多异物，自武帝以来皆献见。……自黄支船行可八月，到皮宗；船行可二月，到日南、象林界云。黄支之南，有已程不国，汉之译使自此还矣。④

以上记载中的日南、都元国、邑卢没国、谌离国、甘都卢国等均为今日东

---

① ［美］余英时. 汉代贸易与扩张——汉胡经济关系结构研究［M］. 上海：上海古籍出版社，2005：130.
② （南朝）范晔. 后汉书：卷88［M］. 北京：中华书局，1965：2919.
③ （汉）班固. 汉书：卷28［M］. 北京：中华书局，2007：303.
④ （汉）班固. 汉书：卷28［M］. 北京：中华书局，1962：1671.

南亚国家，如印度尼西亚、越南、缅甸等的古国名称，而黄支国则有可能位于今日印度东海岸一带。由此可见，在两汉时期中国已通过海路与海外交通，特别是经南海到距离中国较近的东南亚地区，以及印度洋东海岸。只不过这一时期，由于航海技术的限制，海上交流更多以近距离和浅海为主。

除了丝绸的外销，其他各种商品、技术、文化均在张骞的"凿空"之行后蓬勃开展起来。例如，贰师将军李广利对大宛的军事行动，作为结果之一，在司马迁《史记》中记载了公元前 102 年"移植蒲陶于内地"的史事。阎宗临认为蒲陶即葡萄，是希腊文 Botrus 的音译，汉代以葡萄为图案，看出其受希腊文化的影响。① 农作物种如石榴、苜蓿、葡萄、胡桃等，也在此时期开始进入中原地区，而传统中原出产的桃、杏、梨等农作物则经丝路传到西域、中亚和欧洲。除了农作物外，"丝绸之路"上广泛交流的，还有医学和军事技术、文化与宗教、视觉（雕刻、绘画）与听觉（鲁特琴等、胡乐）艺术，以及物种（如马匹）和族群的迁徙等。在米华健所著的《丝绸之路》一书中，作者将丝路上的互动囊括为三大主题，即"丝绸之路上的生物学""丝绸之路上的技术"和"丝绸之路上的艺术"，② 展现出东西互动内容的广泛性。除上述内容外，在《新全球史》一书中，作者本特利和齐格勒提出在公元 2 世纪至 3 世纪汉王朝和罗马帝国都发生了大规模的传染病，并提出了"交易丝绸的人也在交易细菌"的观点，③ 提醒着读者细菌和病毒为载体的传染病也是东西方互动的一部分。

由此可见，东西方的紧密互动与联系验证了本特利所提出的"全球史观"，以"丝绸之路"为代表，东西方打破了边界的限制，进而实现着长距离贸易、文化交流、物种传播和人口迁徙，进而相应推动了东西方经济活动的发展，也促进了文化的互动与融合、宗教思想的交融与传播。更为重要的是，自丝路开辟后，它不仅仅代表一个地理概念和所限定的经济内涵，而且在历史发展的长河中，被东西的互动赋予了更多政治和文化涵义。

---

① 阎宗临. 中西交通史［M］. 太原：三晋出版社，2015：5.
② 米华健. 丝绸之路［M］. 南京：译林出版社，2017.
③ ［美］本特利，［美］齐格勒. 新全球史［M］. 魏凤莲，译. 北京：北京大学出版社，2007：356.

　　承接两汉之后的魏晋南北朝时期，继续保持和延续了同世界的商贸往来与文化互动。一方面佛教在这一时期经历了大发展，另一方面贸易规模继续扩大。自东汉明帝时期佛教传入中国后，这一起源于古印度东北部的宗教在魏晋南北朝时期快速地发展起来，而翻译佛教经典成为这一时期的主要内容。如，安世高、支娄迦谶都翻译了大量佛教经典著作，至两晋南北朝时期，鸠摩罗什、释道安、慧远等都曾对佛教传播发挥过重要作用。这一时期著名的高僧法显也曾历经各种险阻赴印度求取佛法，并最终回到中土，而他所选择的线路凸显了跨越边界的互动与交往。法显在 65 岁时出发前往古印度，当时他选择了陆路方式。法显沿"丝绸之路"出西域、经中亚和古印度西北部地区，最终到达佛教发源地。而当他返回时，法显则选择了海上交通方式。他先乘船到达斯里兰卡，后横穿印度洋、过马六甲海峡，经南中国海，北上抵达山东半岛，并最终历经 13 年，以 78 岁的高龄回到建康（今南京）。法显西行求取佛法本身凸显了不同文明在这一时期的交融与互动，而所行路线更体现了在陆路"丝绸之路"外，还可经海上线路与世界交往的事实。

　　与之同时，佛教的发展不仅是一个文化传播的过程，更是一个文化融合的过程。在佛教由南亚次大陆经中亚、西域传入中国这条线路上，出现了一种独特的文化形态——犍陀罗文明。古犍陀罗是南亚次大陆十六古国之一，在佛教传播的过程中，它融合了古希腊、古罗马的人物雕塑风格，在人物的发式、衣着纹饰等方面，呈现极具特色的样貌。而当佛教经中亚、西域传入中原时，"丝绸之路"上的早期佛教艺术也受到犍陀罗文明的影响，如敦煌莫高窟被阎文儒认为"在汉代雕塑艺术基础上吸收了印度、犍陀罗的佛教雕塑艺术，创造出初期新型的佛教雕塑艺术"①。南北朝时期北方开凿的如三大石窟：莫高窟、龙门石窟、云冈石窟，以及南朝林立的"四百八十寺"都见证着这一时期佛教文化的兴盛与中原文明的交融。

　　在佛教途径西域引入中国后，又继续向东传播，输入朝鲜和日本。根据高句丽史书《三国史记》的描述，公元 372 年（小兽林王二年夏六月）前秦君主

---

① 阎文儒. 中国雕塑艺术纲要［M］. 桂林：广西师范大学出版社，2003：43.

苻坚曾"遣使及浮屠顺道送佛像、经文。王遣使回谢，以贡方物"①。这条记载不仅证明十六国时期依旧保持了与周边国家的互动态势，而且也印证了佛教在经过西域传入中国，在经过一段时间的本土化进程后，继续东传的事实。当然，除了佛教以外，在魏晋南北朝时期祆教（琐罗亚斯德教）、景教和摩尼教也在这一时期随着商队和人口的流动而传入中国，而中原地区的文化典籍则被传播到西域、中亚一带，充分体现了"丝绸之路"上文化交流的"涵化"互动性。

除了宗教与文化的互动外，贸易也在魏晋南北朝时期快速发展。除丝绸等传统商品之外，以玻璃器为代表的工艺制品引入中国。中国古代输入的玻璃制品多源自伊朗、叙利亚、埃及等地，自两汉已经开始输入，不少考古发掘品可以证实。至魏晋南北朝时期，由于海上线路被更加广泛地利用，"海上丝路"已经初见雏形。这一时期玻璃的进口规模逐渐增大，分别从西北陆路和海路进入中国境内。根据沈福伟的研究，1970 年出土于南京象山的东晋王氏七号墓中的白色玻璃器皿，大量使用了石英砾，被认为是从拜占庭传入中国的。② 现存在南京市博物馆内的东晋玻璃罐，也是玻璃器传入中国的最好的实物见证。正是在文化和贸易往来日渐频繁的大趋势下，许多中亚、西亚，乃至欧洲的商人往来于"丝绸之路"上，甚至定居中国。在杨衒之所著的《洛阳伽蓝记》中有记载，"自葱岭已西，至于大秦，百国千城，莫不欢附，商胡贩客，日奔塞下，所谓尽天地之区已。乐中国土风，因而宅者，不可胜数。是以附化之民，万有余家"。③ 通过这些文字，魏晋南北朝时期洛阳的繁华程度与东西交流的情况是可以想见的。

这一时期，随着中外互动的加强，特别是和东南亚国家的交往日渐频繁，一系列"异物志"类的书籍开始出现，而其作者大都来自靠近东南沿海的吴国。例如，杨孚著《异物志》、沈莹著《临海水土异物志》、朱应著《扶南异物志》、

① ［高丽］金富轼. 三国史记：卷 18，高句丽本纪·小兽林王 ［M］. 长春：吉林大学出版社，2015：221.
② 沈福伟. 中西文化交流史 ［M］. 上海：上海人民出版社，2006：94.
③ （北魏）杨衒之. 洛阳伽蓝记，卷 3 ［M］. //四部丛刊三编史部，第 184 册，上海涵芬楼影印明如隐堂本：10.

万震著《南州异物志》等。其中，如《扶南异物志》描述了他出使扶南国的见闻，介绍了扶南、林邑、南洋群岛、天竺等地物产和地理知识。而万震所著的《南州异物志》则记载了"如乌浒、扶南、斯调、林阳、典逊、无论、师汉、扈利、察牢、类人等国的地理风俗物产，多为前代史书所阙，有很高的史料价值"①。这些《异物志》书籍为当时的中国人积累了大量域外地理知识和实用信息，为进一步展开交流奠定了基础。

### 二、"开放时代"：唐代文明交流中的"兼容并蓄"与"多元融合"

当中国进入隋唐时期，中国经济与文化达到一个空前繁荣的高度，不仅在疆域上再次实现大一统局面，而且中国与世界的交往也更加频繁，并逐渐形成了唐型文化圈，彰显出中国的文化辐射范围。来自世界各地，特别是亚洲各地的商人、僧侣、学者不断聚集到长安、洛阳、扬州等大城市，中国成为亚洲各国文化的中心与枢纽，体现了这一时期的融合与多元的特点。根据陆威仪（Mark Edward Lewis）的研究，唐朝在第一个世纪里，"大约有170万外国人成为唐朝的臣民，如日本人、朝鲜人、粟特人和其他国家的人在唐代官府中扮演着重要角色"。② 由于人与人之间交流的密切，商品、物种、文化、宗教进一步交融与互动。例如，在长安城内不仅有佛教徒，而且有景教徒，既包容着穆斯林文化，又存在着拜火教的传统。至今，矗立于西安碑林内的《大秦景教流行中国碑》就是唐代多元文化的绝好见证，不仅碑文以中文和叙利亚文合璧形式书写，而且其内容叙述了景教教义，以及百年来景教在中国的传播与发展过程。

这一时期唐代与世界的交往主要有以下三条陆路线路和两条海路线路：第一条陆路是长安—河西走廊—西域—中亚—西亚—亚欧大陆西端；第二条陆路是四川—云南、西藏—尼泊尔—巴基斯坦、印度；第三条陆路是河北—辽东—朝鲜。第一条海路是广州—东南亚、波斯湾（伊朗等地）；另一条海路是扬州—新罗、日本。

---

① 王晶波. 汉唐间已佚异物志考述［J］.北京大学学报（国内访问学者、进修教师论文专刊），2000：178-184.

② ［美］陆威仪. 哈佛中国史：第2册［M］.北京：中信出版社，2016：145.

　　我们首先将目光投向西面的"丝绸之路"。唐代在西域实行羁縻制度，以"昭武九姓"（以康、安、曹、石、米、何、火寻、戊地、史为昭武九姓）为代表，加强了中亚地区与唐代的交流，"丝绸之路"上的商贸往来也更加繁荣。有学者提出，在丝路上外国人数量甚至超过了汉人，以波斯人、叙利亚人、突厥人、印度人、粟特人为主，其中又以粟特人最多，且活动范围很大。这一时期，正是粟特人大规模迁移的时期。根据荣新江研究展现出"北朝隋唐时期入华粟特人从西域到东北的活动遗迹"，①而粟特人在沿"丝绸之路"入华的据点上，主要就是从事商贸转销事业。与之同时，随着粟特人的沿丝路的内迁，拜火教也随之传入。在中国国家博物馆收藏的唐代三彩俑，载乐骆驼就是唐代丝路繁荣与多元文化交融的重要历史文物见证。此件文物骆驼昂首矗立，背上驮载五位胡人样貌男子。周围四人演奏胡乐，其中一人弹奏琵琶，一人吹筚篥，二人击鼓，中间一人站立驼背之上，作跳舞状。不仅主人公为胡人样貌，所弹奏乐器和舞蹈也属异域风情，展现出"丝绸之路"上的繁荣与多元文化交融的状况。

　　此外，回鹘是唐中前期前往西域路上的重要力量，既曾帮助唐朝平定"安史之乱"，也与唐朝有着冲突与摩擦。但不可否认的是，作为一支重要的西北力量，它不仅在军事上和唐朝有着互动，在文化和生活上也一直与唐朝保持联系，以致唐朝贵族一时以"回鹘衣装回鹘马"为时尚，而且双方所保持着密切的商贸往来，被学者称为"绢马贸易"，即回鹘以马匹换取唐朝的茶叶和丝绸。

　　沿着"丝绸之路"向西延伸，唐朝与波斯和大食均有较为密切的联系。在《魏书·高宗纪》中，就记载了太安元年（公元455年）"冬十月，波斯、疏勒国并遣使朝贡"的历史，波斯与中国建立起直接的联系。此后，波斯与北魏的联系与交流一直持续，并延伸至唐朝。至唐高宗咸亨五年（公元674年）九月，"波斯王卑路斯来朝"。实际上，由于西亚大食（阿拉伯帝国）的崛起，导致波斯和粟特人不断东迁，其中萨珊波斯的末代皇帝之子卑路斯不得不携带家眷逃亡唐朝，久居长安。甚至待卑路斯客死长安后，其子还被册封为波斯王。可以说，唐朝帮助波斯延续了两代统治。随同卑路斯东来的还有大量波斯贵族，他

---

　　①　荣新江. 北朝隋唐的粟特人之迁徙及其聚落［J］. 欧亚学刊，1999（6）：27-85.

们均久居长安，融入中国社会。在唐长安城附近，就曾出土过许多波斯金银器皿，见证着融入唐朝的波斯人的生活。

此外，在唐代长安城内有众多波斯人所建寺庙，体现出波斯众人在融入唐朝社会后，其宗教信仰却依旧予以保留，这也是唐朝长安城内多元文化的例证。如《金石萃编》中就记载有"波斯胡寺，贞观十二年（公元638年），太宗为大秦国胡僧阿罗斯立"①，"旧波斯寺仪凤二年（公元677年）波斯卑路斯请建波斯寺"②，"天宝四载九月诏曰，波斯经教出自大秦，传习而来久行中国。爰初建寺因以为名，将以示人必循其本。其两京波斯寺宜改为大秦寺。天下诸州郡宜准此。此大秦寺建立之缘起也"③。在波斯被大食灭亡后，波斯旧臣有世守陀拔思单者，拒不臣服大食，延续着波斯文化。在《新唐书·地理志》中还记载了其具体位置，史载"西域有陀拔思单国，在疏勒西南二万五千里，东距勃达国，西至焕满国，皆一月行，南至罗刹支国半月行，北至海两月行"④。

相较于波斯，更为西端的大食（即阿拉伯国家的古代统称）在唐高宗永徽二年（公元651年）遣使入贡，与唐朝建立了直接联系，开启了双方文化与经济上的交流。大食曾42次派遣使臣到访长安。根据《旧唐书》所载，随着大食的强盛，不仅将波斯、拂菻等地攻占，而且不断派遣使臣与唐朝建立联系：

> 龙朔初，击破波斯，又破拂菻，始有米面之属。又将兵南侵婆罗门，吞并诸胡国，胜兵四十余万。长安中，遣使献良马。景云二年，又献方物。开元初，遣使来朝，进马及宝钿带等方物。其使谒见，唯平立不拜，宪司欲纠之，中书令张说奏曰："大食殊俗，慕义远来，不可置罪。"上特许之。寻又遣使朝献，自云在本国惟拜天神，虽见王亦无致拜之法，所司屡诘责之，其使遂请依汉法致拜。其时西域康国、石国之类，皆臣属之，其境东西万里，东与突骑施相接焉。⑤

---

① （清）王昶. 金石萃编：卷102，唐六十二 ［M］. 清刻本：8.
② （清）王昶. 金石萃编：卷102，唐六十二 ［M］. 清刻本：8.
③ （清）王昶. 金石萃编：卷102，唐六十二 ［M］. 清刻本：8.
④ （宋）欧阳修. 新唐书：卷43 ［M］. 北京：中华书局，1975：1154.
⑤ （五代）刘昫. 旧唐书：卷198 ［M］. 北京：中华书局，1975：5316.

不过，通过以上史料我们也可知，在唐朝和大食的和平交流和商贸往来中，也暗藏着张力。随着大食力量的逐渐壮大，其势力进一步东侵，不仅粟特九姓中的康、石两国已臣属大食，就是一度和唐朝屡次交战的吐蕃，也不得不将军力抽调西线，防止大食势力的入侵，史载"贞元中，与吐蕃为劲敌。蕃军太半西御大食，故鲜为边患，其力不足也"[①]。正是在这种大背景下，唐朝和大食的互动也绝非仅仅停留在贸易和文化方面，在此之外双方也有军事上的冲突。唐玄宗天宝十年（公元751年），唐朝军队与阿拉伯军队发生"怛罗斯之战"。在战争中，唐朝将领高仙芝率领唐军长途奔袭，与大食军队交战，势均力敌，但却因葛逻禄部叛变，导致唐军失利。失败后，唐朝军队中上万人被俘，其中有很多匠工及手工业者，也正因此将中原的造纸法及丝织技术传入中亚撒马尔罕等地。在薛爱华（Edward Hetzel Schafer）笔下，撒马尔罕成了汇聚唐朝舶来品的重要城市，从技术到药品，从农作物到金银器，从食品到艺术，无所不包，[②]进而将一些技术和物品向阿拉伯国家传入，而琥珀、芦荟、石密、石硫黄等阿拉伯植物与药品也沿着丝路反向流动传入唐朝。虽然"怛罗斯之战"唐朝失败，但并没有影响其在西域的影响力和与阿拉伯世界的联系，在此战之后数十年间，史书中还屡次有黑衣大食遣使来朝的记载。

在与中国唐朝同时代的阿拉伯地理学家伊本·胡尔达兹比赫所著的《道里邦国志》中，作者描述了经海上线路通往中国的线路：玛仪特—栓府（占婆）—鲁金（龙编）—汉府（广州）。其中，鲁金至广州走海路要4天，陆路为20天。作者特别写到"汉府是中国最大的港口。汉府有各种水果，并有蔬菜、小麦、大麦、稻米、甘蔗"[③]。紧接着，作者提及了从广州至福建需要8日程，再至江都需要20日程。在著作中，伊本·胡尔达兹比赫介绍了中国有300座人口稠密的城市，而其中著名者达90座，也由此可知当时阿拉伯人对于中国地理城市分布和经济发展情况的大致掌握程度。此外，作者对于东亚世界也有

---

① （五代）刘昫. 旧唐书：卷198 [M]. 北京：中华书局，1975：5316.
② [美] 薛爱华. 撒马尔罕的金桃：唐代舶来品研究 [M]. 北京：社会科学文献出版社，2016.
③ [波斯] 伊本·胡尔达兹比赫：道里邦国志 [M]. 北京：中华书局，1991：72.

较为全面的认知,提出在中国的东方有日本国和新罗国,一些穆斯林也在朝鲜半岛定居下来。最后,作者论述了通过这条海上线路,阿拉伯世界可以从各国输入的东西:

> 从中国输入丝绸、宝剑、花缎、麝香、沉香、马鞍、貂皮、陶瓷、绥勒宾节(围巾或斗篷)、肉桂、高良姜;从瓦格瓦格国(日本)输入黄金、乌木;可以从印度输入沉香、檀香、樟脑、玛卡富尔、肉豆蔻、丁香、小豆蔻、荜澄茄、椰子、黄麻衣服和棉质的天鹅绒衣服、大象;可以从赛兰迪布输入……①

通过以上记述,我们可以清晰地看到当时阿拉伯人对于唐朝和东方世界的认知,并勾勒出彼此间海上贸易网络与交换的货品。正是由于商贸、文化,以致军事上的互动,促成了唐朝与大食(阿拉伯国家)的交流,而在此后阿拉伯商人逐渐成为宋元时期沟通东西交流的重要载体。

下面我们将目光转移向东。朝鲜半岛在隋唐之际分为高句丽、百济、新罗三个国家。高句丽作为三个国家中最强盛者,其政治和文化多受到中国的影响,佛教自东传后成为高句丽国教。但是,在文化、贸易和人员的交流之外,自隋炀帝至唐高宗时期,中国不断与高句丽作战,并最终取得胜利,设立安东都护府。随着高句丽的败亡,新罗成为朝鲜半岛的统一王朝。此后,有很多新罗贵族子弟前来唐朝留学。公元850年,新罗留学生和其他人员一次性回国达150人,新罗士人参加唐朝的科举考试,并进入朝廷为官。新罗国内也效法唐制,开科取士。唐代时期中国的天文、历法、医书大量传入新罗,绘画、雕塑和音乐和唐朝有着密切的交流互动,并创立了以汉字部首或读音标记本民族的语言的"吏读"。

崔致远是唐代著名的官员和诗人之一,留下了很多脍炙人口的佳作。例如,在《兖州留献李员外》一诗中就有如下诗句:"芙蓉零落秋池雨,杨柳萧疏晓岸

---

① [波斯] 伊本·胡尔达兹比赫. 道里邦国志 [M]. 北京:中华书局,1991:73.

风。神思只劳书卷上，年光任过酒杯中。"在崔致远的《桂苑笔耕集》中，收录有他众多的诗、词、书信、文、状、表等作品，其中诗歌三十首，词十五首，展现了其良好的文学素养。然而，有如此诗词功底，并在唐朝为官的崔致远却并非唐朝本土人，而是来自东边朝鲜半岛新罗王京的士人。他十二岁时以"遣唐使"身份进入唐朝，后应唐代科举进士及第，出任官职，二十八岁时又以"国信使"的身份返回新罗，对唐朝和新罗的文化交往起到重要的推动作用。

又如，新罗金文王曾两次出使唐朝，为当时的文化交流做出了重要贡献。据载："唐高宗贞观二十二年（公元648年）冬十二月癸未，新罗相金春秋及其子文王入见春秋真德之弟也。上以春秋为特进，文王为左武卫将军。春秋请改章服从中国。"① 从记载中不难看出在新罗逐渐发展壮大的过程中唐朝所发挥的影响力，以致让新罗贵族都请求改服唐朝服饰。根据田有前的研究显示，在乾陵的六十四尊蕃酋像中，就包括众多新罗贵族，其中也可能有金文王的形象,② 也展现出唐王朝在当时影响力的辐射范围。

相较于新罗而言，日本派遣"遣唐使"的数量和规模更为庞大，也为人所熟知。据统计，日本前后19次派遣"遣唐"使团，其中有4次因风浪所致折返，其余15个使团抵达唐朝。在日本所派的遣唐使团中，每次人数达到数百人之多。他们挑选博通经史之人担任使臣，并吸纳有留学生、僧人、匠工和翻译等，而唐朝也会派遣"遣送使"护送日本使节东返。双方在数个世纪的交流过程中，文化、物品、建筑、音乐方面的互动频繁而广泛。例如，遣唐使为唐朝带来了香料、乐器、书籍，而唐朝的政治制度、城市规划、建筑形式以及文化都东传进入日本。

具体而言，政治方面，在公元646年日本发生的"大化革新"，就是效仿唐朝政治制度进行改革的重要事件。文化方面，公元9世纪日本人还利用草体汉字创造出平假名，利用楷体偏旁创造了片假名。遣唐使带回了很多唐朝的物品及唐时期二王著作的拓本，并影响了很多日本的书法家，如空海、最澄、小野道风等。正如罗丰所言，"王羲之书法在汉字文化圈的传播，促使高丽、日本等

---

① （宋）袁枢. 通鉴纪事本末：卷二十九上［M］. 钦定四库全书本：81.
② 田有前. 罗遣唐使金文王事迹钩沉［J］. 乾陵文化研究，2018（12）：196-201.

地的汉字书写水平达到相当的高度"。① 与之同时,儒家文化对于新罗和日本文化形塑有着重要影响。

宗教方面,唐朝与日本双方通过鉴真东渡,以及阿倍仲麻吕和圆仁的入唐为纽带,进一步对佛学文化和典籍传播大有助益,而鉴真还对日本医药学的发展做出重要贡献。鉴真,俗姓淳于,江苏扬州人,跟随父亲入大云寺学习佛法,"见佛像感动心,因请父求出家。父奇其志,许焉"。唐中宗神龙元年(公元705年),从道岸律师受菩萨戒,成为一方宗师。自公元742年始,鉴真先后五次东渡,皆未成功,直到公元753年,第六次尝试时才成功到达日本。史载:

> 天宝十二年,日本藤原朝臣清河副使银青光禄大夫、光禄卿大伴宿祢胡麿,副使银青光禄大夫、秘书监吉备朝臣真备,卫尉卿安倍朝臣朝衡等至延光寺邀请鉴真再次尝试东渡,白和上云:"弟子等早知和上五遍渡海向日本国,将欲传教,今亲奉颜色,顶礼欢喜。弟子等先录和上尊名,并持律弟子五僧,已奏闻主上,向日本传戒。主上要令将道士去,日本君王先不崇道士法,便奏留春桃原等四人,令住学道士法。为此,和上各亦奏退,愿和上自作方便。弟子等自在载国信物舟四舶,行装具足,去亦无难。"②

在鉴真应允后,"遂买舟自广陵赍经律法离岸……相次达于日本。其国王欢喜迎入城大寺安止,号大和尚"。③ 鉴真到达日本后受到日本皇室、贵族的崇高礼遇,封号"传灯大法师",尊称"大和尚"。鉴真在日本不仅弘扬佛法,而且开坛讲学。公元756年,鉴真被封为"大僧都",统领日本僧尼,建立起戒律制度,而鉴真所主持的唐招提寺成为整个日本的佛学圣地。

在艺术方面,不得不提及日本的正仓院。正仓院是奈良东大寺内的一处建筑,里面保留了许多重要的文物。公元724年至749年,是日本第45代圣武天

---

① 罗丰. 王羲之书迹在唐时期的传播 [J]. 书法研究,2019(2):5-22.

② [日] 真人元开. 唐大和尚东征传 [M]. 北京:中华书局,2000:83.

③ (明) 朱棣. 御制神僧传:卷8 [M]. 永乐十五年本.

皇的执政时期，其所处的奈良时代是唐朝文化兴盛于日本的时期，也被世人称为"唐风文化"时代。这一时期日本不仅积极模仿与借鉴唐朝的政治制度、都城布局、建筑样式、律令格式和宗教文化，而且还大量收藏唐朝的艺术品。在圣武天皇去世后，光明皇后将丈夫生前收藏的 650 余件文物、艺术品，以及 60 种药物捐献给东大寺正仓院，其中很多是来自唐朝的艺术品。这些珍贵的收藏一直保留在正仓院超过 1200 年。公元 950 年，贮藏于东大寺所属另一处寺庙的文物一并由正仓院保管，这构成了今日为人所知的正仓院宝物的绝大部分。正因以上历史背景，大量唐代的艺术品和文物至今依旧被收藏于正仓院中，如唐代螺钿紫檀五弦琵琶、玳瑁螺细八角箱、金银平文琴等，依旧在静静诉说着唐代与日本交往的历史。① 在这些器物藏品外，正仓院也收藏有王羲之、欧阳询等人的书法作品。光明皇后还先后捐献了王羲之、王献之等人的墨宝作品，并制成《大小王真迹账》作为说明，也由此可见唐代及以前的书法对于日本的影响力。《大小王真迹账》有载：

> 大小王真迹书一卷。黄半纸，有大王书九行七十七字，背有小王书十行九十九字，两端黏青褐纸。又桃褐纸裹着紫绮带，水晶轴。右书法，是奕世之传珍。先帝之玩好，遗在箧笥，追感矍然，谨以奉献卢舍那佛，伏此善，奉翼冥途，高游方广之通衢，恒演圆伊之妙理。②

除去以上方面，唐时期的建筑样式对于日本的影响也有着非常深远的影响。日本模仿唐代的"里坊制"，以朱雀大街贯穿南北，东西二市排列两侧。奈良时代的都城——平城京就是效仿长安建设的都城。平城京的布局和唐都长安几乎一样，南北长 4800 米，东西宽 4300 米，面积约 24 平方千米。此外，如长冈京、平安京也均可看出唐朝城市布局的影响。如梁思成就认为：

> 八世纪中日本先后营建的平城京和平安京，在规划原则上看，可

---

① 韩昇. 正仓院 [M]. 北京：生活·读书·新知三联书店，2020.
② 罗丰. 王羲之书迹在唐时期的传播 [J]. 书法研究，2019（2）：5-22.

以说都是和长安城完全一致的。虽然三个城市的大小，比例各有不同，但大体上都是方形城郭；宫城都位置在城中轴线的北首；都布置了正角相交的棋盘式街道系统，从而划分出方形的坊里。①

又如，唐招提寺是鉴真东渡后主持的寺庙，其形态样式更是一如大唐形制。梁思成经过多年的田野调查和走访后认为，由于经历了"会昌灭佛"的运动，以及此后千年的风霜，中国境内已经难求完整的唐代木制建筑，特别是佛寺组群。而在日本飞鸟、宁乐、平安时代的一些寺塔，如"四天王寺、法隆寺、药师寺等的伽蓝配置和敦煌壁画所见，可以说是一致的，对于中国隋唐佛寺组群研究是可贵的旁证。对于中国唐代建筑的研究来说，没有比唐招提寺金堂更好的借鉴了"②。梁思成详细对比了佛光寺和唐招提寺斗拱及其建筑规制，认为二者虽然在建筑年代上相距百年，结构上却极相似。由此可以看出唐代的建筑形制对于日本奈良、飞鸟、平安时代建筑风格的影响。故而有学者提出现存的唐代建筑稀少并且历史文案有限。研究中国唐代建筑风格在日本传统建筑中的体现，可以更好地帮助我们研究中国唐宋时期的建筑文化。③

我们将目光投向西南与东南。唐朝与天竺（古印度）的交往也相较于前代更加紧密。这一时期最为著名的宗教文化使者非玄奘莫属。贞观初年，高僧玄奘克服重重困难，抱着"若不至天竺，终不东归一步"的决心，通过陆路途径西域、中亚、阿富汗，最终到达了巴基斯坦和古印度，并同样经陆路返回唐朝。玄奘详细记录了沿途见闻，并写成《大唐西域记》。书中记载了我国西域、中亚、印度、巴基斯坦一带的山川河流、风土人情、政治经济情况，以及宗教发展。特别是提出天竺的称谓应该是"印度"。玄奘提出：

---

① 梁思成. 唐招提寺金堂和中国唐代的建筑［M］//梁思成全集，第5卷，北京：中国建筑工业出版社，2001：415.
② 梁思成. 唐招提寺金堂和中国唐代的建筑［M］//梁思成全集，第5卷，北京：中国建筑工业出版社，2001：423.
③ 苑宏刚，刘丽娜. 浅析中国唐代建筑艺术对日本传统建筑的影响［J］建筑与文化，2018（11）：123-124.

　　详夫天竺之称，异议纠纷，旧云身毒，或曰贤豆，今从正音，宜云印度。印度之人，随地称国，殊方异俗，遥举总名，语其所美，谓之印度。印度者，唐言"月"。月有多名，斯其一称。言诸群生轮回不息，无明长夜莫有司晨，其犹白日既隐，宵月斯继，虽有星光之照，岂如朗月之明！敬缘斯致，因而譬月。良以其土圣贤继轨，导凡御物，如月照临。由是义故，谓之印度。印度种姓族类群分，而婆罗门特为清贵。从其雅称，传以成俗，无云经界之别，总谓婆罗门国焉。①

　　玄奘对印度疆域、邑居、岁时、服饰、数量、饮食、文字、教育、医学、佛教、贵族、兵术、刑法、敬仪、病死、赋税、物产等方面进行了详细的介绍。除了对印度知识的介绍外，玄奘也将大唐的情况向印度进行传播，特别是他在和戒日王的一段对话中，还就唐太宗李世民及"贞观"治理下当时中国繁荣、安定的情况向戒日王做了介绍，可以视为当时"文化输出"的最好例证，并最终让戒日王说出了"（唐朝）盛矣哉！彼土群生，福感圣主"的钦佩之语。

　　玄奘和戒日王对话如下：

　　戒日王劳苦已曰："自何国来，将何所欲？"对曰："从大唐国来，请求佛法。"王曰："大唐国在何方？经途所亘，去斯远近？"对曰："当此东北数万余里，印度所谓摩诃至那国是也。"王曰："尝闻摩诃至那国有秦王天子，少而灵鉴，长而神武。昔先代丧乱，率土分崩，兵戈竞起，群生荼毒，而秦王天子早怀远略，兴大慈悲，拯济含识，平定海内，风教遐被，德泽远洽，殊方异域，慕化称臣。黎庶荷其亭育，咸歌《秦王破阵乐》。闻其雅颂，于兹久矣。盛德之誉，诚有之乎？大唐国者，岂此是耶？"对曰："然。至那者，前王之国号；大唐者，我君之国称。昔未袭位，谓之秦王；今已承统，称曰天子。前代运终，群生无主，兵戈乱起，残害生灵。秦王天纵含弘，心发慈愍，威风鼓

---

　　① （唐）玄奘，辩机. 大唐西域记校注 [M]. 季羡林等校注. 北京：中华书局，2000：161-162.

扇，群凶殄灭，八方静谧，万国朝贡。爱育四生，敬崇三宝，薄赋敛，省刑罚，而国用有余，氓俗无夭，风猷大化，难以备举。"戒日王曰："盛矣哉！彼土群生，福感圣主。"①

返回唐朝时，玄奘带回 657 部佛教经典，在唐太宗、高宗的支持下，他组织并进行了大规模的佛教经书的翻译活动，对于佛教文化的传播具有重要意义。随着唐朝与印度关系的进一步增强，双方也曾互派使节交流，而唐朝又以王玄策三次出使印度最为著名。值得一提的是，在王玄策第二次出使印度时，恰逢钦服唐朝的戒日王逝世，结果王玄策使团被劫掠，而使团众人也被羁押。在这种情况下，王玄策趁机逃脱赴吐蕃搬救兵，生擒阿罗那顺并将其押解回长安。②这一军事行动，再次昭显了唐朝区域的影响力。

与之同时，以佛教为平台，结合高宗、武后时期的政治背景，佛教本土化进程加快，并创立了以五台山为核心的佛教东亚朝圣地。在唐朝与天竺往来于"丝绸之路"的西线互动外，来自朝鲜半岛和日本的佛教信徒也大量行走于东线，对于唐朝的文化、政治、宗教，乃至经济产生了重要的影响。印度裔学者沈丹森（Tansen Sen）以"全球史观"审视唐代以后中印间长时段的交流与互动。他认为，伴随着中印佛教文化交往，双方构建起了跨地域网络的长距离贸易。往来于中印朝圣道路上的僧侣增进了唐朝与印度的关系与商贸往来，而随着佛教在中国本土化的转变，贸易物品也由最初与佛教相关的奢侈品转为了双方日常生活所需的物品。在佛教用品之外，这一时期，印度的熬糖法、婆罗门教以及古印度占星术也传入唐朝。

我们将目光投向南面的海洋。自魏晋南北朝以来，肇端形成的海上贸易网络在唐代不断发展，进而逐渐形成了"海上丝绸之路"。面对不断发展的海洋贸易，唐朝政府在广州设立了市舶司，委派市舶使来管理海上贸易。这一时期，主要是阿拉伯和波斯商人往来海上，发挥着贸易交流使者的作用。唐代的陶瓷、

---

① （唐）玄奘，辩机. 大唐西域记校注［M］. 季羡林等校注. 北京：中华书局，2000：436-437.

② 张国刚. 中西文化关系通史：上册［M］. 北京：北京大学出版社，2019：95.

丝绸、茶叶在传统的陆路"丝绸之路"外，也经过海路大量外销域外。如元稹《和乐天送客游岭南二十韵》一诗中有注"南方呼波斯为舶主。胡人异宝，多自怀藏以避强丐"。至唐玄宗开元时期，波斯与阿拉伯所携带的物品更有"积聚如山"的比喻。通过海上的交流，不仅阿拉伯世界的琥珀、芦荟、石密、石硫黄等物品传入中国，也更加便利于人员的交流与联系。

公元 671 年，僧人义净就从广州出发，搭波斯船舶起程前往印度求取佛法。至唐德宗时期，又有杨良瑶受命从广州走海路出使黑衣大食（今伊拉克）。虽然他出使的目的难以确定，可能与军事策略有关，但海上线路经学者考订，却有着较为清晰的路径。张国刚通过鸿胪卿贾耽的记录还原了杨良瑶的海上路径，公元 785 年他先后经广州—海南岛—越南东海岸—马六甲海峡—暹罗—室利佛逝（今印尼巨港）—天竺—斯里兰卡—大食国，后经陆路至缚达城（今巴格达）。①

在《新唐书·地理志》中就记载了从广州出海连接世界的路线。其中，广州航海至东南亚马来西亚柔佛、印度尼西亚苏门答腊岛以及印度南部的路线：广州—香港—越南占婆岛—越南归仁、芽庄一带—越南藩朗—湄公河口外的昆仑岛—马来半岛南部柔佛—苏门答腊—阇婆—伯劳威斯群岛—棉兰—婆鲁师洲—尼科巴群岛—斯里兰卡—印度南部。史载：

> 广州东南海行，二百里至屯门山，乃帆风西行，二日至九州石。又南二日至象石。又西南三日行，至占不劳山，山在环王国东二百里海中。又南二日行至陵山。又一日行，至门毒国。又一日行，至古笪国。又半日行，至奔陀浪洲。又两日行，到军突弄山。又五日行至海硖，蕃人谓之"质"，南北百里，北岸则罗越国，南岸则佛逝国。佛逝国东水行四五日，至诃陵国，南中洲之最大者。又西出硖，三日至葛葛僧祇国，在佛逝西北隅之别岛，国人多钞暴，乘舶者畏惮之。其北岸则个罗国。个罗西则哥谷罗国。又从葛葛僧只四五日行，至胜邓洲。又西五日行，至婆露国。又六日行，至婆国伽蓝洲。又北四日行，至

_____

① 张国刚. 中西文化关系通史：上册［M］. 北京：北京大学出版社，2019：86

师子国,其北海岸距南天竺大岸百里。又西四日行,经没来国,南天
竺之最南境。①

此外,《新唐书·地理志》还进一步描绘了印度西部—波斯湾阿巴丹—巴士
拉—西亚的航海路线,将广州与阿拉伯世界连接起来。史载:

> 又西北经十余小国,至婆罗门西境。又西北二日行,至拔狄国。
> 又十日行,经天竺西境小国五,至提狄国,其国有弥兰太河,一曰新
> 头河,自北渤昆国来,西流至提狄国北,入于海。又自提狄国西二十
> 日行,经小国二十余,至提罗卢和国,一曰罗和异国,国人于海中立
> 华表,夜则置炬其上,使舶人夜行不迷。又西一日行,至乌剌国,乃
> 大食国之弗利剌河,南入于海。小舟溯流二日至末罗国,大食重镇也。
> 又西北陆行千里,至茂门王所都缚达城。自婆罗门南境,从没来国至
> 乌剌国,皆缘海东岸行;其西岸之西,皆大食国,其西最南谓之三兰
> 国。自三兰国正北二十日行,经小国十余,至设国。又十日行,经小
> 国六七,至萨伊瞿和竭国,当海西岸。又西六七日行,经小国六七,
> 至没巽国。又西北十日行,经小国十余,至拔离謌磨难国。又一日行,
> 至乌剌国,与东岸路合。②

唐朝自广州出发的海上线路极大拓展了自魏晋南北朝以来的中国与世界的
交往,不仅往来于海上的贸易商队日益增多,航海路线和技术也得以长足地发
展,奠定了宋元时期所开辟的"海上丝绸之路"。凭借陆路和海路网络,唐朝与
世界更加紧密地联系在一起,建构起唐朝盛世形象下多元交往的格局,展现出
如刘后滨教授所言的"多元包容的社会结构与对外交往的世界主义胸怀"。③
汉唐时代不仅是中国古代开辟陆路交通联通世界的重要探索时期,而且是

---

① (宋)欧阳修. 新唐书:卷43 [M]. 北京:中华书局,1975:1153-1154.
② (宋)欧阳修. 新唐书:卷43 [M]. 北京:中华书局,1975:1154.
③ 刘后滨. 唐朝对外交往的世界格局 [J]. 人民论坛,2019(35):142-144.

东西方交流与互鉴的关键发展阶段，更是最终促成唐代海纳百川、包容万象的风貌，多元文明彼此融合与成就的关键机遇期。在"全球史"的观念下，古代的世界人民跨越了疆界行走于伟大的丝路之上，不仅有贸易的往来，也有军事的碰撞；不仅有文化的互动，也有民族的融合；不仅有宗教的传播，也有技术的借鉴。正是在这样一个时代，奠定了古代中国与世界文明的联系网络与格局，这也证明了早在西方学者强调的公元 1500 年之前，中国与世界已经紧密地联系在了一起，而这一趋势随着宋元时代海上贸易网络的兴起而更加紧密。

**推荐阅读书目**

[1] 阎宗临. 中西交通史 [M]. 太原：山西出版集团，2015.

[2] 宿白. 考古与东西交流 [M]. 北京：文物出版社，2012.

[3] 夏继果. 全球史读本 [M]. 北京：北京大学出版社，2010.

[4] [美] 杰里·本特利，[美] 赫伯特·齐格勒. 新全球史 [M]. 北京：北京大学出版社，2014.

[5] [美] 米华健. 丝绸之路 [M]. 南京：译林出版社，2017.

# 第四章

# 宋元明清时期中国与世界的"美美与共"

## 一、从陆路到海路：宋元时期世界体系的形成与"全球化"趋势

宋元时期，是继唐朝之后又一个东西交流的重要时期。东西方的交流无论是在陆路上还是海路上，均取得了前所未有的成就。宋代的海洋贸易相较于唐朝有了进一步发展。由于北宋时期在北部和西部分别有辽、金和西夏的阻隔，所以陆路交通被阻塞，这导致宋朝更加重视对于海洋的开发。造船业的发展和指南针在航海中的应用使宋代航海事业得以繁荣。有研究指出，北宋人朱或所著《萍洲可谈》最早记载了航海中应用指南针导航一事。① 正是随着宋代航海的大发展，商品、文化与科技经过海洋得以交流与传播，从而促进中国海洋贸易的兴盛，也刺激了整个东半球大部分地区贸易的发展。如，东南亚的香料、翠鸟羽毛、玳瑁，印度的珍珠、佛教所用的大量奢侈品，中亚的马匹及其他各种物品都能在中原市场上见到，而中国的丝绸、陶瓷同样在以上地区现身，这一庞大的长距离贸易网络成为东西交流的主要载体。尤其当进入南宋后，随着都城由中原开封迁移至靠近海洋的临安，伴随而来的是海洋贸易更为发达。除了传统的丝绸之外，青瓷和白瓷也成为这一时期主要的外销产品。目前，不仅在波斯湾和土耳其地区发现了南宋时期的青瓷，在尼罗河口的亚里山大港也发现了遗迹。

宋代主要贸易港口是泉州和广州，在这些港口城市内聚集居住着大量阿拉

---

① 张国刚. 中西文化关系通史：上册 [J]. 北京：北京大学出版社，2019：112.

伯商人，他们成为东西交流和商贸网络中的主要载体。这些阿拉伯商人甚至在泉州城内修建了清真寺，以因其俗。北宋大中祥符二年（公元 1009 年），穆斯林人兹喜鲁丁来到泉州修建了清净寺，又名艾苏哈卜清真寺，史载"清净寺俗称礼拜寺，讹为马拜寺，在通淮街北""楼塔高敞，相传为文庙青龙之左角。其教以沐浴事天为本"。① 此后元武宗至大三年（公元 1310 年），侨居于泉州的穆斯林人艾哈莫德·本·古德西出资重修。清净寺在元至正年间毁坏，金阿里再次出资重建。明朝正德年间，住持夏彦高鸠众重修。隆庆丁卯，木塔坏，知府万庆令住持夏东升、教人苏养正等，修塔五层。万历三十七年（公元 1609 年）知府姜志礼、知县李待问捐俸再次重修清净寺，令教人林日耀住持。特别是在明朝永乐五年（公元 1407 年），永乐帝还向清净寺的米里哈只颁布了保护其教的敕谕，体现出明初帝王对于多元文化与信仰的认同，敕谕载：

> 大明皇帝敕谕米里哈只："朕惟能诚心好善者，必能敬天事上，劝率善类，阴翊皇度，故天赐以福，享有无穷之。尔米里哈只早从马哈麻之教，笃心好善，引导善类又能敬天事上，益效忠诚，眷兹善行良可嘉尚，今特授尔以敕谕护持，所在官员军民一应人等，毋得慢侮欺凌，敢有故违朕命，慢侮欺凌者以罪罪之。故谕。永乐五年五月十一日。"②

历经千余年的风霜，清净寺至今仍矗立于泉州市涂门街，见证着两宋时期泉州在东西交往中所发挥的作用。

南宋时期，周去非编写的《岭外代答》和赵汝括所撰写的《诸番志》成为了解这一时期中国与世界互动的绝好材料。在《岭外代答·外国门》中记载有安南、三佛齐、阇婆、占城、真腊、佛罗安、故临国（印度西海岸）、注辇国（印度泰米尔纳德邦）、大秦国、大食麻离拔国、麻嘉国、白达国、吉慈尼国、眉路骨惇国、勿斯离国、木兰皮国（西非穆拉比特王朝）、天竺、波斯等国的历

---

① 道光晋江县志：卷 69，寺观，清道光九年稿本。
② 永乐五年五月十一日敕谕清净寺碑文。

史、地理、物产、语言、习俗和风土人情等内容，而其物产也涵盖琉璃、珊瑚、生金、花锦、缦布、红马脑、珍珠、象牙、杂色琥珀、色丝布、木香、没药、血竭、阿魏、苏合油、没石子、蔷薇水等众多种类，也成为当时宋朝进口的主要物品。在《诸番志》中，作者也记述和介绍了五十余国和数十种物品，不仅体现出宋人对于海外知识的掌握，也是对当时商贸交流范围和种类的见证。

上文所记载的这些国家与物品，正是在陆路交通阻隔的背景下，宋朝更多凭借海路交往的事例，也就此迎来了"海上丝绸之路"最终形成与兴盛的时期。在《岭外代答·外国门》中专门有"航海外夷"一节，详细记录了宋朝的海上交通情况。两宋以泉州、广州设立市舶司，管理海洋贸易事务，前来贸易的海外商人夏至冬去，其中大食、阇婆、三佛齐等国商人为主要前来贸易的群体，也由此可以看出宋朝和东南亚和阿拉伯世界已经建立起了稳定的海上贸易关系。史载：

> 三佛齐者，诸国海道往来之要冲也。三佛齐之来也，正北行，舟历上下竺与交洋，乃至中国之境。其欲至广者，入自屯门。欲至泉州者，入自甲子门。阇婆之来也，稍西北行，舟过十二子石而与三佛齐海道合于竺屿之下。大食国之来也，以小舟运而南行，至故临国易大舟而东行，至三佛齐国乃复如三佛齐之入中国。其他占城、真腊之属，皆近在交址洋之南，远不及三佛齐国、阇婆之半，而三佛齐、阇婆又不及大食国之半也。①

虽然宋代陆路贸易受阻，但辽、金和西夏均继续保持经陆路交通与外面世界的沟通与联系，除了双方的贸易交流外，甚至还有彼此联姻。辽圣宗开泰九年（公元 1020 年），大食国遣使进象及方物，为子册割请婚。② 太平元年（公元 1021 年）正月，大食再次遣使请婚，圣宗"封王子班郎君胡思里女可老为公

---

① （宋）周去非. 岭外代答校注：卷 3［M］. 杨武泉校注. 北京：中华书局，1999：126.
② （元）脱脱. 辽史：卷 16［M］. 北京：中华书局，1974：188.

主，嫁之"。① 特别值得注意的是，这一时期在承继辽朝之后，有一个西辽政权，在沟通东西方交流方面发挥过重要作用。

西辽政权由辽朝创立者耶律阿保机八世孙耶律大石创建。在辽朝灭亡之前，耶律大石率领部分军队一路西迁，并在公元 1132 年于叶密里城建立西辽政权，其地域囊括西域、漠北和中亚地区。其后，西辽政权继续向西发展，建国都于虎思斡鲁朵（今吉尔吉斯斯坦共和国楚河州托克马克境内）。由于耶律大石是辽朝贵族，他在西辽政权内延续了契丹旧有的南北面官制度，也将汉文化、契丹文化和中亚地区文化相融合，它所发行的"续兴元宝"铜钱诉说着该政权与辽朝和汉文化重要的联系。同时，也由于地缘关系，西辽发挥着多元融合、沟通东西文化的重要作用。特别是在语言和宗教方面包容性较强，西辽境内既有萨满教、佛教，又有伊斯兰教和道教，而儒家思想也是西辽士人所信奉的主流思想，其所辖百姓所说语言主要包括契丹语、汉语、回鹘语和波斯语等。公元1218 年，西辽灭亡，立国八十余载，成为前元朝时期沟通东西方重要的文化与贸易中转站。

进入 13 世纪，崛起于漠北草原的蒙古部落创造了横跨欧亚的庞大帝国，按照珍妮特（Janet L. Abu-Lughod）的说法，现代的世界体系在此时已经形成了。② 蒙古人数次西征的军事行动，给予了所到地区极大的破坏，同时也打破了政权林立的阻隔与边界。在某种程度上说，西征打通了贯穿欧亚大陆的交通线，使得欧亚间的交流变得更为直接。统一的元朝帝国，以哈拉和林为商业贸易的中心，将广大范围纳入统治之下，直接促进了商贸的进一步发展。即使在建立了四大汗国之后，欧亚间的交通也依旧畅通，域内的商人经商、缴税等也非常便利和有保障，以致往来于元朝控制区域内的商人不绝于途。原来不同政权会征收互不认同的通行费和贡品，不仅相互矛盾，而且增加了商人的负担。但在元朝管辖区内，虽然运输成本并不一定下降很多，但在统一的状态下，通行费得以规范。除此之外，不仅交通得到直接的沟通，行走于元朝境内的商人也得

① （元）脱脱. 辽史：卷 16 ［M］. 北京：中华书局，1974：189.
② ［美］珍妮特·卢格霍德. 欧洲霸权之前：1250—1350 年的世界体系 ［M］. 杜宪兵，何美兰，武逸天，译. 北京：商务印书馆，2015.

到了安全上的保护，甚至颁布法令对他们予以保护，这些举措极大繁荣了"丝绸之路"上的交往。下面我们来看一下学者古拉提（G. D. Gulati）对于这一问题的描述：

> 成吉思汗对旅客和商人饶有兴趣，热情地接见他们并给予极大的帮助。他在道路上安排收尾，发布旨意，不论商人何时踏上他的领地上都要确保他们的安全。……当时蒙古人很尊重穆斯林商人，为了表达敬意常常为他们搭建洁净的白色帐篷，允许他们无偿使用驿马……为旅客提供马奶酒。①

在广袤的统治辖区内，元朝王朝通过建立高效的驿站体系，有效地保持着欧亚大陆间的联系与互动，与之相应的商贸、外交使团与宗教传播也变得更为容易与频繁，甚至为主动与被动的人群迁徙提供了基础。实际上，驿站线路本身，既是军事信息传递网，也是商贸往来交易网，更是文化交流的中转站，这一网络的存在见证着蒙古的扩张和欧亚大陆的贯通。张国刚认为"驿站传讯系统则是蒙古帝国为保证庞大帝国内部的交通畅通和信息传递快捷而建立，被认为是维持庞大帝国统治的强有力手段"。②

欧亚大陆的贯通不仅便利于商人穿梭其间，也促进了人的交往。我们接下来了解几位沟通东西的使者，当然包括人们耳熟能详的马可·波罗。第一位是若望·柏朗嘉宾（Jean de Plan Carpin）。公元 1182 年，柏朗嘉宾出生在意大利的佩鲁贾，是方济会的一名会士。公元 1245 年，当时已经 65 岁的柏朗嘉宾奉罗马教皇英诺森四世（Innocent IV）之命出使蒙古，赴哈拉和林觐见当时的贵由汗，并见证了大汗的登基仪式。这一行程也使得柏朗嘉宾成为到达蒙古宫廷的第一个欧洲人。公元 1246 年当他从蒙古折返回到欧洲后，他带回了大量关于蒙古的消息。他根据在行程中的见闻完成了著作，被称为《柏朗嘉宾蒙古行纪》，

---

① ［印］G. D. 古拉提. 蒙古帝国中亚征服史［M］. 刘瑾玉，译. 北京：社会科学文献出版社，2017：113.
② 张国刚. 中西文化关系通史，上册［M］. 北京：北京大学出版社，2019：56.

又或是《柏朗嘉宾的〈蒙古史〉》。

第二位就是元代乃至后世最为知名的旅行家——马可·波罗（Marco Polo）。马可·波罗生于意大利威尼斯商人家庭，大约在 1275 年前后随父亲、兄长到达中国，受到当时忽必烈汗的赏识，并任职地方。在元朝居留十七年后，经泉州出发回到威尼斯。他自述出版的《马可·波罗游记》轰动了整个欧洲，成为中世纪时期欧洲最为流行的书籍，甚至影响了此后几个世纪的航海家和探险家们，直到今天依旧是了解当时东西交往与互动的重要书籍之一。当然，学界对于马可·波罗到访元朝的真实性有所争议，但近来越来越多的学者通过研究认为，他确实曾到访元朝，并通过马可·波罗所记载的元朝洒马奶祭祀、蒙古皇家旗纛，以及元朝的天寿圣节等内容，确定了他到访元朝的时间和历史真实。①

第三位是列班·扫马。这一时期除了来华者，元朝也有人到访欧洲，而列班·扫马成为造访欧洲的先驱。列班·扫马是出生在大都的畏兀儿商人后代，自幼由于父亲信教的原因，耳濡目染地接受了宗教教育，使他成为一名景教徒。列班·扫马对于宗教的信仰，促使他一直希望赴耶路撒冷朝圣。1275 年他将计划付诸行动，"丝绸之路"再次成为他的选择。他从大都出发，经宁夏，沿河西走廊，出西域，抵伊利汗国蔑剌哈城，随后历访波斯西部、亚美尼亚等地。公元 1287 年，列班·扫马受伊利汗之请，曾出使罗马教廷及英、法等国。但是由于教皇霍诺里厄斯四世逝世，他只好先赴英法，觐见了当时的法王腓力普四世和英王爱德华一世。次年，列班·扫马在折返途中了解到新教皇尼古拉斯四世已经即位的消息，便第二次赴罗马教廷觐见，并受到教皇热情款待。② 因此，列班·扫马被历史学者称为"第一位访问欧洲的中国旅行家"。

第四位是孟特·葛纬诺（Giovannida Montecorvino），又译为孟特·高维诺。孟特·葛纬诺是一位意大利籍方济各会的会士，但他比前辈马可·波罗和后来的利玛窦知名度要小得多。由于上一年列班·扫马的造访，使得教皇尼古拉四世对于东方充满了好奇。故而在 1289 年派遣孟特·葛纬诺代表罗马教廷出使中国，并让他携带致忽必烈汗的书信。孟特·葛纬诺途经波斯、印度等地，历时 5

① 马晓林. 马可·波罗与元代中国：文本与礼俗［M］. 上海：中西书局，2018.

② 周宁. 中国的马可·波罗——列班·扫马研究［J］. 国际汉学，2003（2）：107-118.

年最终到达大都。到达大都后，元朝统治者本着"兼容并蓄，广事利用"的统治国策，以期通过基督教更好地服务于元朝统治。① 因此，当孟特·葛纬诺到达大都时，不仅受到元朝皇帝的礼遇，并在元成宗时期建立了教堂。罗马教廷不仅任命他为汗八里地区总主教，还派遣另外三人达到大都协助其工作。孟特·葛纬诺在北京生活长达数十年，至 1328 年在北京去世。在大都期间，孟特葛纬诺与欧洲有着书信往来。元顺帝在孟特·葛纬诺去世后，还曾派出了 16 人的使团出使罗马教廷，而教廷方面派遣尼古拉斯为大都地区继任主教，随带 20 余名神父前往元朝。

除了以上几位到访元朝或出访欧洲的人物外，还有一位摩洛哥旅行家伊本·白图泰（Ibn Battuta）据称曾到访过中国。根据《伊本·白图泰游记》所载，他曾在元顺帝时期造访过泉州、杭州等地，并声称沿着大运河到达北京。当然，学界对于这一描述有所争议。但是，地理障碍的破除极大便利了人与人之间的交流。正因如此，梅天穆（Timothy May）在描述公元 1350 年时，将其称为"一个全球化的世界"，更提出了"成吉思大交换"的概念。②

当然，如汉朝和罗马帝国的互动一样，在积极的商贸、宗教、文化、移民、物种交流之外，疾病依旧是这一时期交流的负面载体。由于交通的便利和数次西征，导致瘟疫的细菌更容易以直接的方式进行传播。根据梅天穆的研究，来自草原或云南的病毒可能通过人或马匹甚至以往来贸易的物品作为载体在欧亚大陆上传播，相应的元朝时期的中国同样爆发了瘟疫。③ 正如作者所言，接踵而至的影响是人口的减少和劳动力的短缺，不仅对欧洲有着巨大冲击力，对于元朝同样如此，元朝在最后一次瘟疫爆发后十四年失去了政权。④ 不过，也有很多学者就此观点提出了否定意见，认为细菌无法经过长时间运输后依旧保持存活，

---

① 王瑞明. 孟高维诺东来的历史背景［J］. 世界宗教研究，1994（3）：12-19.

② ［美］梅天穆. 世界历史上的蒙古征服［M］. 马晓林，求芝蓉，译. 北京：民主与建设出版社，2017.

③ ［美］梅天穆. 世界历史上的蒙古征服［M］. 马晓林，求芝蓉，译. 北京：民主与建设出版社，2017：259-277.

④ ［美］梅天穆. 世界历史上的蒙古征服［M］. 马晓林，求芝蓉，译. 北京：民主与建设出版社，2017：274.

但这不妨碍我们仍将这种负面元素作为"全球史"观念下的内容之一来思考。

　　元代除了陆路交通的东西贯通以外，随着造船技术的提高和"水罗盘"式指南针在航海中更为广泛的应用，承继唐宋以来的海上贸易也随之更为发达。一方面，阿拉伯穆斯林商人东来，另一方面，中国沿海居民发展中国式的平底帆船（舢板）往南海出发，并最终形成了沟通世界的"海上丝绸之路"。在这一时期，元代重要的港口城市从天津至广州依次分布，包括直沽港、密州港、华亭港、刘家港、杭州港、明州港、温州港、福州港、泉州港和广州港。特别是泉州，在马可·波罗笔下称为"刺桐城"，并有如下记载："若以亚历山大运赴西方诸国者衡之，则彼数实微乎其微，盖其不及此港（泉州）百分之一也。"[①] 由此可见当时泉州港的吞吐量和贸易繁荣程度，更不论居住于城内的多元化族群。宋元时期航海技术的大发展已经远远超越了之前的隋唐时期，不仅造船技术得到大的提升，航海范围也大大拓展。既有徐兢航海出使高丽，又有汪大渊等出海考察；不仅有阿拉伯商人浮槎万里东来贸易，也有日本商人"冒鲸波之险，舳舻相衔，以其物来售"；孙光圻在《中国古代航海史》评论宋元航海水平时提出其繁茂程度已达到中国古代航海历史的鼎盛时期[②]。

　　元代大致开通有三条沟通世界的主要航线。第一条是由广州、泉州、明州沿海港口至三佛齐、阇罗婆等地航路，这是宋元时期中国与苏门答腊、加里曼丹岛之间的航线。第二条是泉州、广州至麻离拔（大食）的航线。此条航线很长，困难较大，也反映出宋元时期航海技术的发展。《岭南代答·大食国》称："有麻离拔国，广州自中冬后，发船乘北风行，约四十日到地名蓝里、博买苏木、白锡、长白藤。住至次冬，再乘东北风六十日顺风方到。"[③] 这条航线进而可以转运至北非与欧洲，如亚历山大港、摩洛哥等地。第三条是通往日本和朝鲜半岛的航线。

　　伴随着这些航线，难以计数的商品往来于洋面之上。在这些商品中，不仅有中国的丝绸、瓷器和药品由阿拉伯商人转运至波斯湾沿岸，还有中国的指南

①　［意］马可·波罗. 马可·波罗游记［M］. 上海：上海书店出版社，2006：352.

②　孙光圻. 中国古代航海史（修订版）［M］. 北京：海洋出版社，2005：272.

③　（宋）周去非. 岭外代答校注：卷3［M］. 杨武泉校注. 北京：中华书局，1999：99.

针、火药等科学技术也在此时期被传播致远。在阿拉伯文的兵书《马术和军械》中，就记载了名为"契丹火箭"的武器，同时列举出从中国传入的火药配方。当然，作为对等的互动与交流，很多阿拉伯地方的科技理念、医书、药品也被传入中国。例如，元代就引入了伊斯兰国家的回回历，在元代官署中还专门设立有回回司天监。元至元八年（公元1271年）元朝设立回回司天台，札马鲁丁进献观象仪等物品，以西域人观测天象，而回回历法一直沿用到明末。此外，阿拉伯人还带来了阿拉伯数字、"地圆说"理论、"中道"理论与黄赤交角的计算方法，更传入了阿拉伯医药技术。在中国国家图书馆所收藏的《回族药房》残卷就可以被视为医药史上东西交流互动的例证，其中详细描述了治疗瘫痪的诊治经验，还包括了对于内科、骨折和关节脱臼的医疗经验。当然，这一时期的商品交易远不止以上这些内容，参酌《诸蕃志》和《岭南代答》中的记载，贸易商品从瓷器、茶叶到珍禽异兽无所不包。①

**二、贸易·食物·枪炮：明代中国与世界的交流与发展**

宋元"海上丝绸"线路的开辟，为明初郑和七下西洋的壮举奠定了基础。如果我们对比一下郑和船队所航行的线路就会发现，它们与宋元以来的航海路线多有重合。在明朝初期官方支持与资助的"大航海"比欧洲哥伦布的远航早上87年。郑和自永乐三年（1405年）进行首次远航，接下来六次分别是永乐五年（1407年）、永乐七年（1409年）、永乐十一年（1413年）、永乐十五年（1417年）、永乐十九年（1421年）以及宣德五年（1430年），前后共计7次，最终在宣德八年（1433年）六月落下帷幕。② 郑和下西洋的壮举不仅沟通了所到国家与明朝的联系，提升了明朝的地位与声望，而且通过朝贡贸易建立起明清两朝的"朝贡体系"。

有学者统计得出，郑和下西洋期间输入中国的物品达185种，其中香类29

---

① 叶哲明. 两宋之交两部海洋精品杰作：周去非、赵汝适的《诸蕃志》《岭南代答》[J]. 古今谈，2015（4）：9-15.
② 万明. 郑和下西洋终止相关史实考辨[J]. 暨南学报（哲学社会科学版），2005（6）：113-122.

种，珍宝类 23 种，药品类 22 种，布类 51 种，用品 8 种，五金类 17 种，颜料 8 种，动物 21 种，食品 3 种，木料 3 种。[①]"麒麟"为中国古代神话中的瑞兽，也见于明清两代官员补服之上。但是在现实生活中，却无人见过麒麟的样貌。随着郑和下西洋与沿岸国家建立起联系，一个名为榜葛刺国的国王分别于永乐十二年（公元 1414 年）、正统三年（公元 1438 年）两次派使臣来中国进贡"麒麟"，并有人绘画记事。但实际上，通过画作可知所谓的"麒麟"就是我们今人所熟知的长颈鹿，但这一故事和画作却生动地记录下随着郑和下西洋后明朝与印度洋国家的交往。

自明初形成的"朝贡体制"维系了明清两代与周边国家与地区的沟通与交流，任何与中国进行贸易的国家，均不可避免地被纳入这一体制之内。相较而言，明朝的朝贡国数量要比清朝多。明朝时期，以来自东方和南部通过海路前来的朝贡国超过 60 余个。据万历《大明会典》所载，具体包括：

朝鲜、日本、琉球、安南、柬埔寨（真腊）、暹罗、占城、爪哇、彭亨、百花、三佛齐、渤泥、须文达那、苏门答腊、西洋琐里、琐里、览邦、淡巴、苏禄、古麻刺、古里、满剌加、婆罗、阿鲁、小葛兰、榜葛刺、锡兰山、沼纳扑儿、拂菻、柯枝、麻林、吕宋、碟里、日罗夏治、合猫里、古里班卒、打回、忽鲁谟斯、甘巴里、加异勒、祖法儿、溜山、阿哇、南渤利、急兰丹、奇刺泥、夏刺比、窟察尼、乌涉刺踢、阿丹、鲁迷、彭加纳、舍次齐、八可意、坎巴夷替、黑葛达、刺撒、不刺哇、木古都束、南渤利、千里达、沙里湾泥。[②]

以上这些朝贡国家大多位于东南亚、印度洋沿岸、波斯湾和非洲东岸，与郑和下西洋所经路线相吻合，这也证明着明朝初年海上交通的繁盛状况。至明代中后期，中国与世界的海上贸易进一步发展，并使得中国加入世界贸易的版图中。随着 16 世纪以来葡萄牙、荷兰等国家逐渐利用海洋运输优势进行远洋贸

---

① 王更红. 从郑和下西洋话海上丝绸之路的崛起 ［N］. 人民网，2014-08-22.
② 万历大明会典：卷 105-108，万历十五年刊本。

易，也将中国的产品贩运至欧洲，其中以瓷器、茶叶、丝绸和漆器作为主要物品。正如卜正民（Timothy Brook）所描述的那样，"中华帝国以内的世界变了，帝国之外的世界也发生着变化。商人和水手把明王朝织进了一个联通南中国海、印度洋与大西洋的贸易网络。一个全球经济体正在形成，明王朝被逐步推向核心参与者的位置"。① 不仅如此，由中国输入欧洲的物品还激发了其本土的制瓷业发展。

我们不妨来看一看青花瓷在明朝初年在沟通东西交流方面的情况。青花瓷是一种在瓷胎上以钴料绘制，高温烧制而成的釉下彩瓷器。首先，明朝初年进口钴料——苏麻离青的引入，使得永宣青花瓷成为中国瓷器史上的杰出代表之一。苏麻离青，原产于中东伊拉克等地钴矿中，具有含铁量高，而含锰量低的特点。因此，当以这种颜料作为烧造青花瓷的原料时，青花发色浓重青翠，色泽艳丽，有晕散现象，在烧造过程中形成的"铁锈斑"也成为永乐、宣德时期青花瓷器的一大特点。明朝成化以后，青花瓷烧制逐渐采用国产青料，石子青、回青等成为明中后期青花的主要用料。但是，史书中有"成青未若宣青苏渤泥青也"的记载，凸显了永宣时期苏麻离青的独特性。

其次，明初永宣青花瓷制作工艺精湛，造型与纹饰多样，受域外伊斯兰文化影响，制品出口世界。明朝永乐、宣德时期的青花瓷，烧造工艺更加成熟，器型制作规整，延续了元代部分青花瓷器型硕大的特点，甚至烧造出许多口径超过60厘米的青花大盘。永宣青花瓷造型多样，纹饰繁多。一些永宣时期的青花器型和纹饰明显受到域外文化的影响，部分器型带有中东地区的特点，如折沿盆、如意耳扁瓶、鸡心扁瓶等成为这一时期的常见器型，而如放射形花瓣纹样和几何图案则明显受到伊斯兰文化的影响。又如较为少见的器型——无挡尊的器身上还刻有阿拉伯文。与之同时，郑和下西洋的船队不仅带回了青料，创烧出永宣青花，而且这些瓷器制品也通过下西洋的船队被转运至欧亚，特别是中东、西亚地区。一些口径达40厘米以上的大盘多出口至伊朗和土耳其等地，成为当地人的餐具，而阿拉伯商人则承担着民间转运与传播永宣青花瓷器的桥

① ［加］卜正民. 哈佛中国史·挣扎的帝国·元与明［M］. 潘玮琳，译. 北京：中信出版社，2016：22.

梁作用，将中国瓷器进行二次扩散。现今，永宣青花成为世界各大博物馆的重要收藏品，如大英博物馆、大都会博物馆、荷兰国立博物馆、土耳其托普卡匹皇宫博物馆等均有收藏。

最后，明代中后期海洋贸易加强，中国青花瓷远销欧洲，不仅掀起了当地的"瓷器热"，而且激发了欧洲本土制瓷业的发展。代尔夫特是荷兰靠近鹿特丹的一个小镇，也是荷兰东印度公司所在地之一。由于荷兰海洋贸易的日渐兴盛，大量产于中国景德镇的瓷器在 16—17 世纪被运输到荷兰进行售卖。在卜正民（Timothy Brook）的笔下，他不仅用维米尔（Johannes Vermeer）的七幅画作将当时的世界联系到一起，更在书中着重展现了中国的瓷器。① 这些中国瓷器精美而昂贵，使得蓝白色调的设计风靡一时，也激发了当地匠工仿制和改进其工艺的热情。代尔夫特作为中国瓷器的引入地，于 1653 年建立起代尔夫特蓝陶工厂，主要就是用当地黏土仿制中国瓷器，并发展出自己的陶瓷设计图案。经过长久的努力，代尔夫特瓷器大获成功，直到今日"代尔夫特蓝"依旧是荷兰最为重要的瓷器品牌。2017 年"中国明朝官窑瓷器"展在代尔夫特开幕，由荷兰王后马克西玛主持开幕式，不仅见证了今日中荷文化的交融与发展，更是对数百年前东西方文化与商贸往来的最好例证。

除了官方支持的航海活动外，沿海居民自明朝以来也多有纷纷远洋的记录。在郑和下西洋后，中国人到南洋去的数量日渐增多。据《明史·吕宋》记载，自明中叶后到吕宋（今菲律宾）的中国人已经多至数万人，"往往居住不返，至长子孙"。② 除了迁居南洋的百姓，许多农作物随着"地理大发现"和远洋航海贸易自明中叶起大量传入中国，如玉米、马铃薯、花生、美洲辣椒、凤梨等至今是中国人饮食中重要的组成部分，有学者将其称为"哥伦布大交换"。③

我们再来一同看一种美洲作物的中国化旅行——辣椒。辣椒，原产于中南美洲，经由与亚洲长距离的贸易传入中国沿海地区。最早记载辣椒的文献见诸

① ［加］卜正民. 维米尔的帽子：17 世纪和全球化世界的黎明［M］. 黄中宪，译. 长沙：湖南人民出版社，2017.

② （清）张廷玉. 明史·吕宋：卷 323［M］. 北京：中华书局，1974：8370.

③ ［美］阿布弗雷德·克雷斯比. 哥伦布大交换：1492 年以后的生物影响和文化冲击［M］. 郑明萱，译. 北京：中国环境科学出版社，2010.

于明代万历十九年（公元 1591 年）。辣椒与其他美洲作物，如玉米、红薯、花生、烟草大约在同时期到达中国。在辣椒的早期用途中，远非今人餐桌上的辛辣调味品，而是充当着药材和观赏盆景之用。在汤显祖《牡丹亭》的"花判"一节中就提及了"辣椒花"，而在清代许多地方志的记载中也有着如辣椒"可为盆儿之玩者""色红鲜可观""光艳射……多蓄作盆玩"等记载。随着辣椒从沿海传入内陆，贵州的一些山区由于缺少价格昂贵的食盐，便以辣椒替代。在经过由观到食的发展后，辣椒最终走上人们的餐桌，成为今天我们所认知的辣味调料。

　　正是在这种全球化日益紧密的背景下，由于以瓷器、丝绸为代表的商品外销和美洲作物的传入，与之相伴随的白银作为全球化的产物之一，也在明朝时期快速流入中国，有学者称这种现象为"丝银对流"。白银的大量流入不仅促进了明清经济大发展，如江南地区加速了商品化趋势，而且对于明清施行银本位的货币制度，推动"一条鞭法"改革具有重要作用。15 世纪以后明朝与世界越来越多的交往，被学者视为一个以南海为中心的"南海世界经济体"已经出现。在这个贸易区域内，"中国人扩大在这个区域的参与，应部分归功于郑和下西洋，但这个世界经济体并不是国家支持的航海所能创造的。只有贸易超越了朝贡才使得这一切发生"。①

　　当然，在这些主流的商贸往来、人口迁移与文化互动之外，疾病、物种的传播依旧是我们要不断提醒大家保持思考的"全球史"观念下的内容。但是，我们在此谈及的是另一种对于明清中国具有深远影响的军事技术——火药。

　　在述及元朝时，我们已经了解到中国所发明的火药技术和史书中记载的"契丹火箭"经过阿拉伯商人进行了西传，此后中国军队并没有将火药用于军事战斗中，反而这种从中国西传的技术却在西方的改造加工后，发挥了重要作用，甚至改变了世界的格局。我们在明清之际会经常听到一个词语——红衣大炮或红夷大炮，这实际上是指代从葡萄牙、荷兰等国进口的军事热火器。在明朝正

---

　　① ［加］卜正民. 哈佛中国史·挣扎的帝国·元与明 ［M］. 潘玮琳，译. 北京：中信出版社，2016：218.

德年间，一种佛郎机铳引入中国，在嘉靖年间开始仿制。① 明朝人汪鋐就对引入佛郎机铳，并将其用于战事持积极态度。明中后期士人沈德符在他所著的《万历野获编》的"红毛夷"一节内有以下载："自来中国惟重佛郎机大炮，盖正统以后始有之，为御夷第一神器，自此夷通市，遂得彼所用诸炮，因仿其式并方制造，即未能尽传其精奥，已足凭为长城矣。"② 由此可见，明朝自中叶以后引入西洋改造后的热火器，并将其应用于军事行动中，并成为屏藩国家的重要武器。

随着明朝中后期火器引入东亚，不仅在明清交战的宁远之战可以看到其发挥的巨大威力（一种说法是后金统治者努尔哈赤就是在这场战役中，因被红夷大炮击中后伤重身亡)，而且在日本丰臣秀吉和德川家康的军队中，火枪队在军事作战中也发挥了重要的作用。这种源起于中国的科学技术，经过阿拉伯商人西传，由欧洲改良后，以热火器的形式再次传入中国，实现了科技的全球化传播与更新。在欧阳泰（Tonio Andrade）所著的《从丹药到枪炮：世界史上的中国军事格局》一书中，作者提出了郑氏家族同荷兰的贸易互动，枪炮的引进、改良及最终打败荷兰是一种前现代东方对西方的回应。正因如此，郑芝龙的海上势力是当时荷兰人所唯一忌惮的。郑氏家族正是用引入的西方热火器技术，在经过改良后，最终打败了西方人，也用西方的方式建立起自己在东亚的海上霸权。③ 在清朝已然崛起于关外但尚未入关时，皇太极就不断收编投降后金政权的明朝炮兵，组建"乌真超哈"，意为重兵部队，将热火器融入军队编制内。在入关后，康熙帝还曾在耶稣会士的帮助下利用火炮技术，参与到平定三藩之乱的军事行动中，以致在开禁耶稣会士的御令中就提到"在内战期间，他们（耶稣会士）以其铸造的大炮为朕作出很大效劳"。④

明朝末年，在中国与世界联系更加紧密的背景下，文化的交流是"全球史"

---

① 周维强. 佛郎机铳在中国 [M]. 北京：社会科学文献出版社，2013.

② （明）沈德符. 万历野获编：卷30，红毛夷，道光七年扶荔山房本。

③ ［美］欧阳泰. 从丹药到枪炮：世界史上的中国军事格局 [M]. 张孝铎，译. 北京：中信出版社，2019.

④ ［法］伊莎贝尔·微席叶，［法］约翰-路易·微席叶. 入华耶稣会士与中西文化交流 [M]. 北京：东方出版社，2011：81.

观念下的又一条主线,作为中西文化交流重要形式的人文交往随之展开。作为引发这种效应的文化传播者——传教士,正是在东西方交流日渐紧密的背景下东来中国的。根据法国汉学家荣振华(Joseph Dehergne)的统计,在 1552—1800 年间,共有 975 位耶稣会士入华,① 开展他们的传教事业。明代万历时期,继罗明坚后最为著名的耶稣会士当属利玛窦(Matteo Ricci)。利玛窦早在公元 1583 年就抵达了位于广东省的肇庆,但是他却迟迟没有得到进入中国宫廷的机会。在当地等待了 18 年后,利玛窦终于获得了北上的机会。在利玛窦向万历帝进献的一批物品中,一架自鸣钟引起了这位长时间不上朝的皇帝的兴趣。由于宫廷内没有人可以操作和调试这种西洋机械,所以在机缘巧合下,万历帝召见利玛窦入宫调试钟表,以使它正常地运转并听到悦耳的报时声。利玛窦的进宫,为他的传教事业赢得了支持。

万历帝准许利玛窦在京城居住、传教,而他也凭借着他近二十年对中国文化的学习,制定了传教策略:走上层路线、遵从中国风俗、介绍西方技术。利玛窦在京与明朝士大夫交往的过程中,还穿起了儒服,通过精英路线减少传教的阻力。汪廷讷赠给利玛窦的诗中有言:"西极有道者,文玄谈更雄。非佛亦非老,飘然自儒风。"② 明人钱希言在描述利玛窦时也描述道,"利玛窦,大西国人,游于中华十五年矣!衣服、语言、饮食、礼乐,无不中华,但不娶耳"。③正是在利玛窦来到北京后,与朝中士大夫广泛互动,不仅影响如徐光启、李之藻等人信奉了西洋宗教,而且还在这一时期翻译了大量西方著作,如《几何原本》《同文算指》《泰西水法》等,而《崇祯历书》也是在传教士参与编写下完成的。徐光启作为那一时期最早接受西学和利玛窦传教的明朝上层人士之一,他提出"欲求超胜,必须会通,会通之前,先需翻译"的理念,④ 成为在明朝

---

① [法] 荣振华. 1552—1800 年入华耶稣会士列传 [M]. 桂林:广西师范大学出版社,2010:43-384.

② (明)汪廷讷. 酬利玛窦赠言 [M]. //朱维铮主编. 利玛窦中文著译集,上海:复旦大学出版社,2001:286.

③ (明)钱希言. 狯园 [M]. 北京:文物出版社,2014:131.

④ 纪志刚. 从"会通"到"超胜":徐光启科学思想的历史价值与当代意义 [M]. //中西文化会通第一人:徐光启学术研讨会论文集,上海:上海古籍出版社,2006:88-95.

后期"开眼看世界"的朝中士大夫，也有助于推动东西文化的融合和交流。

在明清之际，除了来华的西方传教士外，中国人也更多地赴西方交流，而其中以郑马诺、沈福宗和黄嘉略三人最为著名。第一位是郑马诺。他是出生于澳门的广东人，由于家庭内父亲是天主教徒，导致在年幼时郑马诺就与法国人陆德神父有所接触，并在他12岁时由陆德带往罗马学习。由于天资聪慧，郑马诺仅用一半时间就完成4年的课程，并留在当地任教。康熙初年，郑马诺受到葡萄牙国王召见，并返回澳门从事传教事业，最终病逝于北京。第二位是沈福宗。他同样出生于一个南京的信教家庭中，后随比利时传教士柏应理前往欧洲游历，并觐见了罗马教皇和英法两国国王，有着如同元代前辈列班·扫马一样的经历。沈福宗在欧洲当地采用了和利玛窦东来时相似的路线，广为结识地方精英，参加学术聚会，对欧洲宗教和文化有着深入了解，并将中国文化和典籍推广到欧洲，成为东西文化交流的推动者。第三位是黄嘉略。他出生在福建莆田，由于父母是天主教徒，以致很早便信奉天主教，并跟随法国神父梁红仁前往法国学习。此后，黄嘉略担任法王路易十四的汉语翻译，并从事汉籍整理工作，编写有《汉语词典》《汉语语法》等工具书，为中法文化交流做出了贡献。

### 三、科学·新知·西洋风：清前期东西文明间的对话与汇通

明清易代并没有使在华耶稣会士受到很大的波及，而是很快进入宫廷之中。公元1644年满洲人迅速定鼎燕京，汤若望抓住机会将《崇祯历书》更名为《依西洋新法历书》进献多尔衮，并得到这位摄政王的认可，更名为《时宪历》通行清朝，并最终在康熙初年南怀仁与杨光先的"历法之争"后成为宫廷乃至清朝的官方历法。在清代宫廷内部，顺治帝个人与传教士汤若望关系密切，称其为"玛法"，甚至有记载显示，在选择继承人问题上顺治帝曾询问过汤若望的意见，并让汤若望执掌钦天监。

康熙帝作为中国古代最著名的君主之一，其在位时间居中国历代帝王之最，文治武功为人所称道，他对于西学的喜好也为世人所熟知。在康熙朝，不仅服务于宫廷内的传教士会和康熙帝切磋数学、天文等西方自然科学知识，而且医学也成为康熙帝关注与直接参与的重要领域。这一时期活跃于清代宫廷中的耶

稣会士还包括卫匡国、柏应理、鲁日满、南怀仁等人。特别是南怀仁，作为承继利玛窦、汤若望之后著名的耶稣会士之一，他不仅利用实验的方式证明了西洋历法相较于回回历的优势，而且还为康熙帝频繁地进讲西方科学知识，双方建立起亦师亦友的关系，以致康熙帝还免除了他的跪拜礼。① 康熙二十七年（公元1688年），白晋、张诚等6位法国国王科学家进入宫廷服务于康熙帝。根据白晋的回忆，康熙帝对于欧洲科学十分热衷，在五六个月的时间里，康熙帝掌握了几何学原理，并每天用2~3个小时和传教士们一起学习，"绝不因为这些原理中的棘手的难题，即我们语言的粗率而感到厌倦"，② 故宫博物院至今还藏有康熙帝披红的满文《几何原本》手稿和学习科学技术的相关用具。

康熙帝因为采用传教士进献的奎宁治好了疟疾，进一步加深了他对于西洋技术的信赖，在宫廷中还有很多西洋医师照料其左右，成为清代宫廷医学的组成部分，这在一定程度上对东西方的医学交流起到推动作用。③ 甚至康熙帝自己还参与到对病人的治疗过程中。④ 在康熙宫廷内服务的西洋传教士们成为东西方医学沟通的桥梁与穿针引线者，也正是在康熙帝个人的支持下，西方近代医学开始在宫廷内传播与实践。当时在康熙帝的宫廷医学团队中，不仅有汉人医生、蒙古医士，以及西藏喇嘛等，而且还有许多西洋传教士参与其中，如卢依道、高竹、鲍仲义、高廷用、樊继训和罗德贤等，都曾是康熙帝宫廷医学团队中的一员，为清朝贵族提供一些不为中国传统医学所知的治疗方案和药物。例如，卢依道不仅治疗了宫廷内三位女性病人的产妇病和肺痨，还和高竹一道用外科手术的方式治疗了皇九子胤禶的腮腺炎，而他们的手术方案也获得了康熙帝的赞同。⑤ 不仅如此，康熙帝还经常召见这些西洋传教士，与他们探讨西方药品以及治疗方案。在康熙朝的宫廷中，传教士医士对于传播西方医学知识，沟通东

---

① ［比］钟鸣旦. 低地国家的清史研究［J］. 王学深，译. 清史研究，2019（2）：11-25.

② ［法］白晋. 康熙帝传［M］. 珠海：珠海出版社，1995：29.

③ ［西班牙］白雅诗. 康熙宫廷耶稣会士医学：皇帝的网络与赞助［J］. 董建中，译. 清史研究，2014（1）：1-27.

④ ［西班牙］白雅诗. 医生、手术师与"杰出的药剂师"：罗德贤生平研究——破译清初一位耶稣会士的行医旅程［J］. 王学深，译. 中华医史杂志，2020（3）：143-156.

⑤ ［西班牙］白雅诗. 医生、理发手术匠与保教权在华利益——耶稣会士卢依道与高竹在清朝的宫廷［J］. 曹晋，译. 清史研究，2017（3）：21-50.

西方医学信息，以及具体参与到治疗环节中都起到了非同寻常的作用。

在南巡期间，康熙帝还让张诚、白晋等人陪同，而且对于杭州等地教堂和教士多有沟通与关心举措，如赏赐银两修建教堂等。正是在良好的氛围下，康熙帝在公元1692年颁布了"宽容敕令"，有条件地允许西方传教士传教。清朝在1644—1779年间，曾任命23名耶稣会士出任二至六品不等的官职，西洋人不仅供职于钦天监内，而且还帮助康熙堪舆疆域，测绘地图，并参与到中俄谈判之中。

这些供职于宫廷内的传教士也充当着信息传播者和文化使者的角色。他们将在清宫中的所见所闻以见闻录或报告的形式传回欧洲，使得西方对于中国的文化、历史有所了解。例如，白晋详细转述的《康熙帝传》一书，实际上就是他向法王所做的汇报。在2011年，台北故宫博物院举办了"康熙大帝与太阳王路易十四特展"，其中展览的第二部分就定名为"法国耶稣会士—君王间的桥梁"。展览利用大量舆图、善本书籍、奏折、书简等档案呈现了康熙帝致力于西学学习和法王路易十四认知中国的历史，而在这中欧两位帝王间起到沟通桥梁作用的，正是在华的耶稣会士。

君主间的交流与互动，带动了上层精英间对于彼此文化的热衷。随着中西交流的发展，在明末和清朝前期北京的宫廷里吹起了"西洋风"，许多源自欧洲的器物被引入宫内，而与之对应的英法等国，也出现了"中国热"，许多王公贵族对于西方器物极为追捧，一时间有如钟表、玻璃器皿、八音盒、测量仪器、地图、寒暑表、显微镜、望远镜、洋绒、西洋狗等流行于宫内，[①] 而自鸣钟成为当时最受追捧的奇巧之物。在曾为礼亲王的昭梿笔下，就有"近日泰西氏所造自鸣钟表，制造奇邪，来自粤东，士大夫争购，家置一座以为玩具。纯皇帝恶其淫巧，尝禁其入贡，然至今未能尽绝也"[②] 的情况。

与中国宫廷相对应的欧洲，也由于在华耶稣会士传来的众多报告、见闻对于中国加深着了解，也因为瓷器、茶叶和丝绸等商品对东方心驰神往。作为清初较早的一批耶稣会士，在向欧洲传播中国文化方面起到重要作用。柏应理

---

① 鞠德源. 清代耶稣会士与西洋奇器 [J]. 故宫博物院院刊, 1989 (1)：3-16.
② (清) 昭梿. 啸亭续录：卷3 [M]. 北京：中华书局, 1980：468.

(Philippe Couplet）编纂了《中国贤哲孔子》（*Confucius Sinarum Philosophus*）一书，这是第一部将《论语》《大学》《中庸》翻译为拉丁文的注释性译作。该书于 1687 年在巴黎出版并被进献给法王路易十四，后来也有法文的译作出版，极为有效地将中国思想介绍到了欧洲。① 与此同时，卫方济（Franois Nol）的著作《中国典籍六种》一书，在 1711 年于布拉格卡尔罗·斐迪南迪亚大学（布拉格查理大学前身）出版。这部著作包括了被翻译成拉丁文的《大学》《中庸》《论语》《孟子》，以及《孝经》和《小学》。② 这些出版的译作对于中华文化的传播，以及缩短东西方距离起到了重要的文化桥梁作用。在东西交融的背景下，除了翻译著作外，在 18 世纪欧洲的王公贵族也竞相购买或收藏中国瓷器、家具、绘画、书籍等，引发了欧洲的"中国热"，有些至今保留在欧洲各地，见证着清代东西交流的过往。③

除了以上这些互动内容外，中国音乐、园林艺术、中草药以及植物等也随着耶稣会士的路线而西传。加拿大汉学家卜正民出版著作《全图：中国与欧洲之间的地图学互动》以一位明清之际的南京出版商曹君义所出版的地图（分别收藏于北京和伦敦）去重构在明末清初中国与世界的交往，以"南京：从中国描绘世界"和"伦敦：从世界描绘中国"的视角去揭示欧洲人在 17 世纪中叶中国人和欧洲人均在加速和深化着对另一方的认知。④ 与之类似，数年前在荷兰哈勒姆的弗兰斯·哈尔斯博物馆也曾举办了一场名为"中国影响：荷兰黄金时期的中国形象与观念"（*The Chinese Impact：Images and Ideas of China in the Dutch Golden Age*）的主题展览，主要追溯了清初中国在欧洲的形象起源，以及 17 世纪低地国家（比利时、荷兰）与中国在艺术和思想方面的互动。进而展览从画家伦勃朗（Rembrandt）画室的中国陶瓷，以及用荷兰哲学家巴鲁克·斯宾诺莎

---

① ［比］钟鸣旦. 低地国家的清史研究［J］. 王学深，译. 清史研究，2019（2）：11-25.

② ［比］钟鸣旦. 低地国家的清史研究［J］. 王学深，译. 清史研究，2019（2）：11-25.

③ ［英］休·昂纳. 中国风：遗失在西方 800 年的中国元素［M］. 刘爱英，秦红，译. 北京：北京大学出版社，2017.

④ ［加］卜正民. 全图：中国与欧洲之间的地图学互动［M］. 台北："中央研究院"近代史研究所，2020.

（Baruch Spinoza）与孔子的思想进行比较，以凸显中国文化对荷兰文化的影响。① 从明朝末叶至康熙朝中期，东西方的交流与互动频繁而有效。

然而，随着教皇克雷芒十一世（Clement XI）发布禁约，中西双方关系因"礼仪之争"急剧降温，铎罗被囚禁后，清朝开始禁教政策。不过，这一段不愉快的经历，并没有减损康熙帝对于西方医学的兴趣。在中国第一历史档案馆编纂的《清初西洋传教士满文档案译本》中，我们可以看到康熙四十五年（公元1706 年）五月二十四日的一则档案，身为内务府武英殿监造官的赫世亨向康熙帝奏报了《从铎罗处取回巧克力并打听其八种配料及饮用方法事》。② 原来，康熙帝曾听闻巧克力（cokola）这种西洋物品，误以为有药用疗效，因此令赫世亨打听后回报。而赫世亨所询问的对象正是为传达罗马教皇禁令的特使铎罗。待赫世亨询问后，铎罗主动将 150 块巧克力送给赫世亨。根据赫世亨的奏报可知，铎罗当时所带"cokola 仅有 150 块，眼下无甚可用之处，且从吕宋地方不久又要送来 cokola，一俟送来，即可多寄送与尔"。③ 可以想见，铎罗也希望利用这一机会，在双方"礼仪之争"紧张背景下，缓解双方的张力。

赫世亨又向在宫廷内服务的西洋传教士鲍仲义询问巧克力的配方。据后者回奏称，巧克力原产于美洲和东南亚，"性温而味甘苦"，由八种原料配制而成。其中，肉桂、秦艽、沙糖三种原料中国有产，而 gagao（可可）、waniliya、anis、ajuete、megajuoce 此五种原料，中国不产。然而，鲍仲义虽然知道巧克力的配料组成，却并不知道制作巧克力的原料配量与调制配方。鲍仲义和徐日升等西洋传教士向康熙帝介绍了饮用巧克力的方法。鲍仲义说："饮用 cokola 时，将cokola 放入铜制罐子或银制罐子煮开之糖水中，以黄杨木捻子搅匀之后，可以饮用。此种搅匀后饮用方法，徐日升等人亦知晓。"④

---

① ［比］钟鸣旦. 低地国家的清史研究 ［J］. 王学深，译. 清史研究，2019（2）：11-25.
② 中国第一历史档案馆. 清初西洋传教士满文档案译本 ［M］. 郑州：大象出版社，2015：297.
③ 中国第一历史档案馆. 清初西洋传教士满文档案译本 ［M］. 郑州：大象出版社，2015：297.
④ 中国第一历史档案馆. 清初西洋传教士满文档案译本 ［M］. 郑州：大象出版社，2015：297.

在第一次得到回奏后，康熙帝虽然已然知晓了巧克力的产地、原料与食用方法，但并没有掌握他最关心的药用价值。因此，在得到赫世亨的奏报后，康熙帝留下朱批，要求赫世亨进一步打听，并对巧克力进行了"拒收"，他在奏折中批写道："知道了。鲍仲义言味甘苦而性温，但未言益于何种身体、治何种病，甚为欠妥。着再问。至于cokola，毋庸寄来。"①

接到旨意后的赫世亨立刻向鲍仲义再次询问巧克力的药效问题。鲍仲义在得知赫世亨来意后，回答道："cokoladi 非药物，犹如 ameriga（美洲）地方之茶叶，一日或一次或两次饮用。凡为老人，或胃功能弱者，又腹内有寒气者，腹泻者，消化不良者，均可饮用。尤其在增加胃热以消化食物方面，颇有益处。内热发烧者，患有痨病者，苏醒过来者，痔疮流血者，以及泻血者，均不宜饮用。"② 通过这次问答，赫世亨明白了巧克力并非药物，故立刻在五月二十七日上奏康熙帝，留下了《赫世亨奏为 cokoladi（巧克力）非药物而美洲地方之饮用品事》的朱批奏折。

虽然康熙帝在接到奏报后，仅留下"知道了"三字，却让自己和18世纪前期的清代宫廷了解了巧克力的性质、由来与食用方法。发生在康熙四十五年（公元1706年）的两次有关"巧克力"的问答，生动地描绘出这位东方的满洲君王对于西方物品的好奇与药用价值的关注，以西洋传教士为桥梁，这场甜蜜的"误会"很快被解开。康熙帝对"西学知识"的追求、掌握以及炫耀，既可能是他求知好学的内在驱动，又可能是帝王将其视为一种统治工具的心态与表象，但康熙帝对于西洋数学和医学等自然科学的浓厚兴趣，客观上还是助力和推动了那个时代东西文化与知识的交融。

在雍正和乾隆两朝，宫廷中依然有许多传教士服务其中，如郎世宁、蒋友仁、王致诚、刘松龄、艾启蒙等，但他们更多是以顾问身份或独特的技能在宫廷中服务，这一趋势直到18世纪末才走向衰落。正是因为这些耶稣会士依然留

---

① 中国第一历史档案馆.清初西洋传教士满文档案译本［M］.郑州：大象出版社，2015：297.

② 中国第一历史档案馆.清初西洋传教士满文档案译本［M］.郑州：大象出版社，2015：298.

存于宫廷内，如透视画法、油画、铜版印刷品、自鸣钟、西洋建筑、大水法等技术在这一时期集中涌现于清廷之内。在今日故宫博物院内所藏的写字人钟，可被视为清代的"AI 技术"。写字人钟可以用毛笔自动写出"八方向化，九土来王"数个繁体字，深为乾隆帝喜爱，是当时宫廷所藏钟表的杰出代表。

在建筑方面，圆明园内的西洋楼被视为"欧洲宫殿"，形成了世界上独一无二的建筑群。它们的独特之处在于这些"欧洲宫殿"是中国在前现代时期模仿西方巴洛克建筑的一次尝试。"中国艺术风格"和"欧洲艺术风格"创造了一种陌生而又美妙的环境，其优点在于可以使人从所有熟悉而又刻板的现实中逃离出来，也是东西方建筑艺术的一次交融性尝试。例如，圆明园内谐奇趣的设计就像一座 18 世纪法国的小型宫殿，拥有一个列柱走廊，一个通过弧形楼梯向下延伸连接着花园的画廊，以及 2 或 3 个其他类型的小房间。谐奇趣的建筑形式让人不禁回想起众多欧洲中式风格建筑，特别是于 1670—1672 年建造于凡尔赛的特列安农瓷屋。

在绘画方面，不仅郎世宁将油画画法在清代宫廷内发挥得淋漓尽致，而且对于透视理念的引入，也影响到当时的清朝士人。年希尧就按照透视的原理，写出了《视学》论述透视的绘画技巧。当乾隆帝平定准噶尔部和回部大小和卓叛乱后，他还让宫廷中的传教士郎世宁、艾启蒙、王致诚等创作《平定准噶尔回部得胜图》，并将画稿运往法国进行铜版印刷。历时 11 年后，一组采用西方铜版印刷的画作得以创作完成，运送回国，而铜版原版还保存在德国国立柏林民俗博物馆内。无论从绘画风格，还是印刷技法来说，这些铜板印刷画作都迥异于传统绘画风格，而这也再次体现了东西方在 18 世纪的文化交流与互动。

与之同时，清代前期的商贸交流也广泛存在。虽然在明朝中叶因倭寇事件和清初与郑氏的交战导致"海禁政策"，但在隆庆以后，海洋贸易不断恢复和发展。学者赵刚研究指出，清代康熙二十三年（公元 1684 年）这一关键年份之后，清王朝采取了对海洋开放的政策和自由贸易的态度，私人贸易蓬勃而繁荣，并在东亚形成了贸易网络，促进了清朝沿海城市的繁荣。[①] 据万钧援引沃克尔的

---

① Zhao, Gang. The Qing Opening to the Ocean: Chinese Maritime Policies, 1684—1757 [M]. Honolulu: Hawaii University of Hawaii Press, 2013.

研究显示，仅荷兰东印度公司一家，在成立的 80 年间（1602—1682 年）就从中国进口了大约一千两百万件瓷器。① 直到乾隆朝的一口通商政策，才使得对外贸易和交流的官方管道变得狭小。

乾隆五十八年（公元 1793 年），英国派出马戛尔尼使团，以为乾隆帝祝寿的名义访华，希望扩大对华贸易。双方围绕礼仪问题进行了反复的争论，最终以双方妥协的方式英国使团在承德实现了觐见。在面见乾隆帝时，马戛尔尼代表英国向清朝提出了希望允许英国商船在舟山、宁波、天津等处登岸经营商业；请于舟山附近划一未经设防之小岛归英国商人使用；减少关税；英商于广州附近自由往来等请求。但是所有要求被乾隆帝断然拒绝，并公开明发谕旨言及：

> 昨据尔使臣以尔国贸易之事，禀请大臣等转奏皆系更张定制，不便准行。向来西洋各国及尔国夷商，赴天朝贸易悉于澳门互市，历久相沿，已非一日。天朝物产丰盈，无所不有，原不藉外夷货物，以通有无。特因天朝所产茶叶瓷器丝觔，为西洋各国及尔国必需之物，是以加恩体恤，在澳门开设洋行，俾得日用有资，并沾余润。今尔国使臣于定例之外，多有陈乞，天朝加惠远人，抚育四夷之道，且天朝统驭万国，一视同仁。②

至嘉庆二十一年（公元 1821 年），英国再次派出阿美士德使团访华。这次，双方因为礼仪问题，最终不欢而散，没有达成交流与沟通。清朝官方对于海外军事威胁的担忧使得交流与互动悄然紧缩，并禁止士民百姓出洋不归。但是，这种做法却无法抑制民间的互动，正是自 19 世纪初期始，大量中国人迁移东南亚与美洲。华人社群始终通过地缘、血缘、亲缘、神缘、兄弟会在他者中型塑和强化着种族的认同和联系，并建立起迁居地与祖籍间的纽带。③ 最终，海禁政

---

① 万钧. 东印度公司于明清瓷器外销 [J]. 故宫博物院院刊，2009（4）：113-123.
② 清高宗实录：卷 1435，乾隆五十八年八月己卯.
③ [美] 孔飞力. 他者中的华人：中国近现代移民史 [M]. 南京：江苏人民出版社，2016.

策随着清朝对于近代化的追求而最终在公元 1893 年得以废除。

宋元以降直到清代乾隆年间东西方的交流史，让我们清晰地看到历史上中国与世界的互动形态与融合趋势。在汉唐时代陆路交通的基础上，宋元时期的海上贸易网络更加成熟，东西方超越了边界，跨越了文化，克服了距离的阻隔，从贸易互通到文化交流，从军事技术到医学典籍，从物种交换到族群迁徙，都构成了全球史观念下中西互通的内容，而中国也不可避免地作为世界的一部分参与其中。

以史为鉴，是中国不断向前发展的智慧与传统。历史上的中国与世界互动是主流，虽然因技术的限制、地理的阻隔和思想认知的不足，在一定时期内中国与世界的交流有过阻碍与波折，但是历史上的中国却从没有放弃与世界的对话，与天下的汇通，与四海的融合。

在全球化的今天，在中华民族走向伟大复兴之时，我们更应积极汲取历史智慧，"以史为鉴，开创未来"，更好地发挥与传承历史上中国与世界交流、互动的经验，推动中国与世界的跨文化互动，共绘"无问西东—共享未来"的美好蓝图。

**推荐阅读书目**

［1］［美］梅天穆. 世界历史上的蒙古征服 ［M］. 北京：民主与建设出版社，2017.

［2］［加］卜正民. 维米尔的帽子：17 世纪和全球化世界的黎明 ［M］. 长沙：湖南人民出版社，2017.

［3］［美］欧阳泰. 从丹药到枪炮：世界史上的中国军事格局 ［M］. 北京：中信出版社，2019.

［4］Zhao，Gang. The Qing opening to the Ocean：Chinese Maritime Policies，1684—1757 ［M］. Hawaii：Vniversity of Hawaii press，2013.

# 第五章

# 以书为媒："中学西传"与"西学东渐"

　　书籍作为文化之载体，是不同文明间进行交流沟通的重要桥梁。中国历史上与西方文明的交流也往往是以典籍文献作为重要媒介来展开的。坐落于丝绸之路重镇的敦煌藏经洞中保存了中古时期叙利亚文《圣经》残篇，该残篇有力地说明了，早在中古时期基督教文明已经与中华文明进行了交流。但是明末清初耶稣会士来华，掀起了更大的中西文明的互动，书籍成为更加重要的纽带。现分两条线索，分别介绍书籍对明末清初至近代的"中学西传"和"西学东渐"所发挥的重要作用。

## 一、中国图书西流与"中学西传"

### （一）明末清初"中学西传"

　　自明末利玛窦（Matteo Ricci，1552—1610 年）来华传教以后，中文图书（汉籍）便开始由来华传教士大量携往欧洲。耶稣会士曾将中文图书作为"国礼"带回欧洲。

　　据说白晋（Joachim Bouvet，1656—1730 年）作为法王路易十四（Louis XIV，1638—1715 年）选派的第一批六名来华耶稣会士之一，就曾发挥过这样的作用。白晋，字明远，清初来华法国传教士。1685 年他受法王路易十四派遣来华，并于 1688 年到达北京。他曾为康熙帝（1654—1722 年）讲授几何学，并得到皇帝信任和重用。1693 年，他奉康熙之命返回法国，招来更多的耶稣会士来华。四年后，他又率十名传教士返回中国。他在华生活四十余年，后客死北京。在华期间，为消除清廷对传教士的戒心，他试图从中国文化中寻找儒教与天主教的共同点。据说，1693 年白晋回国时，曾携带了一批康熙皇帝赠送给法国国王的珍贵书籍。当时，在法国汉文书籍还很少，因此他带回的这套汉文书籍让路易十四感到非常欢喜和惊奇。现在法国国家图书馆所藏汉籍约两万余种，其中 22 种 49 册中文和满文书籍封面用蓝色或黄色丝绸装饰，包括《崇祯历书》《六臣注文选》《小学集注》《书经注疏大全合纂》《古今医统大全》《本草纲目》等。对于这些著作，过去学者一直认为是康熙本人送给法王路易十四的"国礼"。后来有学者考证，它们应该是白晋自己从中国搜集，并进行一定"包装"，以"国礼"形式送给法国国王路易十四的。[1] 另外有学者认为，康熙本人确实向路易十四赠送过中文书籍，但那是在 1700 年，康熙派洪若翰（Jearlde Fontaneyr，1643—1710 年）返回欧洲之际。[2]

明末清初欧洲人对中国文化的了解还十分有限，识汉语者亦不多，但随着中西文化交流的深入，中文图书已经开始流向欧洲。第一位在法国定居的中国天主教徒黄嘉略（1679—1716 年）就曾帮法国皇家文库负责人傅尔蒙（Etienne Fourmont，1683—1745 年）整理过中文藏书。1679 年，黄嘉略生于一个福建天主教家庭，且自幼便受洗为天主教教徒。由于其父与西洋传教士往来密切，他从小便跟随传教士学习拉丁文。不过，由于其父早逝，他后来随法国传教士梁弘仁（Artus de Lionne，1655—1713 年）学习。1701 年中西"礼仪之争"发生之后，黄嘉略随梁弘仁返回巴黎。之后，黄嘉略在那里娶妻生女，并定居下来。随后，在法国王家学术总监让·保尔·比尼昂（Jean-Paul Bignon，1662—1743 年）的推荐下，黄嘉略担任了法国国王路易十四的汉语翻译，并用拉丁文编写了第一部《汉语语法》和《汉语词典》。他还负责了法国皇家图书馆中文书籍的编目整理工作。

欧洲早期中文藏书主要是欧洲人主动搜集的结果。让·保尔·比尼昂担任法国皇家文库（巴黎国家图书馆前身）负责人之后，要求黄嘉略根据既有中文书目，开列新的访书清单，并将访书单寄往中国，请在华传教士按单采购。明

---

① 陈恒新. 法国国家图书馆藏汉籍的来源与文献价值考略［J］. 大学图书馆学报，2018（2）：112-113.

② 许明龙. 中西文化交流先驱［M］. 上海：东方出版社，1993：131.

末清初大量来华传教士都曾"按单访书"。傅圣泽（Jean Francois Foucquet，1663—1739 年）在华居住 20 年期间购得 4000 册中文图书，后又按王家图书馆采书单购得 1764 册图书。① 马若瑟（Joseph Mariade Premare，1666—1735 年）也提到过，他曾将在华收集的 317 部几千卷汉籍，寄回给当时在法国皇家文库的比尼昂，其中包括明末毛氏汲古阁刻本《十三经注疏》、明万历间刻本《元曲选》、清康熙刻本《康熙字典》等。小比尼昂（Jérôme Frédéric Bignon，1747—1784 年）继任法国皇家文库负责人之后，也托在华传教士访书，如钱德明（Joseph-Marie Amiot，1718—1793 年）就曾为小比尼昂在华访书。1767—1792 年，钱德明把他所搜集的大量中文、满文书籍寄回法国，如《程氏墨苑》《五经四子书》《藏书》《史记》《钦定古今图书集成》等，并为大量图书撰写了提要。

传教士最为重视的还是中国的经典作品。他们已经发现了儒家著述在中国的重要性。因此，他们格外重视对这些作品的搜集。比如，马若瑟对于汉籍的选购具有明确的标准，他曾在 1731 年 8 月 30 日的信中提道："在北京可以获得两套重要的系列藏书。一套包括所有的道家著作，另一套则涵盖了儒家最优的作品。在我看来，上述书籍将用来装点和丰富世界上最伟大的国王的图书馆。"② 为了理解这些经典，他们也对中文图书进行了翻译，尤其是儒家经典。

明末清初汉籍译本最早多是拉丁文本，原因是明末清初来华的传教士虽然来自多个国家，但是他们多使用拉丁语作为官方传教语言。

明末清初汉籍翻译主要对象是中国儒家经典。最早从事此类翻译尝试的传教士，以罗明坚（Michele Ruggleri，1543—1607 年）和利玛窦为代表。1593 年，罗明坚在罗马刊印的《百科精选》中包含了《大学》第一章。罗明坚还有拉丁文《孟子》译本，这是欧洲最早的《孟子》译本，但是没有刊印，稿本被藏于意大利国家图书馆。利玛窦通过"西方僧侣"的身份，以"汉语著述"的方式传播天主教教义，并广结中国官员和社会名流。1594 年，利玛窦刊刻《四书》拉丁文译本，其中不仅包含中文原文和拉丁译文，还有注释。有人认为这是第

① 彭斐章. 中外图书交流史［M］. 长沙：湖南教育出版社，1998：184-185.
② 陈恒新. 法国国家图书馆藏汉籍的来源与文献价值考略［J］. 大学图书馆学报，2018（2）：112-113.

一个《四书》外译本，可惜它也已经亡佚了。法国传教士金尼阁（Nicolas Trigault，1577—1628 年）也有"五经"拉丁文译本。中国儒家经典早期外译的代表作则是传教士柏应理的《中国哲学家孔子》。1687 年传教士柏应理在巴黎刊印了《中国贤哲孔子》，书中事实上也包括了其他早期传教士译本。柏应理奉法国国王命令编写该书，书中包含了除《孟子》外的"四书"译文。另一位比利时传教士卫方济在华传教共二十余年，也对中国儒家经典进行了翻译，形成了《中国典籍六种》（《大学》《中庸》《论语》《孟子》《孝经》《小学》），并于 1711 年在布拉格出版。这是第一个完整的"四书"译本。

在众多儒家经典中，传教士对《易经》这部经典又特别关注，尤其是"索隐派"传教士。1595 年利玛窦在《天主实义》中提到了对《易经》的看法，认为《易经》中的"上帝"就是《圣经》中的"天主"。《易经》成为沟通中、西文化，尤其是信仰体系之关系的纽带，因此明末清初许多传教士曾试图研究和翻译《易经》。柏应理在其《中国哲学家孔子》中便附有《周易》六十四卦和六十四卦的意义。此书 1687 年在巴黎出版后，西方也从此得知《易经》的存在。传教士白晋在得知德国数学家莱布尼兹（Gottfried Wilhelm Leibniz，1646—1716 年）所创"二进制"之后，十分欣喜，因为它与《易经》"符号"暗合，可印证自己所倡导的"索隐主义"。但是耶稣会士并不认为西方最古老的数学知识来自中国。相反，如卫匡国（Martino Martini，1614—1661 年）认为，《易经》卦图相关的数学知识从诺亚时代起，就在中国代代相传。因此，卫匡国所撰《中国上古史》中有"六十四卦插图"，这是欧洲书籍中所见最早的卦图。白晋认为《周易》试图将世界上一切事物缩减为数量、重量和尺寸等量化的基本单位，遵循了规则、比例和几何三种数字规律，这似乎是造物主所创造的理性。[①]不过在此之前，《易经》文本从未被全文翻译过，直到 1736 年雷孝思（Jean Baptiste Regis，1663—1738 年）《易经》拉丁文全译本问世。

除了儒家经典外，还有很多其他典籍也相继被翻译和传播到了欧洲。如法国传教士韩国英（Pierre Martial Cibot，1727—1780 年）是《中国杂纂》（《耶稣

---

① ［美］孟德卫. 奇异的国度：耶稣会适应政策及汉学的兴起［M］. 陈怡，译. 郑州：大象出版社，2010：352，125，349.

会士北京论集》）主要供稿人之一。由他撰写或翻译的文章涉及博物、医学、社会、历史、政治、语言文字、翻译等几大类。他在撰写对中国园林与植物的介绍时，曾查阅了《山海经》《史记》《本草纲目》《新修本草》《抱朴子》等中文书籍；在介绍中国器物时，他参考了《尔雅》《世本》《尚书》《周礼》等中国典籍。这些中文典籍也随着其文章的发表而被介绍到了西方世界。又如，马若瑟把中国元曲《赵氏孤儿》译成法文，附录在《中华帝国全志》之末。该法文译本后被转译为英文、德文、俄文等多种版本，在欧洲世界广为流传。

这部收录《赵氏孤儿》的《中华帝国全志》则是一部更为重要的巨著。其编者是杜赫德（Jean Baptiste du Halde，1674—1743年）。明末清初耶稣会稿件从中国源源不断地流向巴黎，后由杜赫德收集汇总形成该书。该书1735年在巴黎首刊，先后被译成英文、俄文和德文等出版。书中内容涉及中国的地理、历史、政治、宗教、经济、民俗、物产、科技、教育、语言、文学等各个领域，共分4卷。其中第三卷详细地介绍了《本草纲目》的作者、内容及其价值，这是中国此部中草药巨著第一次被传到法国，后又随着《中华帝国全志》英文、德文、俄文本的出现，被介绍到欧洲各个国家，引起了欧洲学者越来越大的兴趣。除了医药文献外，史学文献也是他们所感兴趣的。法国传教士冯秉正（J. De Moyriac de Mailla，1669—1748年）根据朱熹的《通鉴纲目》摘译成《中国通史》13卷，并于1777—1783年出版。

汉籍流入西方，以及传教士对汉籍的翻译，对欧洲文化产生了极大影响，形成了欧洲"中国热"。莱布尼兹对中国文化的评价颇高，他说："中国的版图很大，不比文明的欧洲小，在人口与治国方面，还远超欧洲。中国具有（在某方面令人钦佩的）公共道德，并与哲学理论尤其自然神学相贯通，又因历史悠久而令人羡慕。它很早就成立，大约已有三千年之久，比希腊罗马的哲学都早。虽然希腊哲学是我们所拥有的在《圣经》的最早著述，但与他们相比，我们只是后来者，方才脱离野蛮状态。若是因为如此古老的学说给我们的最初印象与普通的经院哲学的理念有所不合，所以我们要谴责它的话，那真是愚蠢、狂妄的事；再者，除非有一场大革命，要摧毁这套学说也不容易。因此，尽力给它正当的解释是合理的事。但愿我们拥有更完整的记载与更多地从中国经典中正确地抄录下来的讨论事物原则的述言。当然，最好是将经书全部翻译出来。但是既然还做不到这一点，我们也只可做暂时性的判断。"① 法国启蒙思想家伏尔泰（Voltaire，1694—1778 年）对儒家思想也十分称颂，他也因此被称为"欧洲的孔子"。他将中国历史纳入了世界历史范畴，并且放在十分重要的位置。在他的《论各民族的精神与风俗》中，他写道，"印度和中国人，他们早在其他民族形成之前，便已占有重要的地位"。他对中国历史记载进行了肯定，"不像埃及人、希腊人，中国人的历史书中没有任何虚构，没有任何奇迹，没有任何得到神启的自称半神的人物。这个民族从一开始写历史，便写得合情合理"。当然，在他的书中还有对中国政治制度的赞扬："在别的国家，法律用以治罪，而在中国，其作用更大，用以褒奖善行。若是出现一桩罕见的高尚行为，那便会有口皆碑，传及全省。官员必须奏报皇帝，皇帝便给受褒奖者立碑挂匾。""一万三千六百名官员管理着一亿五千万人民，他们分属于不同的部门，这些部门的上面是六大部，六大部则同受一个最高机构的监督。一想到这些我就情不自禁地异常兴奋。"②

总体来说，明末清初热衷于研究中国图书的来华传教士对中国文化的西传做出了重要的贡献。中国文化的西传引起了欧洲人对中国的极大兴趣，出现了欧洲"中国热"。法国启蒙思想家甚至从中国文化中找到了反专制、反教权的思想武器，而这是来华传教士所始料不及的。这是为什么法国兰斯大学校长曾言："在 1800 年以前，中国给予欧洲的比它从欧洲所获得的要多得多。"③

（二）近代"中学西传"

明末清初传教士来华引发的"中学西传"过程随着"闭关"政策的影响也有所减缓，这种局面要等到 1800 年之后"新教"来华和中国"门户"再次打开，才有所变化。这种变化当然也体现在越来越多的中国书籍流向西方。与明末清初不同的是，近代在华搜集中文书籍的主体不再仅限于传教士，学者、外

---

① 秦家懿．德国哲学家论中国［M］．北京：生活·读书·新知三联书店，1993：72.

② 许明龙．欧洲 18 世纪"中国热"［M］．太原：山西教育出版社，1999：214-215，217.

③ ［法］米歇尔·德韦兹．十八世纪中国文明对法国、英国和俄国的影响［J］．达观，译．法国研究，1985（2）：22.

交家、商人等或多或少均收藏着些中国图书,仅有少部分人将其收藏留在了中国,大部分人则将个人藏书运回了各自的国家。此外,从来华访书者国籍来看,明末清初来华者多来自天主教国家,近代来华者则增加了许多新教国家,如英国、美国。现在以几个收藏汉籍较多的国家为线索,讨论近代中国汉籍传入西方的基本情况。①

法国在明末清初时就因为有大量天主教传教士来华而搜集了大量中国图书,因此法国国家图书馆收藏汉籍在数量和质量上都可雄冠欧洲各国,近代敦煌秘籍及其他中国图书流入后,法国所藏汉籍更是孤本珍抄,美不胜收。不过,近代法国来华搜集汉籍者不再以传教士为主体。巴黎法兰西学院中国研究所,"由葛兰言任董事,伯希和负搜集之责,虽少天壤孤本,而采访最勤,购求极备,甚适研究之用"。② 伯希和(Paul Pelliot,1878—1945年)在1908年抵达敦煌,经由道士王圆箓(1849—1931年)进入藏经洞,将两万卷写本悉数浏览一遍,并挑选了他认为最有价值的文书。这是对于中国敦煌文物的一次最大规模的掠夺。据他后来在巴黎大学大会上陈述,他拿走了全部写本的三分之一(6000余种),且包含了不少外语种文献(主要还是汉文写本)。据耿昇介绍:

　　对于非汉文文书,伯希和只能根据其外表而决定,因为他自称对这些文字"无知"。对于罕见文字的文书,伯氏自称:"为了不放过任何有价值的东西,我将它全部拿到手了。"这其中包括梵文、于阗文、突厥文、回鹘文、婆罗谜文、吐火罗文卷子。当然,对于那里的近500公斤的藏文文书,他无法全部运走。但他却将11大本"夹板"(事实上是一部《甘珠尔》)都带走了。对于汉文卷子,作为汉学家的伯希和,当然懂得其价值。那些凡是以"夹行注"形式写成的全部文献、那些带有武则天"新字"的文献,他全取走了。大藏经之外佛经文献、罕见的神佛进香人的游记(如慧超的《往五天竺国传》)、释老文献中的代表作、景教与摩尼教经文、罕见地志、散落文献、五台山文献、

① 彭斐章. 中外图书交流史 [M]. 长沙:湖南教育出版社,1998:250-262.
② 莫东寅. 汉学发达史 [M]. 上海:上海书店出版社,1989:104.

俗文学作品、教育用书等，伯希和都掠其精华而去。伯希和从他过手的全部 1.5 万~2 万卷文书中劫走近三分之一，即 6000 余种，此外有 200 多幅唐画与幡、织物、木制品、木制活字印字版和其他法器。①

德国也是一个传统的天主教国家，故而也有一些早期传教士所搜集的中文图书，而近代大量德国学者也加入了汉籍搜集之列。德国人诺曼（K. F. Neumann，1803—1870 年）曾以修学为目的来华旅行，购得中文古籍 6000 部，后带回德国。这些书籍奠定了德国汉学图书之基础。俄国人葛鲁贝（W. Grube，1855—1908 年）在华期间收藏的汉籍后来全部收藏在德国莱比锡大学，并专设葛鲁贝文库。德国各大图书馆汉籍收藏颇丰。柏林普鲁士国立图书馆所藏汉籍在欧洲仅次于法国巴黎国家图书馆。

俄国因与中国接壤，较之欧洲其他国家更关注中国。1730 年东正教布道团成员带回中文图书 8 套 82 册，这些书构成了彼得堡汉学藏书的开端。1809 年，沙皇派大使来华，附以学术调查团，德国人克拉勃罗德（H. Klaproth，1788—1830 年）为翻译官。后因议觐见礼不合折返，但途中获得不少汉满藏文书籍。K. A. 株卡契科夫（1821—1883 年）是沙皇俄国驻北京东正教布道团第十三届随班学生，他从布道团成员以及中国学者和官员那里得到了不少书籍，对于一些无力购买的图书，他还雇人抄写。他通过买、骗、盗得的书籍包括木刻本和手抄本，共一千余种，于 1873 年收入莫斯科鲁勉采夫公共博物馆，后保存于苏联国立列宁图书馆。1912 年俄国人奥登堡（S. F. Oldenburg，1863—1934 年）在中国购得敦煌文书约一万件。

英国在明末清初之时很少有来华传教士，而该国收藏汉籍的历史也基本上是从 18 世纪新教传教士来华以后才开始的。第一位来华传教的新教传教士马礼逊（Robert Morrison，1782—1834 年）则是英国人。他十分注重收集汉籍，1824 年其回英国度假时便曾带回一万余册，这些图书后归伦敦大学图书馆收藏，他后来的收藏则归于伦敦会。传教士伟烈亚力（Alexander Wylie，1815—1887 年）

---

① 耿昇 . 中法文化交流史［M］. 昆明：云南人民出版社，2013：564-565.

在华三十年间的汉籍收罗也颇富，他的收藏后来成为上海亚洲文会北中国支会图书馆的基础。不过，除传教士外，大量英国外交人员、学者等也着力收集汉籍。英国外交官托马斯·斯当东（George Thomas Staunton，1781—1859 年）对中国图书极富兴趣，1823 年他发起成立皇家亚细亚学会时，曾向该会赠汉籍三千册。英国外交官威妥玛（Thomas Francis Wade，1818—1895 年）在华期间，也收藏有大量中国图书，回国后他将其全部捐赠给了剑桥大学。大英图书馆的敦煌藏书则是英国近代汉籍藏书的重点，这是由英国考古学家斯坦因（Marc Aurel Stein，1862—1943）1906—1908 年中亚考察之后劫掠至英国的，其文书部分（含汉、粟特、突厥、回鹘语及梵语等文书）全部归大英图书馆管理。

美国汉籍搜藏时间比欧洲国家晚得多，却是后起之秀。早期在华搜集汉籍的美国人主要是新教徒。第一位来华的美国新教传教士卫三畏（S. W. Williams，1812—1884 年）曾担任美国驻华使馆秘书、代理公使等职，回国后在耶鲁大学任教，便组建了东方学图书馆，存藏汉籍在内的东方语言文献。传教士傅兰雅（John Fryer，1839—1928 年）曾为江南制造局翻译了大量西方科技著作、武器制造说明书，这批书又反过来被他带回捐赠给加利福尼亚大学图书馆，成为该馆东方藏书中第一批资料。除了传教士外，美国也有大量学者、外交人员十分关注汉籍搜集。曾经的美国外交官柔克义（W. W. Rockhill，1854—1914 年）在中国生活多年，其所藏蒙、藏文书籍，后来归于国会图书馆。此外，美国政府也通过官方活动，将汉籍引入美国。比如，1869 年美国政府向清政府提出以种子交换文献的要求，清政府指派恭亲王奕䜣（1832—1898 年）出面，将我国典籍《皇清经解》等十种赠予美国，这成为美国国会图书馆收藏的第一批中文资料。

美国国会图书馆目前馆藏中文图书达 105 万余册，是除中国本土外收藏中文书籍最多的图书馆，这也主要是源于近代的中西文化交流。美国国会图书馆馆藏当中，英文资料占三分之一，另外三分之二是英文以外其他语言的资料。其所藏各国书刊资料的数量，常足以和资料来源国所藏相匹敌。比如，该馆所藏中文、俄文、日文、韩文、波兰文的文献是中国、俄罗斯、日本、韩国、波兰以外最多的，阿拉伯文文献是埃及以外最多的，世界上最丰富的犹太文献也被收藏在美国国会图书馆之中。美国国会图书馆所藏中文图书有许多珍本善本。比如《永乐大典》是一套明代写本，至今流传下来的卷帙并不全，且分散在世界各地，而 1923 年美国国会图书馆便曾购得 29 册《永乐大典》，这使得日后美国国会图书馆成为中国国家图书馆以外收藏《永乐大典》最多的机构。又如，美国国会图书馆很早便着力搜集中国方志，甚至在中国刊登广告，公开征集。美国农林学专家施永高（Walter T. Swingle，1871—1952 年）希望将中国的优良蔬果种子移植到美国，并发现中国地方志有关于土壤和植物的记载，于是他向美国政府建议扩大对中国方志的收集。1918 年前后，他代表美国国会图书馆到中国各省收集地方志。回国以后他仍继续为美国国会图书馆间接地采购，直到 1928 年为止。美国国会图书馆现藏的中国古方志有一半以上是 1928 年以前入藏的。1928 年，美国国会图书馆正式成立中文部，由恒慕义博士（Dr. Arthur W. Hummel，1884—1975 年）担任主任。恒慕义曾经委托洛克（Joseph F. Rock，1884—1962 年）为美国国会图书馆访购方志。因为洛克关注的是云南地区，其所访购的以西南各省（尤其是四川）方志为多。1934 年恒慕义也亲自到中国购买了三百来种方志，之后还设法在日本访求中国方志，也得到数部珍本。1933 年，美国国会图书馆从山东一位县长——高鸿裁（1851—1918 年）那里购得了他多年所收集的山东地方志，几乎将山东所有方志一次性纳入馆藏。以往方志收藏往往侧重省志，比较小的行政区域的方志流传不广。但是美国国会图书馆所藏方志遍及各省、府、州、县、乡镇之志，十分珍贵。

新教国家来华，使得许多曾经辗转从欧洲大陆传入的中国文化，得以直接引入英语世界。从未到过中国的传教士马士曼（Joshua Marshman，1768—1837 年）便编写了《孔子文集》，其内容包括了《论语》原文和英语翻译。他还撰写了《中国言法》，是西方第一部汉语文言语法专著，其中《大学》则是以单独成篇的形式作为附录。作为第一位来华英国新教传教士，马礼逊翻译了《大学》《论语》。1828 年，英国传教士高大卫（David Collie，?—1828 年）第一次完整地将《四书》翻译为英文，将《四书》直接介绍到了英语世界。1861—1872 年间理雅各（James Legge，1815—1897 年）的《中国经典》第一版在我国香港陆续出版（含《论语》《大学》《中庸》《孟子》《书经》《竹书纪年》《诗经》《春秋》《左传》）。出生南洋后被英国夫妇收养的辜鸿铭（1857—1928年）翻译了《论语》《中庸》等大量中国经典。许多近代儒家经典译本，到现在为止仍然是中国儒家经典外译的代表作。不过早期新教传教士的翻译也有一定的局限性。早期传教士在翻译过程中或多或少地掺杂着传教的意味。

伴随着汉籍西传和外译，海外汉学研究蓬勃发展，在某些领域或者某些方面，甚至有超越国内的趋势。比如，20世纪初随着敦煌文献的外流，敦煌学成为一门国际显学。然而国际上却长期流传着"敦煌在中国，敦煌学在海外"的说法。20世纪初两位最早来到敦煌藏经洞的欧洲学者斯坦因和伯希和都是敦煌学的重要代表人物。斯坦因被视作"国际敦煌学"开山鼻祖之一，这是因为他是敦煌文献的最早发现和公布者；同时他为敦煌文献所撰写的考古报告和研究作品，成为当代敦煌学研究者不可绕开的问题。斯坦因曾委托法国汉学家沙畹（Edouard Chavanne，1865—1918年）为其发现的汉晋木简进行注释和考证，因此沙畹被视为法国敦煌学研究的先驱者。沙畹的弟子伯希和继承其对敦煌文献的整理研究，并与其老师沙畹共同撰写了《摩尼教流行中国考》。与中国学者王国维（1877—1927年）、陈垣（1880—1971年）等人对摩尼教的研究相比，他们运用了大量波斯文、康居文、突厥文及梵文等原始材料，学术价值不容小觑。

法国汉学兴起时间最早，近代汉籍传入进一步促进了该国汉学的迅猛发展。早在伯希和携回敦煌文献之前，法国就已经涌现了大量著名汉学家。法国汉学家雷慕沙（Jean Pierre Abel Rémusat，1788—1832年）生于侍医之家，偶尔看到了中国的植物学书籍，便自学了中文和满语。之后，他放弃了颇有前途的医务职业，转到汉学研究，在法兰西学院担任汉文教授，并曾为皇家图书馆负责汉文书籍的编目。他还发起成立亚细亚协会，并出版《亚细亚学报》，成为汉学巨擘。其一生译著甚丰，如《白蛇传》《平山冷燕》《玉娇梨》等。他的学生儒莲（Stanislas Julien，1797—1873年）继任法兰西学院中国语、中国文学讲座教授，对中国语言文字、哲学、宗教、历史、美术工艺等方面均有研究，而最热心于中国文献的翻译工作，所译之著名者有《慈恩寺三藏法师传》《大唐西域记》《太上感应篇》《老子道德经》《灰阑记》《西厢记》等，并重译了《赵氏孤儿》。儒莲的弟子继承衣钵，将法国汉学进一步发扬光大。后世为了纪念儒莲，设置了"儒莲汉学奖"，该奖项被誉为汉学界的"诺贝尔奖"。英国翻译家理雅各、来中国窃取敦煌文献的斯坦因等都曾获得过此奖项。伯希和将中国大量珍贵敦煌文书带到法国，也对法国汉学发展起到了至关重要的作用。一个是弥补了在法国图书馆中根本不存在中国古写本的空白；另一个是法国在汉学研究中，首次可以利用档案文献开展研究工作。

近代海外汉学不可忽视的便是新兴的英美汉学家，他们提出了一些中国历史和文化研究的重要议题，比如"李约瑟难题"和"冲击反应"模式。当大量中国科技文献被译介到英国之后，英国科学史家李约瑟（Joseph Needham，1900—1995 年）在撰写《中国的科学与文明》一书的过程中，提出了这样一个疑问：中国的这些发明和发现往往远远超过同时代的欧洲，特别是在 15 世纪之前更是如此。欧洲在 16 世纪以后就诞生了近代科学，这种科学已经被证明是形成近代世界秩序的基本因素之一，而中国文明却未能在亚洲产生与此相似的近代科学，其阻碍因素是什么？言外之意，中国近代科技为何落后于世界？同样，美国哈佛大学著名的费正清教授（John King Fairbank，1907—1991 年）在考察中国传统向近代转型的过程中，提出了一个叫"冲击反应"模式的中国近代化过程理论：中国在没有西方势力介入的情况下无法真正实现近代化。之后大量汉学家，甚至包括国内学者都开始从政治、经济、文化、科技等各领域，论证"冲击反应"模式的合理性。不过，以上理论多少透露着"西方中心主义"的色彩。

总之，"中学西传"过程中，西方人总体上发挥了主体作用。明末清初以来，西方传教士、汉学家、翻译家和外交家等将中国图书带到西方世界的过程中，也将中国学术和文化带到了西方世界。但是，他们在介绍"中学"的过程中，难免带着本民族文化的特色或者需求来理解，对"中学"之误读也就在所难免。

## 二、西方图书东流与"西学东渐"

### （一）明末清初

"西学"图书在华传播事业的开辟者可以上溯到利玛窦。明末清初耶稣会曾有意培养受过良好"西学"教育的人才来华传教，而利玛窦来华之前就曾经跟一位他书中称为"丁先生"的德国科学家学习过。这位"丁先生"则是修订了至今通行全球的历法"格雷戈里历"（阳历）的天文学家克拉维乌斯（Christoph Clavius，1537—1612 年）。利玛窦来华时，随行带来了几箱精装本西洋书籍。当然，其中就包括了克拉维乌斯的作品，如《欧几里得〈原本〉集释》《简明实用算学》《萨克罗博斯科〈天球论〉注释》《晷表图说》等。之后，克拉维乌斯还给利玛窦寄送了一些新作品，如《论星盘》。后来李之藻（1565—1630 年）等翻译的节译本《浑盖通宪图说》，即以利氏所藏《论星盘》为底本。他也将克拉维乌斯修订的新西方历法《格里高利日历》带到中国，并翻译成了中文。西方科学书籍在明末清初传入中国很显然是基于传教的需求。这里有利玛窦当时写回西方的书信一封为证：

> 其他科技，如钟表、地球仪、几何学等，我皆知一二，同时有许多这类书籍可供参考……我在中国利用世界地图、钟表、地球仪和其他著作，教导中国人，被他们视为世界上最伟大的数学家；虽然我没有很多有关天文的书籍，但利用部分历书和葡萄牙文书籍，有时对日月食的推算，较钦天监所推算的还准确。因此当我对他们说我缺少书籍，不能校正中国历法时，他们往往并不相信。所以，我建议如果能派一位天文学者来北京，可以把我们的历法由我译为中文，这件事对我并不难，这样我们会更获得中国人的尊敬。①

明末清初来华传教士也试图寻找时机展示"西学"作品。以利玛窦为代表的明末清初耶稣会士之所以能够赢得中国人皈依天主教，很重要的一个方法就是不遗余力地将基督教在欧洲取得的科学和文化成就介绍给中国学者和官员。1570 年比利时安特卫普印刷的世界地图《地球大观》曾经被明末传教士带到中国。该地图显示了五大洲——欧洲、利比亚（非洲）、亚洲、美洲和谣传的南方大陆麦哲伦之地，以及四大洋——大西洋、太平洋、印度洋和北冰洋。利玛窦

---

① 赵大莹. 明末入华耶稣会士与南堂书——北堂书渊源研究之一 [J]. 明史研究，2017（15）：262.

不仅向中国人展示了该地图，还与中国学者李之藻合作翻译，并且刊印了《坤舆万国全图》。在利玛窦终于得以进入北京之时，他立即将此地图献给皇帝。[①]

"西学"可以成为传教的重要助力，故利玛窦后继者龙华民（Niccolo Longobardi，1559—1654年）提出了"图书馆护教运动"，即建立一个庞大的图书馆网络系统来宣传基督教，称"吾人之目的乃希望能在北京建立一图书馆，俾中国一切受过教育之满汉官吏与学者得赖此图书馆而认识吾人，并了解吾教教义。且可使彼等乘机请求吾人翻译此项书籍，乃因吾人翻译之权威也。译书之功，亦为吾等在华传播福音之径……吾人于翻译颇具经验，因信（教团）图书馆非仅设于北京，而应设于所有住院"。建图书馆则需要更多的"西学"图书，因此需要派专人往欧洲募集更多的书籍。金尼阁（Nicolas Trigault，1577—1628年）成为接受这一任务的传教士。金尼阁于1613年返回欧洲，往意大利、法国、日耳曼国、比利时等各国征募书籍，成果颇丰。征集到的书籍涉及哲学类、神学类、教义类、医学类、法学类、音乐类、数学类等，应有尽有。金尼阁当时募集到的图书达到"七千部"。

早期"西书"来华对中国士人产生了较大影响，尤其是那些与传教士有过密切接触的中国士人。金尼阁在募集到大量"西书"之后，便开始着手翻译这些书籍。不过他也坚持利玛窦所遗留的"上层路线"，即与中国士大夫交往以方便传教。因此，金尼阁研制了用拉丁字母拼写汉字的方法，并且传授给中国人。在此基础上，他们与中国士大夫合作翻译了大量西学作品，其中最有代表性的是"南徐北王"。

徐光启（1562—1633年），字子先，号玄扈，谥文定，上海人，万历进士，崇祯朝曾担任礼部尚书兼文渊阁大学士、内阁次辅。他早年师从利玛窦学习西方的天文、历法、数学、测量和水利等科学技术，后来长期致力于科学技术的研究和著述，介绍和吸收了大量欧洲科学技术，为17世纪中西文化交流做出了重要贡献。他和利玛窦共同翻译了《几何原本》（前六卷），最早把"几何"一词用作数学专业名词。该书的翻译极大地影响了中国原有的数学学习和研究的

---

① 赵大莹. 明末入华耶稣会士与南堂书——北堂书渊源研究之一［J］. 明史研究，2017（15）：256.

习惯,是中国数学史上的一件大事。同时,他还结合中西算学,自己撰写了《勾股义》和《测量异同》两部数学著作。徐光启参与了《崇祯历书》的编译工作。这部历法引入了地圆说,介绍了西方传入的经度和纬度概念。他根据第谷星表和中国传统星表,提供了第一个全天性星图。此外,他还参加了《测天约说》《大测》《测量全义》等书的具体编译工作。在农学方面,徐光启以其《农政全书》而闻名。这部作品是对中国几千年农业生产技术和理论的一个汇总,但是其中也收录了部分当时传入中国的西方科技思想,如《泰西水法》,则是徐光启与传教士熊三拔(Sabbathino de Ursis,1575—1620年)合作编译的一部成果,后来被收入了《农政全书》之中。

王徵(1571—1644年),字良甫,号葵心,又号了一道人,了一子、支离叟,陕西西安人。天启、崇祯年间,任直隶广平府推官、南直隶扬州府推官及山东按察司佥事等职。王徵是第一个学习用拉丁字母来拼写汉字的人,他对明末西方科学技术传入中国曾起重要作用。他早年喜爱古器和机械,出仕以前,研制过水力、风力和载重机械。王徵不仅协助金尼阁进行过翻译,他也与其他众多传教士有过密切交往。王徵译作《远西奇器图说》为传教士邓玉函(Johann Schreck,1576—1630年)口授,乃是我国第一部介绍近代欧洲机械工程学、物理学方面的专著。在传教士的影响下,王徵自己又进行研究,并作《新制诸器图说》。王徵是西方力学和机械知识的最早主动传播者之一。王徵在传播西方科学、促进中西文化交流方面贡献卓著,因此他与徐光启一起被誉为"南徐北王"。

明末清初徐光启和王徵这样的中国基督教信徒不在少数。如李之藻所作《天学初函》,共收录十九种西学图书,分理、器二编。理编《西学凡》等九种,多为西方神学、伦理学、宗教学等理论性作品;器编《泰西水法》等十种,为西方科学与工程技术著作。凡当时传入中国的"西学"知识,几乎无所不包。比如,其中一部书是《职方外纪》,这部书向中国人展示了当时最新的世界地理知识,如经纬度和当时所知的五大洲:

(《职方外纪》)明西洋人艾儒略撰。其书成于天启癸亥,自序谓利氏赍进《万国图志》，庞氏奉命翻译，儒略更增补以成之。盖因利玛窦、庞我迪旧本润色之，不尽儒略自作也。所纪皆绝域风土，为自古舆图所不载，故曰《职方外纪》。其说分天下为五大州。一曰亚细亚州，其地西起那多理亚，离福岛六十二度；东至亚尼俺峡，离福岛一百八十度；南起爪哇，在赤道南十二度；北至冰海，在赤道北七十二度。二曰欧逻巴州，其地南起地中海，北极出地三十五度；北至冰海，北极出地八十余度，径一万一千二百五十里；西起西海福岛初度；东至阿北河，距福岛九十二度；径二万三千里，三曰利未亚州，西南皆至利未亚海，东至西红海，北至地中海，极南南极出地三十五度，极北北极出地三十五度，东西广七十八度。四曰亚墨利加，地分南北，中通一峡。峡南之地，南起墨瓦蜡泥海峡，南极出地五十二度；北至加纳达，北极出地十度半；西起福岛二百八十六度；东至三百五十五度。峡北之地，南起加纳达，南极出地十度半；北至冰海，其北极出地度数则未之测量；西起福岛一百八十度；东尽三百六十度。五曰墨瓦蜡尼加，则彼国与之初通，疆域道里，尚莫得详焉。前冠以《万国全图》，后附以《四海总说》。所述多奇异不可究诘，似不免多所夸饰。然天地之大，何所不有，录而存之，亦足以广异闻也。①

《职方外纪》是一部图文并茂、可读性极强的西学书籍。书中不仅附有世界地图（其实是当时流行的利玛窦等带来中国的《坤舆万国全图》），而且也附有洲图（这是《坤舆万国全图》所没有的）。该书中的地图将世界分为东、西两个半球，所载五大洲已与现代世界地图十分接近，山脉、河流、国家等名称都沿走向标出。书中地图都采用了经纬网，图中国家、岛屿、山脉、河流、海洋名称与现代相同和接近。该书最为可贵的是对于世界地理知识的详细文字介绍（利玛窦等《坤舆万国全图》中的文字说明夹杂在世界地图空白处，内容十分有限），不仅有世界上五大洲及海洋的总说，而且还各有专论；同时该书还特

---

① （清）永瑢等. 四库全书总目 ［M］. 北京：中华书局，1965：632-633.

别对明代《一统志》等方志中已列入的国家略而不述，但介绍了当时中国人所不熟悉的 42 个大陆国家、21 个岛国（屿）及 27 个海洋名称。①

不过，明末传教士募书归华之际正值明末"教案"，因此这些图书并没能按照龙华民等传教士所计划的那样被全部翻译为中文，也并未能按原计划在中国很好地流传下来。乾隆时期所修《四库全书》仅收录了明末清初传教士带来的"西书"56 种。② 其部分原因则是中国当时的宗教政策。《四库全书总目》对其中明末清初传入中国的部分书籍有过评价。比如，《四库全书总目》对前文提到的《天学初函》的评价如下：

> 书凡十九种，分理、器二编。理编九种，曰西学凡一卷，曰畸人十论二卷，曰交友论一卷，曰二十五言一卷，曰天主实义二卷，曰辨学遗牍一卷，曰七克七卷，曰灵言蠡勺二卷，曰职方外纪五卷。器编十种，曰泰西水法六卷，曰浑盖通宪图说二卷，曰几何原本六卷，曰表度说一卷，曰天问略一卷，曰简平仪说一卷，曰同文算指前编二卷、通编八卷，曰圜容较义一卷，曰测量法义一卷、测量异同一卷、勾股义一卷。其理编之职方外纪，实非言理，盖以无类可归而缀之于末。器编之测量异同，实自为卷帙，而目录不列，盖附于测量法义也。西学所长在于测算，其短则在于崇奉天主以炫惑人心。所谓自天地之大以至蠕动之细，无一非天主所手造，悠谬姑不深辨。即欲人舍其父母而以天主为至亲，后其君长而以传天主之教者执国命，悖乱纲常，莫斯为甚，岂可行于中国者哉！之藻等传其测算之术，原不失为节取，乃并其惑诬之说刊而布之，以显与六经相龃龉，则傎之甚矣。今择其器编十种可资测算者，别著于录。其理编则惟录《职方外纪》，以广异闻，其余概从屏斥，以示放绝。并存之藻总编之目，以著左袒异端之

---

① 史习隽．西儒远来：耶稣会士与明末清初的中西交流［M］．北京：商务印书馆，2019：161．

② 张永超．以中释西何以可能？——《四库全书总目》对西学文献的分类问题探微［J］．四库学，2017（1）：115．

罪焉。①

这些"西书"因"教案"之故，辗转被藏于教会藏书楼中。北京的几个天主教图书馆就曾收藏了不少"西书"。1958 年全国宗教界掀起"献堂献庙"运动，北京天主教除东堂、南堂、西堂和北堂等重要教堂外，其余教堂均被献出。这几个天主教堂的藏书则被经过了清理，献给国家。其中，北堂藏书献给国家，分藏于中共北京市委图书馆和北京图书馆（国家图书馆前身）。这些藏书中有较大部分是明末清初传教士带来的，比如北堂图书馆中发现了不少明末清初传教士金尼阁募集带来的明末清初"西书"。②

（二）两次"鸦片战争"之间

近代"西书"来华始于新教传教士来华。马礼逊助手英国基督教新教传教士米怜（William Milne，1785—1822 年）帮助他将《新约圣经》翻译为汉语，并第一次用西法铸铅字印刷《圣经》。为了方便印刷中文书，米怜发展的第一个中国新教徒蔡高（1788—1818 年）便是一名雕版工人。之后，米怜在蔡高的引荐下，为其朋友梁发（1789—1855 年）洗礼，而梁发也是一位雕版工人。梁发受洗后撰写了一本基督教宣传册《劝世良言》。该宣传册后来影响了洪秀全，间接引发了"太平天国运动"。

为了传播"西书"，近代传教士也将西式印刷术带到了中国。印刷术本起源于中国，传到西方后在西方得到了较好的发展，尤其是活字印刷术。但是当近代西方人用活字印刷被翻译为中文的"西书"时，发现了活字印刷术的弊端，因此他们又进行了各种改良尝试。1834 年美国教会将一套中文木刻送到波士顿用浇铅板法制作成中文铅字，再运送到中国。1838 年，法国巴黎皇家印刷局利用一套木刻浇铸铅板铸造成活字，并运送到中国。台约尔（Samuel Dyer，1804—1843 年）在制造铅活字方面颇有建树。他先制造钢模，冲制铜字模，再制造活字，做成红大小字模两套，"鸦片战争"后将其运送到中国香港印刷。他

---

① （清）永瑢等．四库全书总目［M］．北京：中华书局，1965：1136-1137.
② 方豪．方豪六十自定稿（上册）［M］．台北：台湾学生书局，1969：43.

共刊刻了 1845 枚活字，因在香港制造，所以这些活字又被称作"香港字"。美国传教士姜别利（William Gamble，1830—1886 年）在宁波创电镀汉字字模。他制造了大小铅字 7 种，被称作"宋字"。他还创造了"元宝式"排字架，方便印刷时检字。他主要刊刻的是《新约圣经》和一些相关宗教文献，而且他按照频率将所需 5150 枚活字分成了 15 类，统计出常用字和非常用字，以便于印刷时排版。

　　"鸦片战争"之前，"西书"译介及其出版规模尚小，且其多从南洋地区辗转传入。"鸦片战争"之后，出版机构也逐渐迁移到中国大陆，尤其是沿海通商口岸。美国长老会曾在澳门设置印刷厂，1845 年搬迁到宁波后改名为华花圣经书房。1860 年华花圣经书房迁到上海，改名为美华书馆。书馆主要出版宗教书刊及供教会学校用的教科书，后来也出版了大量人文社科和自然科学方面的书籍。英国传教士麦都思（Walter Henry Medhust，1796—1857 年）于 1843 年在上海创办了墨海书馆。最初其主要印刷宗教作品，到了 20 世纪 50 年代以后，其出版内容也逐渐扩大，如伟烈亚力编译的《数学启蒙》和慕维廉（William Muirhead，1822—1900）的《格物穷理问答》等。

　　由于当时"西书"译介及其出版的主体为传教士，因此其内容也以宗教为主。据统计，五口通商以后，传教士于 1843 至 1860 年间在中国香港共出版了60 种书刊，其中宗教书刊 37 种，介绍西方科学文化等书刊 23 种；在广州出版宗教类书刊 29 种，其他 13 种；在福州出版宗教类书刊 26 种，其他 16 种；在宁波出版宗教类 86 种，其他 13 种；在上海出版 138 种，其他 33 种；在厦门出版宗教类 138 种，其他仅 1 种。[①]

　　1860 年之前，出书多且以传播科学为主的传教士不多，重要的有合信（Benjamin Hobson，1816 —1873 年）和伟烈亚力。

　　近代新教来华之初也曾困难重重，因此传教士合信不得不将传教事业和传播西医知识，以及从事医学实践相结合。合信是英国伦敦会在广州行医传教第一人，而他向中国传播的主要是西方的医学作品。他于 1816 年生于英国，1839

---

① 　熊月之. 西学东渐与晚清社会［M］. 上海：上海人民出版社，1994：142-219.

年抵达中国澳门，后在港澳行医传教。1845 年，合信陪同其夫人回欧洲治病，途中其夫人去世，留下一子一女。之后，他与第一位来到中国的新教传教士马礼逊之女结婚。结婚后他继续来到中国传教。1847 年，他来到广州，次年开办了惠爱医院。1857 年他到上海接手仁济医院工作。1858 年，他因为身体原因离开上海返回英国。其子继续留在中国。之后，他因为身体原因一直留在英国直至去世。他是最早在中国翻译西医西药书籍的人。他编译了五种书，其中四种是医书，合称《西医五种》。这四种医书分别是：《全体新论》《西医略论》《妇婴新说》《内科新说》。《全体新论》（1851 年）是一部解剖学概要。他认为这是中医的最大缺陷之一，因此他首先译介解剖学知识。该书内容简明扼要、图文并茂，翻译之后很快出现多种翻刻本。《西医略论》（1857 年）是一部关于内、外科病症和西药的医学著作。该书共 3 卷，上卷总论病症，中卷分论各部病症，下卷专论方药。全书内容详于外症、略于内症，并配有图解。《妇婴新说》（1857 年）是一部妇产科和儿科的理论与方法的西医专著。《内科新说》（1858 年）是一部内科专著。该书分二卷，同样是上卷论病症，下卷载方剂药品。全书以脏腑为纲，兼论头痛、癫狂、心肺病、胃病、肝胆病症、肾病、小肠病腹痛、泻泄、大便秘结等病症。合信采用"他本人口译，中国人笔述"的方法来翻译这些西医作品。同时，合信还把他译书时使用的医学术语汇成《医学英华字释》（1858 年），这是最早的英汉医学术语词典。此外，合信在之前还曾经编译了一部名为《博物新编》的西方科学常识之作。此书共分三集，其中最重要的是第一集，此集分为地气论、热论、水质论、光论和电气论数篇。该书第二集《天文论略》（1849 年）介绍了哥白尼、牛顿学说，并提到 1846 年新发现的海王星。该书第三集为《鸟兽论略》，介绍了不少令中国人感到新奇的动物。晚清许多著名学者通过阅读此书而开始了解近代科学技术。如晚清著名的科学技艺专家徐寿（1818—1884 年）曾借鉴参考了《博物新编》中的"热机"部分，从而开创了中国人制造蒸汽轮船的新时代。

伟烈亚力则是一位较早将翻译重点从宗教文献转移到数学、物理学和天文学等科学图书的翻译上来的传教士。伟烈亚力，英国汉学家，伦敦传道会传教士。1815 年他出生于英国伦敦。1847 年，他来到上海，协助管理墨海书馆，为伦敦布道会印刷《圣经》。之后他创办了《六合丛刊》（每月出一号），介绍宗教、科学、文化与新闻学。1867 年底，他受江南制造局徐寿之聘，合译《汽机发轫》一书。1877 年，他因双目失明而返英。在墨海书馆内，他曾与中国学者徐寿、李善兰（1811—1882 年）、华蘅芳（1833—1902 年）、徐建寅（1845—1901 年）等人合作翻译了大量西方科学著作。比如说，伟烈亚力与中国近代启蒙思想家王韬（1828—1897 年）一起翻译了当时最新的天文学著作《天文浅说》，后由墨海书馆出版，名为《西国天学源流》。而且他还与王韬共同翻译了介绍英国东印度公司历史的《华英通商事略》，和介绍力学知识的《重学图说》。此外，伟烈亚力又和中国数学家李善兰合作，将明末清初利玛窦、徐光启合作翻译了一半的欧几里得《几何原本》翻译完。不仅如此，他还与李善兰合译了一系列西方数学著作，包括《数学启蒙》《代数学》和根据美国纽约州立大学数学教授之书翻译的《代微积拾级》。《代数学》和《代微积拾级》二书，第一次将解析数学引入中国。

在两次"鸦片战争"之间，部分中国士人也开始关注"西书"，只是规模还比较有限。林则徐（1785—1850 年）和魏源（1794—1857 年）算是两位较早关注"西书"的中国士人。林则徐早在"鸦片战争"前夕就曾经专门派人定期翻译"西书"，并将其所了解的西方知识撰成《四洲志》。"鸦片战争"爆发后，林则徐因为"虎门销烟"被发放伊犁。1841 年，魏源在镇江遇到被发放伊犁途中的林则徐。林则徐将其撰《四洲志》资料交予魏源。次年，魏源便编纂出《海国图志》50 卷初稿。十年之后的 1852 年，他进一步将其拓展为 100 卷。书中所引皆为"西洋人谈西洋"，征引"西书"达 18 种。

部分中国学者也曾协助传教士翻译"西书"，如李善兰曾协助伟烈亚力从事西书翻译。李善兰出身于读书世家，9 岁时便对《九章算术》十分感兴趣，14 岁时，又靠自学读懂了明末清初利玛窦和徐光启译介的欧几里得《几何原本》。之后参加科举，因八股文章写作不佳而名落孙山。1840 年，鸦片战争爆发，这激发了他科学救国的思想。1845 年前后，他在嘉兴陆费家设馆授徒，著书立说。1852 年，他到上海墨海书馆，将自己的数学著作展示给来华传教士，并受到了伟烈亚力等人的赞赏。从此，他开始了与外国人合作翻译西方科学著作的生涯。

他与伟烈亚力合作翻译了欧几里得《几何原本》（后9卷），以及《谈天》（18卷）、《代数学》（13卷）、《代微积拾级》（18卷）等数学作品。他又与艾约瑟（J. Edkins，1823—1905年）合译了《重学》（20卷），与韦廉臣（A. Williamson，1829—1890年）合译了《植物学》（8卷），与伟烈亚力、傅兰雅合译了《奈端数理》（即牛顿《自然哲学的数学原理》）。1860年之后，他进入曾国藩等人幕下作幕宾，后又担任京师同文馆天文算学总教习。从此他完全转向数学教育和研究工作，直至1882年去世。

但总体上来说，官方当时对于"西书"还不够重视。比如1844年耆英（1787—1858）代表中国与美国签订《望厦条约》时，曾得到了一些书籍作为礼品，但是耆英对此并不感兴趣。

（三）"洋务运动"之后

第二次"鸦片战争"之后，"西书"传入中国之主体发生了变化。1860年之前，"西书"在华传播主要依靠西方传教士。1860年之后，清政府开始主动引入"西书"，并掀起了延续至清朝结束的"洋务运动"。1870年代，清政府在上海创办了留美预备学堂；1875年，120名学生分批到美国学习。在派人出去留学的同时，清政府也积极组织力量译介"西书"。

清政府成立了官方的"西书"翻译和人才培养机构。1862年，总理衙门请求开设京师同文馆，培养翻译人才。1866年还专门设天文算学馆，教授西学。在京师同文馆中，对语言学习十分重视，要求学生必须学习英、法、俄、德四国文字。京师同文馆自第四年开始学习西学各科，第四年学习课程包括数理启蒙；第五年讲求格物；第六年讲求机器；第七年讲求化学；第八年讲求天文测算。从第五年开始，每年均需练习译书。[1] 官方翻译机构在全国各地也纷纷设立。如1864年广州同文馆正式开馆，后来又设立俄文馆、德文馆。19世纪60年代李鸿章（1823—1901年）在上海设立江南制造总局。1863年李鸿章接受幕僚冯桂芬（1809—1874年）建议，在上海设立广方言馆，1868年江南制造总局

---

[1]　朱有瓛. 中国近代学制史料（第1辑上册）［M］. 上海：华东师范大学出版社，1983：71-72.

内设置翻译馆,次年上海广方言馆并入江南制造局。这些官方机构中不乏西洋人的身影。比如丁韪良(William Martin,1827—1916年)就被聘请为同文馆教习。丁韪良,字冠西,号惠三,是美国基督教长老会传教士。1846年,丁韪良毕业于印第安纳州大学。1850至1860年在中国宁波传教。由于他熟谙汉语和方言,1858年中美谈判期间,他曾任美国公使的译员,参与起草《天津条约》。丁韪良在中国生活了66载(1850—1916年期间大约有4年时间不在中国),期间历经太平天国、第二次鸦片战争、洋务运动、戊戌变法、义和团运动、民国建政等重大历史变迁。他在同文馆讲授的课程之一则是国际法,他还翻译了《万国公法》,推动了"西法东渐"的历史进程。

官方翻译机构成为"洋务运动"之后中国引进"西书"的重要渠道。1867年曾国藩(1811—1872年)派徐寿、华蘅芳到江南制造局工作,其主要任务就是选择西方科技工程书刊。徐寿又委派英国传教士傅兰雅选购西方图书。傅兰雅与江南制造总局签订了翻译合约,并先后三次派人回英国订购"西学"图书,以供翻译。傅兰雅,英国人,圣公会教徒,翻译家,他单独翻译或与人合译西方书籍100多部(多为科学技术性质),是在华外国人中翻译西方书籍最多的人。清政府曾授予他三品官衔和勋章。他于1861年到中国香港就任圣保罗书院院长,两年后受聘任北京同文馆英语教习,1865年转任上海英华学堂校长。1868年,他受雇任上海江南制造局翻译馆译员,在之后长达二十八年间,一直从事科学技术书籍的翻译。1876年,他创办格致书院,自费创刊科学杂志《格致汇编》,所载多为科学常识。1877年,他被举为上海益智书会总编辑,从事科学普及工作。1896年,他在美国担任加利福尼亚大学东方文学语言教授,后加入美国籍。在"洋务运动"中,傅兰雅口译各种科学著作,以传教士传教布道一样的热忱和献身精神,向中国人介绍、宣传科技知识,故而被传教士们称为"传科学之教的教士"。受江南制造总局之托,他从欧洲带回来拟译的西学图书涵盖了西方科学技术各个领域,其中数学著作有《代数术》、物理著作《声学》、化学著作有《化学鉴原》、军工著作有《水师操练》、矿物学著作有《矿石图说》、冶金著作有《宝藏兴焉》、医学著作有《医药大成》等。

早期西学译书在中国的销路并不好,故一些传播"西学"的科普机构出现了。为了进一步宣传"西学"，1876 年格致书院成立。上文提到的传教士傅兰雅任格致书院监督，徐寿任主管。这一阶段，传教士虽然参与了大量传播"西学"的活动，但是他们却与明末清初的传教士有明显区别：这一时期的传教士积极献身西方世俗科学文化知识的传播。比如，傅兰雅禁止传教书入馆，这是为什么他被西方传教士们称为"传科学之教的教士"的原因。1885 年王韬主管格致书院之后，专门开设了格致书室，出售"西学"图书，销量大增。

王韬，原名王利宾，字兰瀛，后改名为王瀚，字懒今，苏州长洲人。为躲避朝廷追捕，他又改名王韬，字紫诠、兰卿，号仲弢、天南遁叟、甫里逸民、淞北逸民、欧西富公、弢园老民、蘅华馆主、玉鲍生、尊闻阁王，外号"长毛状元"。他于 1845 年中秀才，1849 年应英国传教士麦都士之邀，到上海墨海书馆工作。1862 年，他因化名黄畹为太平天国献策而被通缉，后逃亡至中国香港。之后他应邀协助理雅各翻译十三经。1867 年至 1868 年，他随理雅各漫游西欧。1874 年，他在香港创办《循环日报》，提倡变法。1879 年，他考察日本，写成《扶桑游记》。1884 年，他回到上海，次年任格致书院院长，直至 1897 年病逝。王韬是中国第一批主张变法维新、倡导改革的近代早期启蒙思想家，对近代资产阶级革命影响巨大。他通过译书、办报、主办考课等方式，推动了西学东传的进程。在他的主持下，格致书院成了中国普及西学的重要机构。

同时，"西学"书籍的专门出版机构也应运而生，这些机构最早是由外国人经营的。1887 年，"同文书会"在上海成立，这是一个英、美基督教新教传教士、外国领事和商人在华设立的出版机构。1894 年，其改称"广学会"，宗旨是"以西国之学广中国之学，以西国之新学广中国之旧学"，故名"广学会"。中国海关总税务司由英国人赫德（Robert Hart，1835—1911 年）担任会长，传教士韦廉臣、李提摩太（Timothy Richard，1845—1919 年）先后任总干事。他们用汉文著书、译书，内容主要是介绍西学，除宗教外，还涉及各国政治、历史、教育和各种自然科学等，并发行《万国公报》。广学会出版了不少有影响的书，如李提摩太的《泰西新史揽要》、卜舫济编著的《基督本纪》、林乐知的《五大洲女俗通考》、瑞思义的《万国通史》、花之安的《自西徂东》等，成为维新派议论变法的根据。1896 年至 1900 年间，其先后编印《中东战纪本末》正编8卷，续编、三编各4卷，为甲午中日战争时的资料和政论的集录。

李提摩太，字菩岳，英国传教士。他在1870年抵达中国上海，随后在山东烟台、青州等地传教，并同时学习佛教、儒家和伊斯兰教著作。1886年，他来到北京，发表了《七国新学备要》，介绍西方各国的教育情况。他的传教理论与明末来华耶稣会士利玛窦十分接近，即主张自上而下的传教理念，因此他与中国上层精英以及政府官员建立了较好的联系，结交了各界有影响的社会人物，如他与李鸿章、张之洞（1837—1909年）、曾国荃（1824—1890年）、左宗棠（1812—1885年）、康有为（1858—1927年）、孙中山（1866—1925年）等都曾有密切交往。这些人际关系确实发挥了一定效果，比如，张之洞曾拨款一千两资助他所主持的"广学会"。1902年，山西教案发生后，慈禧太后（1835—1908年）请他协助处理，事后，慈禧太后同意请他开办山西大学堂。之后，清政府还赐他头品顶戴，二等双龙宝星，并诰封三代。1916年他因身体原因辞去"广学会"总干事职务回国，并于1919年在伦敦逝世。李提摩太主持"同文书会"长达二十五年之久，出版《万国公报》等十几种报刊。他还主持翻译了一些著名书籍，对当时中国社会思潮变化影响很大。其主要译著包括《七国新学备要》《天下五大洲各大国》《百年一觉》《欧洲八大帝王传》《泰西新史揽要》《新政策》等20多种。其中《泰西新史揽要》为英国人所著，由李提摩太和蔡尔康（1851—1921年）合译，于1895年出版。该书介绍了19世纪欧美各国政治变法的历史。其出版后曾风行一时，印行3万部。该书还通过帝师翁同龢（1830—1904年）被推荐给了光绪皇帝（1871—1908年），成为戊戌变法时期光绪皇帝的重要案头书。

除此之外，这段时间中国也出现了大量本土人经营的新式出版机构。这些出版机构与传统机构的不同之处在于，其虽然继续翻印着中国古代典籍，但是却引入了大量西式印刷技术，并以介绍新学为内容的图书为主要出版对象。商务印书馆是近代历史上创办时间最长、规模最大的近代新式出版机构，1897—1949年，其出版译著达到3880种，占出版种类的25.63%，大量西方文学作品通过《世界文学名著丛书》《汉译世界名著丛书》等被介绍到中国。又如1912年1月1日在上海创立的中华书局是辛亥革命的产物。早在1911年辛亥革命前夕，在商务印书馆任出版部主任的陆费逵（1886—1941年）等人便曾约请编辑人员秘密编写新教科书，因此中华书局成立后，其最早便是以编印新式中小学教科书为主要业务。中华书局开业后，提出"教科书革命"和"完全华商自办"的口号。这些新式出版机构在出版西学作品上，起到了十分重要的推动作用。

梁启超（1873—1929年）曾经对"鸦片战争"以后引入的"西书"进行了统计。梁启超将"西学"分为学、政、教三类。据梁启超统计，除了宗教作品外，"鸦片战争"以前翻译的"西书"85种，"鸦片战争"以后所翻译的"西书"有352种，未出版新译88种，国人所著"西学"相关作品119种。他将著录的"学"类图书分为算学、重学、电学、化学、声学、光学、汽学、天学、地学、全体学、动植物学、医学、图学等；将"政"类图书分为史志、官制、学制、法律、农政、矿政、工政、商政、兵政、船政等。他又为一些游记、报章、议论等不好归类的图书统一设置一个"杂类"。梁启超所统计的"西书"范畴基本上涵盖了当时引入的所有"西学"内容。

值得注意的是，1895年甲午中日战争之后，中国人虽然继续引入"西学"，但引入方式则从向欧美国家引入，转到从日本间接引入。因此，1895年之后，从日本辗转译为中文的"西学"图书数量大增。这一趋势可以从梁启超《西学书目表》、康有为《日本书目志》等作品中窥见端倪。梁启超在1897年《读〈日本书目志〉书后》中称："泰西诸学之书，其精者，日人已略译之矣。"① 日本人相较于中国而言，在"西书"引入方面走在前列，这也是1895年之后，中国人开始大量从日本翻译"西学"图书的原因。

**推荐阅读书目**

［1］张西平. 欧洲早期汉学史：中西文化交流与西方汉学的兴起［M］. 北京：中华书局，2009.

［2］［英］文思淼. 李约瑟：揭开中国神秘面纱的人［M］. 上海：上海科

---

① 梁启超. 梁启超全集［M］. 北京：北京出版社，1999：129.

学技术文献出版社,2011.

[3] 陈自仁.敦煌之痛:斯坦因在丝绸之路上的探险与盗宝活动[M].兰州:甘肃人民美术出版社,2011.

[4] [美] 邓恩.从利玛窦到汤若望:晚明的耶稣会传教士[M].余三乐,石蓉,译.上海:上海古籍出版社,2017.

[5] 邹振环.影响中国近代社会的一百种译作[M].北京:中国对外翻译出版公司,1996.

[6] 顾长声.从马礼逊到司徒雷登:来华新教传教士评传[M].上海:上海书店出版社,2005.

# 第六章

# 明清传教士来华的宫廷影响

天主教、正教、新教并称为基督教的三大教派。而基督教传入中国共有 3 次。第一次是唐贞观九年（635），由基督教聂斯脱里派主教、叙利亚人阿罗本传入，唐人称为景教，至武宗会昌五年（845）便销声匿迹了。第二次是元朝至元三十一年（1294），由罗马教廷方济各会修士约翰·孟特·高维诺传入中国，并在北京、泉州等地设立了教堂，当时蒙古人称之为"也里可温教"。到至正二十八年（1368）元亡而再次消失。第三次是明朝万历年间，天主教耶稣会士来澳门并经澳门入内地传教，历时 200 年，其残余活动至清光绪二十年（1894）。

## 一、明代传教士来华与明人信仰的转变

利玛窦是第一批到达中国的耶稣会士之一，他为之后 200 年耶稣会在中国的传教工作设定了标准。他们考虑的第一个政策，是把注意力集中在受过教育的上层中国人身上，而不是其他宗教团体所针对的普通百姓。正是由于这种自上而下的战略，耶稣会传教士被安置在了中国皇帝的宫廷。

这位意大利马切拉塔城（Macerata）的名门之后，于 1582 年 8 月和罗明坚一起从中国澳门来到了肇庆，成为最早长期居住在中国内地的传教士。当 1588 年罗明坚从中国澳门登船返回罗马后，利玛窦就成了耶稣会在中国的旗手和领航人。罗明坚、利玛窦进入肇庆后，按既定方针"剪发髻、披袈裟"，扮作"西僧。"① 这个传教策略适应于广东的广大下层社会。利玛窦很快察觉这一策略使

---

① 萧若瑟著，徐宗泽编著. 天主教传行中国考：卷 3［M］. 上海：上海书店出版社，1989.

自己陷于不利。他现实地看到佛教是一种下层宗教，一些秘密结社甚至被朝廷作为"异端"，严加防范。当他与江南士绅交往后发现，"这里的文化不如别省先进，事实上，广东省是帝国的附庸，甚至今天还被其他省份当作蛮夷之邦。"① 显然，他意识到要向文化发达，即儒家思想浓重的地区开拓传教，一定要能适应士绅阶层的口味，于是转行"上层路线"。"遂决然改装，留发存须，如中国儒者，改寺为堂，去西僧之名。"②

张尔岐在《蒿庵闲话》中记载："玛窦初至广下舶，髡首袒肩，人以为西僧，引至佛寺，摇首不肯拜，译言我儒也。遂僦馆延师读儒书，未一二年，四书五经皆通大义。乃入朝京师。"③ 这段被张尔岐冠以"又闻"的传言，并不见于利玛窦和他的同伴的记述，却准确地描述了这一阶段耶稣会士所面临的身份认定的困惑。把自己的身份定位为"儒士"，不仅开辟了传教士在中国的另类生存空间，而且为西方科学知识在中国的传播提供了渠道。

1600 年 5 月 19 日利玛窦一行从南京出发北上，1601 年 1 月 24 日抵达北京，历时 8 个多月，中间颇多波折。万历皇帝派下的督税太监马堂接洽，马堂为私利扣下了利玛窦一行。当他看到利玛窦所带的贡品后，立即给万历写了一份奏疏，告知利玛窦所进贡品一事。经过很长一段时间，有一天万历突然又想起这份奏疏，问身边的太监："那个外国人献的自鸣钟在哪里？"当他得知还未进京时，立即批示："天津税监马堂奏远夷利玛窦所贡方物暨随身行李，译审已明，封记题知，上令方物解进，利玛窦伴送入京，仍下部译审。"1601 年 1 月 24 日，利玛窦以向万历进贡的远夷使者身份进入北京④。

从此，利玛窦成了万历的正式门客，拿着皇家的俸禄，开始在北京生活，其主要使命，就是每年进宫 4 次，修复自鸣钟。小小的自鸣钟敲响了中西文化交流的序曲，一场持续 200 年的欧洲和中国文明的相遇由此开始了。

---

① ［意］利玛窦，金尼阁. 利玛窦中国札记［M］. 何高济等，译. 北京：中华书局，1983：174.

② 萧若瑟著，徐宗泽编著. 天主教传行中国考：卷 3［M］. 上海：上海书店出版社，1989.

③ （清）张尔岐. 蒿庵闲话［M］. 北京：中华书局，1985：13-14.

④ 宋黎明. 《1600 年利玛窦神父进京报告》——利玛窦一篇轶文之考证与研究［J］. 国际汉学，2019（04）.

徐光启（1562—1633）、李之藻（1565—1630）和杨廷筠（1557—1627）三人，在教会史籍上有中国"圣教（天主教）三柱石"之称。虽然谢和耐《中国与基督教》一书中称，17 世纪的华人对天主教并没有充分的信仰，他们的入教只是形式上的，但事实并非如此。虽然他们并无个别受洗礼仪的文字留下，传教士的报告却提及他们确曾受洗。三人既自称事奉"圣教"与"天主之道"，批评他们的人也作同样之说。他们除了力行所受教义外，既曾致力于影响他人同受教义，亦且劝诱家人领洗。凡此都足以说明他们确已"成为教徒"。

他们每个人都对所认识的欧洲传教士的个人品质留下了深刻的印象，也都对西方的科学知识非常感兴趣。但许多中国人最终并没有接受基督教，这也是事实。对这些人，以及中国第一代天主教徒中其他受过高等教育的人来说，这似乎打破了平衡：基督教承诺在一个非常不安定的时期，提供道德上的确定性。

考察三人皈信天主教的心路历程，属不同类型，其原因也各异。据学者研究，其中徐光启和李之藻之所以皈信天主教，除了宗教的原因外，主要是受传教士所传西方科学技术思想的影响所致，尤其是徐光启。换句话说，在他们的皈信个案中，传教士所传西方科学技术的影响是一个举足轻重的因素。

其中第一个受洗的是徐光启。徐光启是上海人，嘉靖四十一年生，父亲是商人，中年一度生活贫困。徐光启在 20 岁时成了秀才，家人马上为他成婚。直至 1592 年徐母殁时为止，他曾连续 4 次乡试不第，1594 年除服后再度预试，可是依然失意。据利玛窦所称，徐氏在此极度沮丧之下，毅然南游百粤，并在粤北韶州授徒为活，在韶曾因参观新建的教堂而获见耶稣的画像。1596 年徐氏移馆广西浔州，次年又再预乡试，竟成解元。

此后不久，徐光启成为进士，供职翰林，但是仕途一直不很顺畅。后来，徐光启开始与利玛窦合作，首次将欧洲书籍翻译成中文。他们一起翻译了西方地理、天文学、水力学和数学方面的著作。徐光启的代表性成就是《崇祯历书》的编译，在历书中，他引进了圆形地球的概念，介绍了经度和纬度的概念。他根据第谷星表和中国传统星表，提供了第一个全天性星图，成为清代星表的基础。此外，徐光启还参加了《测天约说》《大测》《日缠历指》《测量全义》《日缠表》等书的具体编译工作。

徐光启还精晓农学，著作甚多，计有《农政全书》《甘薯疏》《农遗杂疏》《农书草稿》《泰西水法》等。徐光启后来成为大学士，是明朝最高的政治中枢之一。因此，他对于促进耶稣会事业做出了极大的贡献。

李之藻，字振之，明代万历年间中进士，被朝廷任命为工部员外郎。1601年，来自意大利的传教士利玛窦抵达北京，由于他同时精通西洋科学和中国儒学，受到士大夫们的普遍欢迎。当年李之藻便与他相识，且关系一直比较密切。也正是从结识利玛窦开始，李之藻拉开了翻译事业的序幕。明天启三年，李之藻被罢官，他回到老家杭州潜心开展翻译工作。

6 年后，朝廷新设立历局，特请李之藻与徐光启一起进入历局担任监督一职，主要负责与汤若望、龙华民等传教士合作翻译书籍、编修历法。1630 年，因多年操劳，久病成疾，李之藻病逝于历局。

李之藻翻译的算学书籍文献较多，其中对中国古代算学进步及对后世影响最大的是 1608 年翻译完成的《圆容较义》和 1613 年翻译完成的《同文算指》。作为一部重点介绍西方几何学的书籍，《圆容较义》是李之藻与利玛窦合译而成的，书中对圆的内接、外接进行了专门论述，也对徐光启与利玛窦合译的《几何原本》做了引申。翻译结束后，李之藻还特地根据译文为《圆容较义》设置了 18 道练习题，旨在将译版与中国社会实际面对又令众人疑惑的算学问题相结合。《同文算指》是由利玛窦口授、李之藻现场笔录后整理而成的。该书共有十卷，分前编、通编和别编，其内容主要源自中国数学家程大位于 1592 年创作的《算法统宗》和德国数学家克拉维斯于 1585 年创作的《实用算学概论》。由此可见，它极大融合了传统中国算学与近代西方算学的长处。该书补足了传统中国算学中缺少验算的内容，也将传统中国的方程术补充到了西学书籍的原译本中，充分体现了李之藻在翻译过程中融会中西、灵活变通的特点，这也是该书在算学领域影响深远的一大原因。

《同文算指》的序由徐光启所写，他说："振之斟酌去取，可谓达艺业之精美，拓译述之广途。"在自序中，李之藻也不掩对该书的喜爱之情，因为其经世致用、便于日用恰与李之藻的治学、翻译态度高度契合。此外，《测量全义》《比例规解》等也是李之藻与徐光启、利玛窦、罗雅谷等人共同翻译的算学理论要著。

李之藻与西方传教士相交多年，不仅从他们那里学到了不少西洋之术，还为他们在中国传教提供了很多帮助，然而他一直坚持着对中国传统思想的信念，迟迟不入天主教。有一次，李之藻得了重病，生命垂危，中医无法医治，是利玛窦等西方传教士用西医对他进行了诊治，并对他精心照顾。痊愈后，李之藻才最终接受了传教士们的劝说，接受洗礼，加入天主教。尽管如此，在李之藻的众多翻译作品中，没有一部是纯粹隶属天主教的典籍。[①]

在李之藻的影响下，杭州士大夫杨廷筠于1612年皈依基督教，成为三大柱石中的第三位。杨廷筠的知识追求范围在某些方面是明末知识分子生活的典型。在此之前，他一直积极宣传正统的理学和佛教。在接触到天主教后，他花了一些精力来明确区分基督教和佛教。对他来说，基督教的力量来自它的道德严谨性和人道主义，这与佛教的态度大相径庭。在一系列关于天主教和佛教对比的反思后，杨廷筠试图表现出基督教对佛教的优越性，同时又撤回对于佛教寺院的资助。

在杨廷筠皈依之后，他说服了包括他父母在内的许多家人成为基督徒，并与他们一起组成了一个团体，在这个团体里，他们可以一起提高对基督教教义的理解。和徐光启、李之藻一样，杨廷筠也大量出版书籍，传播他从欧洲传教士那里搜集到的西方科学、地理、哲学和宗教方面的信息。他的《代疑篇》涉及弥撒等教义等方面的内容，另外还有宗教著作《圣水纪言》等。他对推动天主教在中国的传播起了很大的作用。

除了这三大柱石外，在明清朝代更迭之前，耶稣会士还成功地使近200名朝臣皈依了基督教。这些人包括太监和宫女。但中国的耶稣会士无法避免地卷入王朝鼎革之际激烈的政治斗争。

南明永历朝廷建立后，天主教得到了统治者的承认，在永历朝廷广泛地传播。其最主要的原因便是朝中重臣和皇帝身边的内监都信仰天主教，直接影响了永历皇帝的宗教信仰。深得永历皇帝信任的内监庞天寿也是天主教的虔诚信

---

① 方豪. 李之藻研究：第8章［M］. 北京：海豚出版社，2016.

徒："天寿事天主教，拜西洋人瞿纱微为师。勇卫军旗帜皆用西番书为符识，类儿戏。又荐纱微掌钦天监事，改用西历。给事中尹三聘劾罢之。"崇祯五年（1632），庞天寿接受传教士龙华民的施洗，成为一名天主教徒，教名是亚基娄。其于永历元年（1647）任司礼监掌印太监，举荐瞿纱微任钦天监事。因为神父瞿纱微与皇室的密切关系，吸引了大批后妃接受天主教的洗礼，成为教徒。

虽然天主教在南明永历朝已经广泛传播，而且还吸引了众多朝廷官员，但吸引皇室加入天主教，还需要一个适当的时机，这个时机就出现在永历二年的正月。永历二年（1648）正月，"总兵官金声桓叛清反正，以江西全省，降附于明永历。永历大喜。封金声桓为昌国公，令镇守江西，进取南京。乃不久，清兵又来攻桂林，永历仓促奔南宁，留瞿式耜与焦琏独守桂林。清兵环攻多日，仍未能胜，卒为守城兵击退"①。在此乐观的局势下，到四月时，前破广州之提督李成栋，不乐受总督佟养甲之节制，亦叛清内附。以广东全省，投降于永历，封成栋惠国公。于是两广、两湖、江西、云贵七省之地尽入永历版图。俨然有中国之半，是永历朝极盛时。正是在此国盛之时，又逢永历太子出生，举朝贺喜。"皇太后皇后等，由是大长信德，深感天主大恩，向瞿神父切求领洗。瞿神父鉴其诚，在宫中小堂内，行授洗礼，奉教官员咸与礼焉。永历嫡母王太后，圣名赫肋纳。生母马太后，圣名玛利亚。王皇后圣名亚纳。"②

至此，永历皇室中的后妃大都信仰天主教，在这次授洗之中，宫中还有50多人。永历朝后妃对于天主教的信仰不只局限于此，她们还向耶稣会士进献礼物，并且向罗马教会和耶稣会总会进献国书。中国澳门天主教堂的壮丽，与敬天礼节的繁盛，永历皇家诸人尽屡有所闻。庞天寿前从方济出使中国澳门，也曾亲见。此时，永历皇帝承太后意，遣使至中国澳门求弥撒，一为谢恩，二为求天主眷佑皇家平安。庞天寿在皇太后的授意下来到中国澳门，同时还带了众多礼品："大蟠龙银香炉一对，为敬天主焚香之用。镂花银瓶两对，内贮珍贵香料。又镂花银蜡奴两对，敬献祭台上，以表谢恩之忱。此外又献三银瓶于耶稣会会长，以求弥撒之意。会长即定与十月十一日，举行大礼弥撒，使臣亦与礼

---

① 萧若瑟著，徐宗泽编著. 天主教传行中国考：卷5 [M]. 上海：上海书店出版社，1989.
② 萧若瑟著，徐宗泽编著. 天主教传行中国考：卷5 [M]. 上海：上海书店出版社，1989.

焉。"仅派使臣还无法满足皇太后的天主教信仰。永历皇太后赫肋纳于永历四年冬，派卜神父充作使臣，付给国书两通。一上教皇，一致耶稣会总统，其国书的主要内容就是希望可以得到教皇和耶稣会的帮助以光复整个明朝的河山。

历史上，中国对于外来文化的认知和吸收是一个缓慢渐进的过程。15 世纪末期，伴随着大航海时代的到来，中西交通再度复兴，展开了世界文明交流的新纪元。中国重新经由航海家，商人，传教士，外交使节的笔述、口传再次唤起了欧洲人的注意。16 世纪中叶开始，以利玛窦、汤若望、南怀仁等为代表的天主教传教士来到中国，拉开了近代以来欧洲与中国接触和对话的序幕。

### 二、清代耶稣会士与宫廷绘画转型

天主教传教士来华为中国带来了各方面的转变，我们将这一时期称为"西学东渐"，在具体的文化表现上，有以下几个方面。

（一）西洋画法的传入与"西画东渐"

中国古代绘画种类繁多，但多以写意见长，对人物的刻画上，写实程度远不如西方油画。因此，中国古代绘画虽然意境深远，品味清幽，但在人物创作上则显得捉襟见肘。

17 世纪到 18 世纪间，有大批欧洲传教士来到中国，他们以绘画为手段，冀图取得在华传教的特权。虽然没有用宗教打开中国大门，但是这些人对清代宫廷绘画产生了深远的影响，这一过程在美术史上，被称为"西画东渐"。明万历年间，意大利传教士利玛窦呈献给中国皇帝的礼物中，即有一幅天主像和两幅天主圣母像，这 3 幅画作被认为是最初传入中国的西洋美术品。明末，来自科隆的耶稣会士汤若望进京，进呈明朝皇帝的礼物中有西洋绘图 48 张。改朝易代之后，这些图像和释文曾在坊间刊刻，流行于世。后来钦天监监正杨光先在攻讦汤若望时，便从社会上这些流行的西洋宗教图画中选取了 3 幅——"众人拥戴耶稣""耶稣自钉刑架"和"立刑架像"，以《邪教三图说评》为题，作为汤若望传播异教的罪证，牵连其银铛入狱。汤若望平反后，他的继承者——同为耶稣会士的比利时人南怀仁掌管钦天监，南怀仁是位绘画高手，时人记载："南怀仁自谓尝作画三幅，呈圣祖御览，于透视之法，遵守惟谨；并作副本悬堂中，全国官吏之进京者，必以一睹为快。"①

康熙年间，经法皇派遣的洪若翰、白晋等传教士进入中国，他们带来的礼物中，就有法皇献给康熙的路易十四的画像。同时在北京的天主教北堂，还悬挂有罗马教皇、英吉利王、西班牙王等欧洲绘画风格的油画人像。康熙皇帝对于西洋绘画的浓厚兴趣，是促成传教士陆续来华的重要原因。在高士奇的《蓬山密记》中记载，康熙皇帝曾对高士奇说："西洋人写像，得顾虎头神妙。因云有二贵嫔像，写得逼真。尔年老久在供奉，看亦无妨。"之后还拿出两幅嫔妃像与高士奇观看，"先出一辐，云此汉人也。次出一辐，云此满人也"②。

康熙中后期，罗马教廷反复申明禁止来华传教士行中国礼仪的《禁止条约》，引起康熙皇帝的极大反感，遂下令禁教。他亲自批示道："览此条约，只可说得西洋人等小人，如何言得中国之大理……以后不必西洋人在中国行教，禁止可也，免得多事。"③

此时来华传教士的位置变得敏感起来，马国贤就是其中的代表人物。意大利人马国贤隶属于罗马传信部，直接由教皇派遣而进入清朝宫廷的非耶稣会士。康熙四十九年（1710）他到达广州，由两广总督赵弘灿传皇帝谕旨，一则指示关照马国贤等"西洋新来之人，且留广州学汉话"。另一则称："西洋技巧三人中之善画者，可令他画十数幅画来。亦不必等齐，有三、四幅随即差赍星飞进呈。再问他会画人像否。"可见此时对肖像画画师的需求，是皇帝令传教士进京的首要目的。马国贤在广州的两个月间，连续绘制了8张图画，由赵弘灿差人寄送进呈。随后他遵从康熙的指示为一满洲人画像，因形象逼真而受到夸奖。

马国贤在清廷中的活动可谓是一次破冰之旅，因此他本人在绘画上相当迎合皇帝意图。当他悉知康熙对西洋人物画并不太接受时，便尝试从未画过的风景画，取得了料想不到的良好效果。马国贤对于用硝酸刻制的铜版画，只有在罗马期间从艺术家那里学到的一点粗浅的知识。但是当他得知"皇帝长久以来

---

① 方豪. 中西交通史（下）[M]. 上海：上海人民出版社，2015：767.
② 方豪. 中西交通史（下）[M]. 上海：上海人民出版社，2015：767.
③ [意] 马国贤. 清廷十三年：马国贤在华回忆录 [M]. 李天纲，译. 上海：上海古籍出版社，2013：165.

希望他的臣民当中能有人会镌制中华帝国的地理版图"时，还是在诏对时冒险做了肯定的回答。于是他一边刻制铜版，一边不断试验硝酸原料，配置油墨，最终制作出十分合用的铜版画原料。在避暑山庄建成后不久，康熙皇帝命令马国贤绘制付印三十六景图，当马国贤将铜版雕刻和印制的《热河行宫三十六景》画册呈献给皇帝时，"他非常喜爱这些作品"，并称赞它们是"宝贝"。

马国贤于康熙后期设立"西洋画房"，培养绘画人才，并受皇帝嘱托亲自指导学生，但其在华传教的意愿一直无法实现。不仅如此，皇帝的禁教命令使他处境尴尬：他不能正面对抗清廷，又不愿违背自身信仰。雍正皇帝继位后，他因无法避免"卷入这种迷信活动（雍正母亲的葬礼），心中充满了无限的惊恐"，所以他决定返回意大利。有趣的是，为了切合中国皇帝的思维方式，马国贤上书称"因父及伯父、叔父相继病故，奏为恳恩给假"。因此，雍正皇帝丝毫没有为难他，且赏给"暗龙白瓷碗一百件，五彩龙凤瓷碗四十件，五彩龙凤磁盃六十件，上用缎四疋"①，令他携带归国。

（二）郎世宁和泰西画法的风行

清宫"西画东渐"中最有力的推动者，莫过于康熙末年进京的意大利传教士郎世宁。康熙六十一年（1722）十二月八日，郎世宁矢发"末愿"，宣读誓词，并在誓愿书上签字，由此真正成为耶稣会的一员。他进入清廷，以宫廷画师的身份结交上层，希望打开中国这块岩石。雍正皇帝登基时，郎世宁绘制《聚瑞图》进呈，称："皇上御极元年，符瑞叠呈，分歧合颖之谷实于原野，同心并蒂之莲开于禁池。臣郎世宁拜观之下，谨汇写瓶花，以记祥应。"迎合了新皇登基进献祥瑞的中国传统。雍正年间，他与封疆大吏年希尧交好，交流绘画技巧。在其指导下，雍正七年（1729），年希尧在意大利画家安德烈所作《画家和建筑师的透视学》的基础上，编制了中国第一本研究透视画法的著作——《视学》，并将其刊行。序言中，年希尧写道，他"与泰西郎学士数相晤对，即能以西法作中土绘画"。美国学者高居翰在他的著作中写道："来自欧洲的新的

---

① 朱家溍，朱传荣选编. 养心殿造办处史料辑览·第1辑·雍正朝 [M]. 北京：紫禁城出版社，2013：2.

风格观念、新的视觉拟想、新的表现人物和表现自然景物的方法等被引入中国，实在是 17 世纪中国绘画的一重要元素，否则我们将无法全面了解此一时期绘画的发展。"①

乾隆皇帝对郎世宁的器重广为人知，传教士巴多明的回忆录中称，弘历登基后，"让郎世宁教士在他寝宫旁边的一间屋子里作画"，而皇上则"经常到教士屋里看他作画"。另一位耶稣会士韩国英讲，乾隆甚至自称为郎世宁的弟子，在"服丧其间的大多数日子里，他几乎每天都要与郎世宁修士一起待上好几个小时"②。甚至郎世宁可以在作画的过程中亲自向皇帝求情，为耶稣会开脱，而皇帝并不动怒。乾隆皇帝在诗作中也从不吝惜对郎世宁的称赞，在皇帝得到外藩进贡的各种珍稀动物时，常令郎世宁作画纪念，称"我知其理不能写，爰命世宁神笔传"。而郎世宁在世时，因皇帝认为"写真无过其右者"，而成为乾隆皇帝各种画像中专门为其描绘脸部的画师。

郎世宁是西洋画理念融合中国笔法的集大成者，他尝试运用中国的笔墨、纸、绢、国画颜料等传统绘画材料，在西洋绘画技法的基础上，以中国传统画法加以辅之，创作了大批传世作品。为了适应帝王的喜好，人物的面部大都采用正面受光，同时运用线条与明暗相结合的方法，尽量减轻明暗度的差别，由于人物形象没有了阴影部分，就避免产生帝王不喜欢的"阴阳脸"效果。由于焦点透视法的运用，所以画面纵深的空间感非常强烈。中国传统人物画在构图上注重留白，而西洋绘画在划分空间、安排物象位置上则严格遵从"黄金分割律"上的参照系数。郎世宁的绘画将二者巧妙结合，在不断摸索中找到了皇帝的接受点。即便如此，中国画家还是认为郎世宁画作有失风韵，"未许其神全"。

这其实涉及中国画与西洋画作画目的的极大差异，乾隆皇帝非常欣赏的五代山水画家荆浩在其画论《笔法记》中曾经强调，中国画的真谛在于"图真"，所谓"似者，得其形遗其气，真者，气质俱盛"。西洋画在"得其形"上显然

---

① ［美］高居翰. 气势撼人［M］. 李佩桦等，译. 北京：生活·读书·新知三联书店，2009：23.

② ［法］杜赫德. 耶稣会士中国书简集·中国回忆录 5［M］. 吕一民，沈坚，郑德弟，译. 郑州：大象出版社，2005：262.

更胜一筹，但无法到达"气质俱盛"的境界，这也解释了为何西洋皇家在清宫绘画中多承担画作的写实部分，而不承担渲染。

乾隆皇帝的这一审美旨趣，在郎世宁画《爱乌罕四骏图》这一事件中，有很明显的体现。乾隆二十八年，郎世宁奉旨图绘藩族进贡清廷的骏马，绘成《爱乌罕四骏图》一卷。但由于郎世宁完成之画"似则似矣逊古格"，未能表达李公麟笔下白描骏马的"传神"及"画骨"，乾隆帝感到不甚满意，于是又命院画家金廷标再绘一幅《爱乌罕四骏图》。乾隆帝认为既要运用郎世宁的西洋设色、明暗光影的写实技法，又要与李公麟的白描鞍马画的神韵相符合，只有将二者统一于一处，才能称得上"爱成绝艺称全提"。

金廷标有80余幅作品被著录于《石渠宝笈》，可见十分得乾隆皇帝赏识。金廷标自然知道乾隆皇帝的喜好，谨慎作画，不敢有任何逾越。在这另一幅《乾隆阅骏图》屏中，我们可以明显看出，郎世宁描绘的人物、骏马和木亭造型准确，当中依然以中国传统审美方式为先。金廷标则原原本本地发挥他工写山水的特长。画面中的树木品种繁多且茂盛，山峦陡峭且苍茫。两种画法集中于一幅画作，体现了乾隆皇帝的审美旨趣。

（三）乾隆时期的宫廷西洋画师

郎世宁去世后，乾隆皇帝曾物色了多名西洋画师接替他的工作。耶稣会士王致诚来华后，曾受到郎世宁的多次指点。例如，郎世宁告诉他，中国人在作画时对花和叶子数量比例很重视，而非写实性。在写给修士致达索的信中，王致诚认为自己"必须忘记自己过去所学的技艺，还必须学会一种新技艺，以符合该民族的情趣"①。

值得注意的是，乾隆皇帝曾问蒋友仁，非传教士的画师，为什么不能进宫作画。蒋友仁的回答非常巧妙，他首先避开了潘廷璋作为传教士的宗教意图，称潘之所以从教，是因为不想结婚。然后蒋友仁说令传教士入宫作画，是以教会增加对其个人的约束力，避免画师中途归国。在乾隆皇帝的赏识下，潘廷璋

---

① ［法］杜赫德. 耶稣会士中国书简集·中国回忆录4［M］.吕一民，沈坚，郑德弟，译. 郑州：大象出版社，2005：751.

在清廷中供职了一段时间，并有《廓尔喀贡马图》等作品传世，但是描绘乾隆皇帝本人的作品，远不及郎世宁丰富。

和潘廷璋合作《廓尔喀贡马图》的法国传教士贺清泰，是乾隆末年较为著名的宫廷画师。他在宫廷内供职的时候，郎世宁和王致诚等已然去世，所以与艾启蒙画艺相仿佛的贺清泰便受到乾隆帝的重用，留在宫中作画。乾隆四十二年（1777），贺清泰曾帮助中国宫廷画家徐扬修改其所作的《乾隆平定金川战图》铜版画底稿，之后与潘廷璋一起摹画郎世宁的《百骏图》。贺清泰语言能力极强，曾作为清方翻译至古北口处理与俄国外交事宜。在马戛尔尼访华时，贺清泰为双方担任翻译，他想尽办法在拉丁文本中软化乾隆帝天朝上国的优越口吻，他除了加入一些对英王的敬语外，还删去了带有侮辱性的语词。英国读者所读到的中国皇帝致英王敕书，便是一个大英帝国可以接受的文本了。但是有学者在研究中认为，这"实质上完全是伪造的文本"。

然而传教士的本职工作在宫廷中的进展并不顺利，他们没有人身自由，更少有向皇帝及王公贵戚们布道的机会。与欧洲的王室不同，基督教在中国宫廷内基本没有认同和传播的土壤，繁重的工作甚至让画师们抽不出时间来履行传教士的本职工作。

从王致诚给友人的信中我们发现，这些西洋画师与中国画师最大的不同，其实是身份定位的不同。中国画师旨在以绘画技艺在宫廷中立足，更有技艺超群者，以此升官加爵，但西洋画师的初衷和工作侧重点并不在此。王致诚的信件中，除了叙述自己的清宫见闻，更多地把注意力集中在宗教工作的进展上：

> 至于宗教于此所取得的进展，我已经向您讲过，我们于此有3座教堂和22名耶稣会士，在我们的法国住院中共有10名法国人，在其他住院中共有12人……他们不仅仅配有北京城的基督徒，而且还配有该城远达方圆30~40法里广袤地区的基督徒，他们在该地区不断从事布道旅行。
>
> 我们的法国住院每年定期为500~600名成年人举行洗礼，既有该城的，也有京师所在省的，还有长城以外鞑靼地区的。那些其父母为

非信徒的幼童一般都会多达 1100~1300 人。我们的葡萄牙神父们的人数比法国人还多，他们每年为大批偶像崇拜的教徒们举行洗礼，仅在本省和鞑靼地区，便有 2.5 万~3 万名基督徒的人数。而在我们的法国传教区中，只能计算到 5000 人。……

在乾隆年间，北京地区有数以万计的基督徒，王致诚显然希望把工作重心放在壮大信徒队伍上，所以面对乾隆要封他四品官衔，王致诚只得痛哭流涕地恳求王大臣："我是一个教士，我放弃了人世间的一切名利，我接受了皇帝的好意将会疏忽了我作为教士的主要职责，我请求您奏请皇上不要强让我接受我余生不自在的职位。""这出闹剧还有没有完？这儿离上帝的天堂那么远，一切精神养料都被剥夺了，我简直难以说服我自己，难道这一切都是为了上帝的荣耀？"①

因以皇室为突破口传教的方式基本受挫，贺清泰晚年则把重心转移到翻译工作上。他将《圣经》全部翻译出来，在中文《圣经》翻译史上占有重要的学术地位。同时，贺清泰凭借很高的满文水平，将《圣经》翻译成满文本。他所译的满文《圣经》题为《满文付注新旧圣书》，但是因为各种原因，仅存手稿，并未刊刻。

在贺清泰之后，再没有法国传教士入宫廷供职的记载，其他耶稣会士和天主教传教士也逐渐淡出清宫舞台。乾隆朝宫廷画中，这种西洋画法的中国化改良以及中西合作的作画手段，本质上是对乾隆本人艺术旨趣的一种实现。作为一国之君的乾隆皇帝自己的画技并不足以完成他对绘画作品的期望和要求，因此希冀集各方之力，实现其心中所构思的"完美画面"。

这种中西绘画的对接在艺术上的优劣我们暂不评价，但是我们看到，耶稣会士借由画师身份入华传教，而皇帝则借用耶稣会士的绘画技术实现自己的艺术理想，各自不同的出发点又以一批绘画作品呈现出来。而这些西洋画师的作品，就是体现这种复杂交往过程的一手史料。

---

① ［法］杜赫德. 耶稣会士中国书简集·中国回忆录 4 ［M］. 吕一民，沈坚，郑德弟，译. 郑州：大象出版社，2005：752.

### 三、西洋钟表的流入与清宫风尚

作为计时工具的计时器，中国自古就有圭表、日晷、漏壶等装置及少量自制的机械式计时器。但是使用近代机械装置作为计时器，则是在明末意大利籍耶稣会传教士罗明坚、利玛窦等人将西洋钟表传入中国之后。钟表从西洋的舶来品到清宫和民间都可制作的中国货，当中的转变也表现了中国近代的文化东西。

（一）西洋钟表入华

为了能打开中国大门，进入中国内地传教，天主教会有意或无意地将为中国人所不知的西洋钟表作为礼品。其中，最早输入和最为成功的是耶稣会。当时，该会正准备来中国传教，需要想办法进入，而送一些钟表作为礼品，是一个好办法。这种方法被称为"自鸣钟外交"。早在耶稣会士进入中国之前，钟表就成为耶稣会打开日本传教局面的外交工具。在中国实施"自鸣钟外交"，始于罗明坚、利玛窦。据利玛窦、金尼阁所著的《利玛窦中国札记》载，1580年12月，罗明坚在随葡萄牙人商人赴广州参加一年两度的集市贸易时，曾将钟表作为礼品，送给了在广州的中国官员①，取得了很好的效果：

> 该省的军事首脑也是他的朋友，罗明坚送给他一块表：这是一种用许多小金属齿轮安装成套的计时工具。这位官员被称为总兵（Zump-in），也就是将军，在神父有机会访问他时，他也对神父特别礼遇。这些与官员们的早期友谊，对于发展对基督教的友好态度是很有价值的。②

在利玛窦所送万历皇帝的礼品中，最讨他喜欢的也是自鸣钟。小自鸣钟，

---

① ［法］裴化行. 天主教十六世纪在华传教志·下编 ［M］. 萧濬华，译. 上海：商务印书馆，1936：190.

② ［意］利玛窦，金尼阁. 利玛窦中国札记：第2卷 ［M］. 何高济等，译. 北京：中华书局，1983：145-146，174.

金光闪闪，小巧玲珑，万历每日将其拿在手中把玩，十分喜欢。传说中有一个有趣的故事，即后来皇后知道了此事，想把小自鸣钟拿去玩几天，皇帝害怕她不归还，就让太监将小自鸣钟的发条放松，皇后玩儿了几天，钟不走了，就又将其还给了皇帝。而那座大的自鸣钟宫中无人会操作，万历就叫4名太监到利玛窦那里学习自鸣钟的使用方法。当在宫中的御花园建好了钟楼，将大自鸣钟放进去以后，那嘀嗒嘀嗒的钟声使万历格外高兴。

　　从清初开始，西钟表从奢侈品变为实用品。顺治皇帝就已经以钟表计时了。雍正八年（1730）成书的《庭训格言》记录："明朝末年，西洋人始至中国，作验时之日晷。初制一二时，明朝皇帝目以为宝而珍重之。顺治十年间，世祖皇帝得一小自鸣钟以验时刻，不离左右。"① 康熙皇帝每日亦用自鸣钟安排自己的时间。康熙五十年，他作《咏自鸣钟》一首："法自西洋始，巧心授受知。轮行随刻转，表指按分移。绛帻休催晓，金钟预报时。清晨勤政务，数问奏章迟。"② 时人沈初称："诸臣趋值，各配表于带，以验咎刻。于文襄相国，于上晚膳前，应交奏片，必置表砚侧，视以起草，虑迟说也。"③ 到乾隆朝，自鸣钟已经由稀罕的舶来品变得并不稀罕了，使用者已经从达官贵人普及奴仆下人。赵翼称："傅文忠公家所在有钟表，甚至仆从无不各悬一表于身。"丁柔克则说："今则商贾、奴隶，无不有表，且有多者。"④

　　清朝初期，随着钟表通过贸易、进贡等途径进入中国，钟表已经成为中西物质文化交流的重要内容。这不仅影响了皇家的审美趣味，也流布于当时的权贵当中。身为贵族的纳兰性德（1655—1685），同时也是清代的著名词人，其《自鸣钟赋》不仅点出了自鸣钟的来源，也赞扬了自鸣钟的作用：

　　　　厥初爰有自鸣之钟，创于利马豆氏，虽形体之大小多所殊，而循

　　环于亥子初无异……深宫听之，不失九重之宵旰；在位闻之，毋怠百

---

① 圣祖仁皇帝庭训格言（不分卷），文渊阁四库全书本.
② 清圣祖御制文四集：卷32.
③ （清）沈初. 西清笔记：卷2，乾隆乙卯本//顺功堂丛书.
④ （清）赵翼. 檐曝杂记：卷2［M］. 北京：中华书局，1997：13.

职之居诸。纵令雨晦风潇，而惜阴之士自识晨错而运览，即使终霾且
喧，而刺绣之姬应知中昃而添丝。或处深山幽谷之中，若聆音而起，
当弗昧于茅索绹之候；或居修竹长林之内，若辨响而兴，亦勿迷弋凫
与雁之期矣。余为转辗思维，末由悟其蕴，低徊俯仰，惟有叹其神。
则知为是钟者，诚默夺造化之工巧，潜移二气之屈伸。洵足媲铜仪玉
箫，垂为典则而难改；且可配大挠章亥，祀之奕世而常新。迨将黜公
输而褫子野，夫何《周礼》凫氏之足云。①

　　虽然当时在中国能够接触得到、消费得起钟表的人群只限于皇室宗族、官
宦臣工，但是他们所拥有的权力和财富，使西方的钟表能够在中国蔓延开来。
当然，中国本土也开始仿制钟表，无论是在皇宫还是在民间，聪明的工匠们从
代表西方物质文明的钟表里获得启发，施展着各自的才能。

　　西洋钟表的输入也改变了中国传统的计时习惯。按照中国传统的时间观点，
一天分成 100 刻，而西洋人认为，一天分 96 刻，每刻 15 分钟，这个非常不符合
大清国情。好在康熙皇帝敢于进行体制改革，命令 20 名大臣去观象台测验，发
现用西洋办法计算的时间更符合天象。于是从康熙九年，也就是 1670 年开始，
清朝官方承认并推行了一天 96 刻的制度，进一步推广了西洋钟表。

　　随着宫廷和上层对钟表需求量的增大，清宫"自鸣钟处"和"做钟处"机
构也应运而生。康熙十年（1671），康熙皇帝为位于皇宫内端凝殿南的"自鸣钟
处"题匾为"敬天"，后来他的孙子乾隆皇帝又题写了两边的楹联"帘萦香篆
斋心久，座殿钟声问夜遥"，这里专门负责宫内贮藏、修理和制作钟表。到了雍
正十年（1732），清宫内务府造办处下设"做钟处"，地方进贡、广州粤海关进
口的钟表都要经过"做钟处"鉴定。清乾隆时期《造办处活什库》曾记载：

　　　　乾隆四十八年十二月行文，太监鄂鲁里传旨，李质颖办进年贡内
洋水法自行人物四面乐钟一对，样款形式俱不好，兼之轮齿又兼四等，

①　（清）纳兰性德. 王书利主编. 纳兰性德全集·第 5 册［M］. 北京：线装书局，2016：
1947.

着大人寄信中伤传与粤海关监督，嗣后办进洋钟或大或小，俱要好样

款，似此等粗糙洋钟不必呈进。

可见"做钟处"不但要对进贡和进口钟表进行鉴定，区别优劣，定等级，择优者留，劣者退，还要酌情对承办者加以指导或警示。

18世纪后期，随着英国工业革命的兴起，钟表被大量生产，并作为商品源源不断地输入中国，其中有许多是英国的产品。但是瑞士继英国之后成为新的制表中心，它在19世纪几乎垄断中国的钟表市场。在中国，拥有钟表人群的范围扩大，也改变了人们对于这些物品的看法。

自从包括钟表在内的西洋器物传入中国以后，这些东西常被冠以"奇技淫巧"之名。在中国传统的价值观里，这种代表奇异技能的"奇技"、过度工巧的"淫巧"并不为国人所推崇。因此，我们可以判定中国人早期对于钟表的热衷，几乎都是出于其新奇的属性，而非运用其实际的计时作用。1840年鸦片战争打开了中国长期以来封闭的国门，西方的产品不仅随着中国口岸的被迫开放而流入不同的城市，也使国人对这些舶来品有了不同的认识。久居上海的王韬（1828—1897）虽然认为钟表具有一定的实用价值，但"钟表测时，固精于铜壶沙漏诸法，然一器之精者，几费至百余金，贫者力不能购，玩物丧志，安事此为"①。

中国旺盛的需求，也拉动了全球市场的钟表贸易。当马戛尔尼一行来到中国参观的时候，他们发现在避暑山庄等地有许多钟表都是出自一位英国人詹姆斯·考克斯（James Cox，约1723—1791）之手。那此人的作品是如何与中国发生联系的呢？实际上，詹姆斯·考克斯最早通过东印度公司向中国皇帝进献新奇的"Automaton"钟（能够产生不同动作的自动物件，在早期钟表制作中也经常出现这个功能，它主要是通过精密机械机构的运转从而完成各种动作），这种自动钟的神奇和有趣，迅速为他赢得了自上至下的肯定，加之他经销的钟上都会有他的名称或品牌印记，比如，"JA'Cox/London"字样，使得詹姆斯·考克斯

---

① （清）王韬，与周弢甫征君//弢园尺牍：卷4，光绪癸巳沪北淞隐庐本.

一时声名大振。

乾隆皇帝每年订购价值高达 3 万至 6 万两白银的钟表。东印度公司在 18 世纪中期，每年从伦敦购买价值 2 万英镑或更多的钟表带到广州。历史上对当时繁荣的钟表贸易和钟表产品的多样有很多记载。1751 年的《澳门纪略》曾经写道："三巴寺有十二辰钟，揭之定时台前，俟某时钟动，则蟾蜍移指某位。自鸣钟有数种：日桌钟；日挂钟。小者圆如银铤，皆按时发响。起子末一声，至午初十二声；复起午末一声，至子初十二声。鸣时八音并奏者，谓之乐钟。欲知其辰而非其应鸣之时，则掣绳转机而报响，谓之问钟。小者亦可问。自行表，大小同日规月影。"①

到了 18 世纪后期，由于中国市场对于钟表的巨大需求，引来了一批私商前来竞争，这个群体包括外国船只的官员、大班甚至是士兵。他们已经意识到中国人最感兴趣的货物只是报时表、钟以及音乐盒。比如，船长约翰·沃兹沃斯（John Wordsworth）在 1783 年曾经带来一对能够报时和演奏乐曲的表。而 1791 年的一年中，由粤海关进口的大小自鸣钟、时辰表及嵌表鼻烟盒等项就有 1025 件。到了 1793 年，粤海关监督命令给皇帝购买钟、表和其他机械品，花费数目达到 10 万两白银。

19 世纪 70 年代，随着钟表在上海等开埠城市的普及，人们对于钟表也不再感到新奇。当时《申报》上有一篇文章写道："中国自古及今，不尚奇技淫巧，故奇巧之物不多，奇巧之人亦少也。至若西国，皆于机器极力讲求，故能使奇巧之物层见叠出，初则制造自鸣钟表，继则制造自行人物，终则制造八音琴等。"这篇文章突出了"洋人多巧"的事实，其中的"巧"指西洋器物中所包含的科学技术。此时，国人对于钟表的看法，已不仅仅停留在外在的认识，而希望掌握到其中所包含的技术原理。

进口钟表、御制钟、广钟和南京钟，除了皇宫使用，其他的都到了达官贵人的家中。皇室有时会以钟表作为对大臣的特别奖励，而富商豪门则会花钱购买。这样，有一些早期的钟表精品便慢慢散落到了民间。

---

① 常伟，白映泽. 中国与钟表 ［M］. 上海：上海锦绣文章出版社，2009：73.

（二）《红楼梦》中的西洋钟表

反映明末清初豪门生活百态的文学巨著《红楼梦》里便有多处出现钟表的身影。《红楼梦》中有关钟表的片段，恰恰是作者曹雪芹家族在清朝康熙和雍正时期的真实状况，也表现出当时官宦贵族拥有和喜爱钟表的事实。

《红楼梦》中的贾府里究竟有多少钟表呢？在《红楼梦》第一〇五回"锦衣军查抄宁国府"中，抄家登记报出有"钟表十八件"。这个数字真实吗？其实当时的贾府已经家道中落，估计在查抄之前也变卖了一些钟表，所以存留无几。

"自鸣钟"是《红楼梦》中经常出现的名词，如：

> 刘姥姥只听见咯当咯当地响，大有似乎打箩柜筛面的一般，不免东瞧西望的。忽见堂屋中柱子上挂着一个匣子，底下又坠着一个秤砣般一物，却不住地乱晃。刘姥姥心中想着：这是什么爱物儿？有甚用呢？正呆时，只听得当的一声，又若金钟铜磬一般，不防倒唬的一展眼。接着又是一连八九下。（第六回）

这段描写充分体现了当时自鸣钟的外观和功能。《红楼梦》中，在描写贾宝玉的住所怡红院时，也多次以钟声的叙述，记录了各种场景的时间。比如，"说着，只听外间房中十锦格上的自鸣钟当当两声"（第五十一回），通过自鸣钟的声响记录了宝玉和晴雯对话的时间。而"宝玉见他着急，只得胡乱睡下，仍睡不着。一时只听自鸣钟已敲了四下"（第五十二回），又一次记录了晴雯为宝玉补完衣服的时间。但此钟有时也不听使唤，晴雯曾经抱怨说"那劳什子又不知怎么了，又得去收拾……昨儿是他（指芳官）摆弄了那坠子，半日就坏了"（第五十八回）。

至于"自鸣钟"的价格自然不菲，这从王熙凤的话语中可以得知："前儿老太太生日，太太急了两个月，想不出法儿来。还是我提了一句，后楼上现有些没要紧的大铜锡家伙四五箱子，拿去弄了三百银子，才把太太遮羞礼儿搪过去了。我是你们知道的：那一个金自鸣钟卖了五百六十两银子。"（第七十二回）"自鸣钟"的价格如此之高，加上刘姥姥之前对于"自鸣钟"的一头雾水，可见这种物品在当时并不被一般老百姓常看到，更别提拥有"自鸣钟"了，而只有颇具家产的权贵之家才能够享有。除此之外，"还有一个钟表，有三尺多高，也是一个小童儿拿着时辰牌，到什么时候他就报什么时辰。里头也有些人在那里打十番的"（第九十二回），这是冯紫英向贾府兜售的物品之一，它与一件叫作《汉宫春晓》的围屏共开价 5000 两银子。"打十番"是多种乐器合奏的意思，所以这件应该是"时乐钟"，其价格当然也是水涨船高了。

（三）清宫内的西洋钟表机械师

清宫"做钟处"在 18 世纪中后期达到了鼎盛时期，这些钟表由于是在皇帝的授意下制造的，因此被冠以"御制"的头衔，统称为"御制钟表"。

虽然清宫钟表制造机构的人员由外国传教士、做钟太监及中国工匠三部分群体组成，但机械钟表制作的技艺毕竟来自欧洲，所以西洋传教士所起作用非常巨大。清初顺治、康熙时，葡萄牙传教士安文思（Gabrielde Magalhaens，1609—1677）能够制作时钟和自动机械，因此在宫廷内管理钟表。之后，为皇宫制造钟表的还有：法国人陆伯嘉（Jacques Brocard，1661—1718）、法国传教士杜德美（PierreJartoux，1668—1720）、法国人加斯帕尔（Gaspar-FrancoisGuety，？—1725）。1707 年 11 月，擅长制造钟表的瑞士人林济各（Francois-LouisStadlin，1658—1740）来京，他"出生于瑞士之祖格城。性嗜机械，对于时计，精研有素……制造奇巧机械器物甚多，因受朝廷宠眷"。此人在宫廷内服务的时间横跨了康熙、雍正和乾隆三朝，据说康熙皇帝经常前往这位"三朝元老"的工作室，可见其在清宫钟表制作方面的地位。另外，精通钟表机械的波希米亚传教士严嘉乐（Charles Slaviczek，1678—1735）、安吉洛（Angelo）也陆续为中国皇室效力。

与林济各一样，1728 年来华的法国传教士沙如玉也是一位历史上有名的、非常出色的钟表师，也曾负责清宫内的钟表制作。此外，"于制造时计之外，兼制造机械"的法国人杨自新（Gilles Thébaut，1703—1766）、法国人席澄源（1748 年到"做钟处"工作）、传教士西吉斯蒙（Sigismondo DiSanNicolà，1713—1767）、法国传教士韩国英（Pierre-MartialCibot，1727—1780）、意大利传教士阿尔尚日（Arcangelo-MariadiSant'Anna，1729—1784）、法国传教士汪达洪（Jean-MathieudeVentavon，1733—1787）、法国人李衡良（1770—1775 年在

"做钟处"工作）、法国传教士李俊贤（Hubertde Méricourt，1729—1774）、法国人巴茂正（Charles Paris，1738—1804）、意大利人德天赐（PietroAdeodatodaSantoAgOstino，1757—1822）也陆续来到中国并服务皇室。①

对于西洋钟表师的事迹有各种各样的记载，比如，钱德明（Jean-Joseph-MarieAmiot，1718—1793 年）神父记录了其中几位钟表师对于乾隆皇帝的影响：

> 能够让皇帝高兴的是已故的沙如玉神父发明的著名的报更自鸣钟，此钟即便在欧洲也被人视为是一个奇迹，或至少是一件艺术杰作……能使他感到高兴的还有杨自新神父根据皇帝的旨意刚刚幸运地制作完成的一只有自动装置的狮子，这种狮子能像普通的走兽那样行走百步，而所有能使狮子运动的发条皆藏在狮子的内部。令人惊讶的是，仅仅凭借最普通的钟表原理，这位可爱的神父就能够亲手发明和组装出各种令人叫绝的机械装置。……同样能够获得皇上恩典的还有至为尊敬的西吉斯蒙神父，这位传信部的传教士制作了另一个自动装置，这一装置原打算采用人的形状，并将以人的平常方式来行走。②

汪达洪也写道：

> 我作为钟表匠被召至皇帝身边，不过说我是机械师更为恰当，因为皇帝要我做的其实不是时钟，而是稀奇古怪的机器。在我到达前一些时候去世的杨自新修士为皇帝制造了一头（机械）狮子和一只老虎，它们能独自行走三四十步。现在我负责制造两个能拿着一盆花走路的机器人。我已干了八个月，还需整整一年方可完工。……如果我只做皇帝吩咐的活计，我就尚有喘息机会，但亲王、大臣们也要找欧洲人修理他们的钟表，而且此类物件在这里还真不少，会修理的却只有罗

---

① 常伟，白映泽．中国与钟表［M］．上海：上海锦绣文章出版社，2009：59.
② ［法］钱德明．钱德明神父致本会德·拉·图尔神父的信［M］．北京：中国广播影视出版社，2015：133.

马传信部一位神父和我两个人。因此，我们岂止是忙，简直是不堪重负。①

传教士罗广祥（Nicolas JosephRaux，1754—1801）对于汪达洪则有这样的记载："先是有英国人制造一种机器，书写汉文，颂扬帝德，一七八五年达洪为之改作，使之适用于满、蒙文字。"（1786 年 11 月 17 日的书信）在他的另一封信中也记录了 1787 年汪达洪去世后，巴茂正接替了汪在宫中的钟匠和机械师的职务。这些详细的记载，生动地描述了西洋传教士在中国皇室钟表制造这段特殊历史时期的特别贡献，也体现出传教士对于清代社会及皇帝的观察。

受 18 世纪末至 19 世纪初欧洲来华使团记述的影响，传统印象中清前期中国是妄自尊大、与世隔绝的。但经过仔细分析我们发现，此时无论从贸易上还是文化上，上自皇帝、下至平民，对外来事物和思想都没有主观上的排斥和否定。但是本质上的差异势必导致中西文化不可能殊途同归，观念上的保守影响了我们对世界形势的判断。

在传统印象中，17 世纪、18 世纪是中外交流的低谷期。此时清政府"闭关锁国"，严格控制文化传播，限制对外贸易，在观念、礼仪上与西方世界有极大冲突。这种外交理念造成中外长期隔绝，使我们故步自封，没有察觉到世界进步潮流。

但是，如果对这一时期的历史做一概览，这一印象会受到直接冲击。我们发现，当时中国与世界不仅交流频繁，态度灵活，而且品类繁盛，无所不包。外来文化不仅影响了民间手工业，也影响了皇帝的审美和宫廷生活。然而确实就在这前后不足 200 年，中国错过了主动与世界同步近代化的机会。

**推荐阅读书目**

[1] 杨伯达. 清代院画 [M]. 北京：紫禁城出版社，1993.

---

① ［法］杜赫德. 耶稣会士中国书简集·中国回忆录 5 [M]. 吕一民，沈坚，郑德弟，译. 郑州：大象出版社，2005：211.

[2] 曹天成. 瘦马行：郎世宁的中国经验 [M]. 北京：中华书局，2017.

[3] 常伟，白映泽. 中国与钟表 [M]. 上海：上海锦绣文章出版社，2009.

[4] 韩琦. 通天之学：耶稣会士和天文学在中国的传播 [M]. 北京：生活·读书·新知三联书店，2018.

[5] [法] 谢和耐，戴密微. 明清间耶稣会士入华与中西汇通 [M]. 北京：东方出版社，2011.

第七章

# 西风东渐的埠头

## 一、狮子号的"贡使"旗

1792 年（乾隆五十七年），英政府派出以马戛尔尼勋爵为首，由数百余人组成的庞大使团前往中国，这是中英两国近代首次重大的通使外交活动。后世大多认为是乾隆实行闭关锁国政策，夜郎自大，让中国失去了一次与西方各国齐头并进的机会；亦有学者更多地关注马戛尔尼觐见时的礼仪之争。但是，回到历史现场，梳理事件的过程，会让我们更加清晰地认知近代之初中外交往行为的丰富历史。

1793 年 6 月 19 日，英国舰队船队停泊在中国澳门海面上，派副使斯当东前去联络当地官员。清政府决定由沿海各省指派领航员，把英国使团领航到天津。1793 年 8 月 6 日，舰队驶入大沽口停靠在大沽海神庙码头。清政府官员事先命人将大沽古刹海神庙用灰浆粉饰焕然一新，四周还树起了彩旗，庙门前临时搭起了几座大帐篷，钦差大臣直隶总督梁肯堂特地从保定赶到，把海神庙作为行辕，迎接英国使团的仪式就在这里举行。

马戛尔尼的船队一靠岸，清朝官吏立刻在英舰上插了一面旗子，上面书写"英吉利贡使"。随后，直隶总督梁肯堂命令属下官员给"狮子"号战舰送去了 4 桌丰盛宴席，每桌有 48 道各样中国名菜。面对此情此景，英国人惊叹不已。

8 月 9 日，英国使团在天津道乔人杰、通州协副将王文雄陪同下分乘 11 条快艇沿海河上行到天津。当时，大直沽码头高大的牌坊下旗帜招展，卫队站满了河岸，锣鼓喧天，为使团唱起了大戏。钦差大臣直隶总督梁肯堂和长芦盐政徵瑞早已在河边等候，英国使团稍做休息后，开始向北京出发。由于乾隆皇帝正在热河避暑，他们又在钦差大臣陪同下前往热河。在离热河 3 公里的地方又为他们举行了一次隆重的迎接仪式。英国使团从大沽口到热河共接受了 3 次热情欢迎，马戛尔尼不由得受宠若惊。

此次英国使团人员可谓庞杂浩大，英国政府委任的特使是马戛尔尼，副使是伦纳德·斯当东爵士，他的 12 岁的儿子托马斯·斯当东，作为侍童一同前来。担任翻译的是那不勒斯一所神学院的鞑靼教士李神父。使团由各种专业人士组成，包括哲学家、医生、机械专家、画家、制图家、植物学家、航海家以及东印度公司的职员。

英国使团旗舰是装有 64 门大炮的"狮子"号炮舰，是当时英国第一流的军舰，舰长库克拥有非常丰富的实战和航海经验。旗舰之外配有四艘护卫舰，其中"印度斯坦"号船舰，是东印度公司载重量最大的船只之一。使团携带了600 箱礼物，有当时堪称先进技艺的天文地理仪器、乐器、钟表、车辆、各种枪械，还有英国最大的装备有 110 门大口径火炮的"君主号"战舰的模型。这些礼物除投中国皇帝之所好外，还炫耀了英国的科技优势。

关注使团提出的要求，可能会对这一事件增加更加真实而准确的认识。马戛尔尼使团提出的要求大致是：

（1）英国在北京开设使馆；

（2）允许英商在舟山、宁波、天津等处贸易；

（3）允许英商在北京设一货栈；

（4）请于舟山附近指定一个未经设防的小岛供英商居住使用；

（5）请于广州附近，准许英商获得上述同样权利；

（6）由中国澳门运往广州的英国货物请予免税或减税。

9 月 14 日，清朝乾隆皇帝在热河接见了马戛尔尼特使，接见前发生了一场让史家议论纷纷、感慨万千的礼仪之争：清政府官员要求马戛尔尼使团行三跪九叩大礼，而马戛尔尼则主张用觐见英王的礼仪，行单腿下跪、吻手礼。至于最后的礼节到底如何，一直存疑，长期以来一直都是学术界争论的一个焦点。但凡清朝的档案文献，记载的皆是英国使节马戛尔尼等人行了叩拜之礼。而在马戛尔尼自己的记录中，则坚决否认。他非但说自己不仅没有磕头，而且还亲自将礼物呈送到皇帝的手中。在御前行走的路线，也与一般的使节不同。在清朝廷自己的记录中，此事只是轻描淡写地一笔带过。除了说马戛尔尼曾经匍匐跪倒在皇帝面前之外，其他的概无记述。

法国学者佩雷菲特在其《停滞的帝国——两个世界的撞击》中，专门用一章的篇幅，提及这位英国使者在皇帝脚下的情景。实际上，无论是史料、马戛尔尼抑或是清廷的记录，大家可能皆是以各自的眼光来看罢了。最大的可能是，当全体人员跪下时，英国人也照样做了，但只是单腿跪地。当大家在磕头时，英国人只是低下头。自然，当官员们都站起来的时候，英国人也站了起来。当众臣磕完头，抬起头来的时候，英国人也不再低头。

对如此争议引起之抵牾，乾隆皇帝大为不悦，当马戛尔尼向乾隆抛出他们此行真实的目的的时候，乾隆皇帝断然一口回绝，他说："天朝物产丰盈，无所不有，原不借外夷货物以通有无。"并且，乾隆皇帝警告他们不要再到浙江、天津贸易，否则必遭"驱逐出洋"。在天朝上国的闭关政策面前，马戛尔尼碰了一鼻子灰，不得不悻悻地离开北京，失望地返回伦敦。

1816年，英国的使团再次驶往中国，此次使团由阿美士德勋爵作为特使。首次使华副使的侍童托马斯·斯当东已然35岁，接替他父亲成为此次使团的副使，随之而来的还有东印度公司派出的商人等，翻译则由最早将基督教传入中国的传教士马里逊担任。他们乘坐英国"阿尔赛斯特"号等5艘舰船，以580多人之多的规模再次来华。1816年2月8日，使团从英国出发，沿当年马戛尔尼的路线来到大沽口，准备去北京面见大清皇帝，以馈赠贡品为名，进行扩大贸易谈判。

阿美士德来华的消息引起了清廷的警惕，清政府命沿途各省加强戒备，并且，天津镇总兵亲赴大沽布防。1816年7月28日，阿美士德抵达天津后，英国使团受到了严密的监视，人员不准上岸。此次接见英国使团的是乾隆的儿子嘉庆皇帝。阿美士德在大沽见到工部尚书苏楞额、内务府官员广惠时，听到了嘉庆皇帝的谕旨，仍然令阿美士德按中国礼仪行三拜九叩。阿美士德依然拒绝中国的礼仪要求，为此英国使团与中方官员在天津纠缠了近一个月。

1816 年 8 月 28 日，英国使团阿美士德勋爵和托马斯爵士深夜刚到北京，便被清朝官员推入圆明园的一个院子里，再次要求他们向嘉庆皇帝下跪，而他们顽固地予以拒绝。嘉庆皇帝非常气愤，遂然下令"逐其使臣回国"，并附信至英国女皇，强调以后不必遣使来华。

阿美士德的船队灰心丧气地从大沽口南返，这次访华也以失败告终。嘉庆皇帝将不满的怒火撒到大臣身上，给予负责接待的清朝官员苏楞额、广惠降职处分。

## 二、驿馆与夷馆

1405 年（明永乐三年），清廷命福建、浙江、广东三省市舶司设立驿馆，以招待海外诸番朝贡使。设在福建的谓之来远驿，浙江的谓之安远驿，广东的谓之怀远驿，各驿皆设驿臣 1 人，负责管理接待工作。怀远驿建有房屋 120 间，地址在今广州市十八甫路。清康熙年间，随着珠江北岸向南伸展，原位于江边的怀远驿远离江岸，在其南面又出现了十三行夷馆。自此，怀远驿就被十三行夷馆取代。

1684 年（康熙二十三年）以后，清政府先后设立了粤海关、闽海关、浙海关和江海关，一直到乾隆二十二年。此段时期，后人称之为"四口通商"时期，亦是清政府面对西方的商品经济冲击，而采取的所谓"互市"方法对应。

1793 年，马戛尔尼结束对中国的访问回国时，曾留下如此的表述："总督大人特许我们带走几棵茶树苗。树苗根部裹着一大坨泥。我非常中意这些树苗，将设法把它们带到孟加拉国。"这些从中国带回的茶树虽未能成活，但茶种在加尔各答的植物园中成功发芽。茶叶逐渐成为英国贵族日常生活的重要消费品，1834 年，英国的茶叶消费量已经达到 5300 万磅。然而，如此浩大的茶叶消费，对英国来说，形成与大清帝国的巨额茶叶贸易，而且完全是靠白银贸易来平衡的。于是，英国的"三角贸易"是向美洲贩运非洲黑奴，从美洲向中国输入白银，中国向英国输入茶叶。

马戛尔尼使团在中国虽然未能与清廷实现贸易谈判，却意外发现，在中国上流社会，鸦片作为一种奢侈消费，非常普遍。随着白银时代的结束，东印度公司在印度找到了白银的替代物——鸦片。早在1773年，英国商人就开始将印度鸦片运往广州。1780年，东印度公司像垄断茶叶一样垄断了鸦片贸易。在10年之内，东印度公司运往中国的鸦片就翻了两番，从1000箱扩大到4050箱。到1800年，印度每年出口的鸦片已超过24000箱，最主要的是运往中国。鸦片创造了一个新的三角贸易形态，即"印度鸦片输给中国，中国茶叶输给英国，英国统治印度"。鸦片占据了英国—印度—中国之间的三角贸易突出的地位。从此以后，中国茶叶换回的不是白银，而主要是鸦片。

鸦片的进口，改变了中英贸易格局。据载，19世纪前10年英国向中国出口983吨白银，时至40年代，中国因为鸦片向英国出口了366吨白银。同时，清政府渐趋体认到鸦片的危害，广州道在他颁布的公告中指出了吸食鸦片的种种害处。

康熙年间，英国东印度公司就已经把鸦片输入中国，雍正七年（1729），清廷第一次发布了禁烟令。但是无关痛痒的禁烟令并未产生实际效果，吸食鸦片的人愈加普遍。时光碾过百年，鸦片席卷了整个清朝社会，上至贵族大夫，下至贩夫走卒，吸食鸦片的人多如牛毛。毫不夸张地说，鸦片几乎把中国人的精气神儿像吸骨髓一样抽空了。进入道光年间，鸦片问题已经积重难返，很多有识之士意识到："再不禁烟，清朝社会必毁于一旦。"

1757年（乾隆二十二年），乾隆帝宣布："嗣后口岸定于广东，不得再赴浙省，此于粤民生计，并赣、韶等关均有裨益，而浙省海防亦得肃清。"清政府下令外国商船只准在广州一口贸易，同时规定外国商人只准通过行商进行贸易。此后，又陆续制定各种严格措施，管束稽查在广州贸易的外国商人。直至道光二十年鸦片战争爆发这段时间，清政府停止了其他3个海关的外贸职能，只保留粤海关一关的对外职能，史称"一口通商"时期。当时中国和欧美各国的贸易中英国占有最大的份额。1816年，广州地方政府正式认真地执行嘉庆皇帝的禁烟谕旨，采取将鸦片贸易从广州口岸赶到外洋海面的措施，结果鸦片输入量不降反升。为了防夷鸦片等，清廷将四口通商降为一口之后，不仅未能阻止鸦片危害，反而在腐败的官吏治下，造成守法外商贸易受阻、不法外商横施强暴大发横财之恶果。

进入 19 世纪 30 年代后，鸦片走私愈演愈烈。道光十三年（1833），林则徐和黄爵滋分别向皇帝上书启奏，建议严禁鸦片买卖，他们的禁烟理由基本是一致的："鸦片买卖导致大量白银流出境外，成为英国的社会财富。"何况大量鸦片的输入，更是祸害大清国民。

黄爵滋后来被任命为鸿胪寺卿，这是一个既负责国事礼仪，也包括外国事务的官位。道光十五年（1835），黄爵滋第二次上书道光皇帝，要求查禁鸦片。他明确指出："英国人向中国输出鸦片，根本上就是个阴谋，既毒害了中国人的身体，又掏空了中国的社会财富。"他甚至义愤填膺地提议：由皇室向英国递交国书，要大不列颠国王下令，英国商船不得再运送鸦片来中国，否则予以治罪法办。道光十八年（1838），黄爵滋做了充分的准备，第三次上书道光皇帝，要求务必禁烟！当年 4 月，黄爵滋向道光皇帝投递了晚清禁烟史上的名篇：《请严塞漏卮以培国本疏》。该文不仅全面梳理总结了鸦片对于大清社会的危害，还抛出了一个爆炸性的禁烟论据，这是一个颠覆性的禁烟论点。黄爵滋从乾隆年间的台湾道台余文仪主持修订的《台湾府志》中寻觅到一段话："（台湾）咬榴吧本轻捷善斗，红毛制造鸦片，诱使食之，遂疲羸受制，其地竟为所据。"黄爵滋在奏疏中照台湾地方志的原文摘抄了这段话，它主要阐述了这样一件事：台湾有个叫"咬榴吧"的部落，他们原本身手敏捷，善于打斗。明末荷兰人统治台湾地区期间，诱骗部落人士吸食鸦片，结果他们身体变得羸弱，不得不受制于荷兰人，最终荷兰人把部落的地盘完全侵占了。黄爵滋进而在奏折中提出了激进的主张：给所有鸦片吸食者一年时间戒烟，一年后还在抽鸦片的，处以死罪！道光皇帝本来看到台湾部落的鸦片教训，是下定决心要禁烟的；后来看到黄爵滋提出的吸食鸦片极端处罚手段，反倒犹豫不定了，只好下旨要求朝廷上下军政要员，广泛商议黄爵滋的禁烟意见，于是，清朝上下掀起了一场禁烟大讨论。

陈勇披露过林则徐于"道光十八年"即 1838 年 10 月 25 日，写给其同乡好友刘建韶（闻石）的信函。林则徐在信中讲述了自己在湖北武汉禁鸦片烟的决心和初步战果，还详细介绍了自己研究戒烟药物的进展。陈勇透露，这封信札现珍藏于故宫博物院，20 世纪 80 年代，紫禁城出版社出版的故宫博物院藏《林则徐书札手迹选》即收录了此手稿影印件。

1820 年起，林则徐先后在浙、苏、陕、鄂、豫、鲁等地做官，坚决主张禁绝鸦片。1837 年 2 月，被道光皇帝任命为湖广总督，4 月到武昌文昌门内湖广督署接任，开始了两湖禁烟的历程。林则徐到任之后，深入基层开始调查，熟悉掌握鸦片吸食第一手资料。1835 年，全国吸食鸦片者 200 多万人，武汉烟毒泛滥很严重，鸦片贸易恶性发展，使其他货物滞销，正常商品贸易急剧下降，而鸦片吸食者的身心也遭到戕害。赴任之初，林则徐就发出《关防告示》，查禁各种瞒诈事件，随即着手缉获私盐和查禁鸦片。

禁烟大讨论中，湖广总督林则徐，自然也收到了道光皇帝的通知："火速复奏关于黄爵滋禁烟议案的意见！"要求林则徐火速答复他本人的意见。林则徐在回复道光皇帝的奏折中，不但为黄爵滋的禁烟议案叫好，还详细列出了他本人所掌握的关于治疗或戒除鸦片瘾的中药方。林则徐建议给予鸦片吸食者 18 个月的戒烟时间，而不是黄爵滋建议的一年为期，逾期处死。显然，他根据自己的禁烟经验，提出禁烟的具体建议，更具有操作性，也是相对合理和可能的做法。

林则徐在湖广总督任上，坚决支持黄爵滋的意见，写了有名的《筹议严禁鸦片章程折》，提出禁烟六策，得到张际亮等 7 名官员的赞同。反禁烟派疯狂反扑，全国有 21 名官员先后上奏，以种种托词阻止禁烟，以之所以银价日益昂贵，是因为商人所发钱票不能兑现之故为由。针对此论，林则徐于 1838 年 9 月及 10 月间，又写了一篇著名的禁烟奏折《钱票无甚关碍，宜重禁吃烟以杜弊源片》，明确指出：鸦片大量输入造成白银外流，才是银价日益昂贵的真实原因。在这封密奏中，林则徐再次罗列了鸦片对国家财政、对民众的严重危害。他写道，鸦片"迨流毒于天下，则为害甚巨，法当从严。若犹泄泄视之，是使数十年后，中原几无可以御敌之兵，且无可以充饷之银。兴思及此，能无股栗"。他对于鸦片危害的分析终于打动了道光皇帝，使在禁烟问题上一直摇摆不定的道光皇帝受到感动，终于下定决心实行禁烟。

林则徐本身在武昌、汉口、汉阳、长沙等地开设禁烟局，委派得力官员，负责收缴烟具、鸦片，并实行"宽猛兼施"的政策，很快奏效，战果累累，形成了强大的禁烟声势。为根除后患，林则徐还亲自收集研究禁烟药方。除官制断瘾丸外，武昌、汉口各药店都配售禁烟药。林则徐掀起的两湖禁烟，双管齐下。一方面严格查禁，发布禁烟告示，严格缉拿开烟馆贩鸦片的人，在武昌、汉口、长沙设立禁烟局，收缴烟土烟枪。另一方面，对于吸食成瘾者，通过发掘民间药方，配置多种戒烟药丸，免费给这些人供给药品，促其戒瘾。两方面结合，产生了非常好的效果。短短的两个月时间内，破获了多起贩烟事件，缴获烟土烟膏 2000 多两。湖北收缴烟枪 2000 余杆，湖南收缴烟枪 3000 余杆。对于缴获的烟枪烟具，林则徐于 8 月 27 日和 10 月 27 日两次在武昌当众烧毁；烟土之类，拌以桐油，焚烧销毁，灰烬投入长江中。劝诫活动也取得了明显成效。许多吸食者在服用了戒烟药物后戒除了烟瘾。断了烟瘾之后，身体发胖，体力增强。林则徐在湖广地区严厉禁烟，获得办事"严明"的政声，一时"贤名满天下"。这也进一步鼓舞和坚定了道光皇帝禁烟的信心与决心。

鉴于林则徐坚决的禁烟态度和取得的显著禁烟成效，道光皇帝于 9 月 23 日召林则徐即刻来京商讨禁烟大计。1838 年 12 月 31 日，清朝道光皇帝正式任命林则徐为钦差，直接到广州全面整顿海口互市，制止鸦片走私。林则徐抵达广州后，力图在保护正当贸易前提下，制止鸦片走私，但他给予的正当贸易恩惠超不过鸦片带来的巨大利益。面对棘手的鸦片贸易现状，前述的各项措施难以奏效的情况下，1840 年 1 月 5 日，林则徐只得遵照道光皇帝命令断绝了中英贸易，互市制度就此结束了使命，但英国政府也开始转用炮舰维护其所谓鸦片利益。此中的矛盾冲突是，英国需要中国的茶叶，中国却不需要英国的鸦片。结果，在极端利益的驱使下，英国人开来了炮舰。

1839 年 9 月，距离鸦片战争爆发还有 9 个月，此时，英国战舰正源源不断地从英国本土开往中国。这天，到广州禁烟已 9 个月的林则徐向道光帝上了一道奏折，回答了道光帝最担忧的一个问题：英国到底会不会跟中国"开边衅"，即炮舰外交。在这道长 2000 多字的奏折中，林则徐详细分析了两国的战争条件，最后得出一个"不至于突然发生战争"的结论。奏折中提道："知彼万不敢以侵凌他国之术窥伺中华……"

杨泽伟指出，1839 年林则徐托美国医生伯驾翻译瑞士瓦特尔的《国际法》

中有关战争、封锁、扣船部分,这是"中国对西方国际法最早的翻译"①。张卫明、王黎明提出,1839 年广东禁烟期间,林则徐引进近代国际法用以指导禁烟运动,为中国禁烟运动提供了适时而重要的法律援助。林则徐将世界流行的近代国际法与厉行禁烟这一民族使命有机结合起来,首开风气之先,在一定程度上开创了晚清外交的新局面②。张劲草等著《林则徐与国际法》、程鹏《西方国际法首次传入中国问题的探讨》、田涛《晚清国际法输入述论》③ 强调指出,林则徐选译了适应当时形势急需参考的一部分,内容涉及走私问题、遵守所在国法律、战争法问题等方面。

但是,作为当时一个清朝的官员,其实尚无法理解"贸易立国"的真意,低估了英国想要打开中国市场的决心。

然而,林则徐开始禁烟之后,英国议会此时正在为鸦片贸易的合法性和是否要对华开战争论不休。英国驻华商务总监督义律下令,让鸦片商把手里的鸦片全部集中到他那里。林则徐禁烟,原本是中国政府查禁走私行为,英国政府根本没有理由阻止,而一旦鸦片到了义律手里,就成了英国政府的财产,鸦片商把交涉权转让给义律,于是英国政府名正言顺地介入,简单的内政问题变成复杂的外交问题。

义律刚把鸦片交给英国政府,立刻向首相巴麦尊汇报,要求武力报复。巴麦尊立刻把报告提交到了议会,声言中国人侵犯英国政府的财产,英国议会即以 271 票对 262 票的微弱多数,通过了侵华的军费案。


### 三、炮舰轰出的埠头

商埠抑或通商口岸是近代中国被迫允许外国人前来通商的地方,这类商埠是鸦片战争后外国强迫中国履行一系列条约而开的商埠,即约开商埠,后来逐渐演变成界或租借地。两次鸦片战争后,中国被迫开放的沿海、沿江的通商口岸共有 16 处(包括《南京条约》5 处通商口岸、《天津条约》10 处通商口岸

---

① 杨泽伟. 我国清代国际法之一瞥[J]. 中州学刊. 1996 (2).
② 张卫明、王黎明. 近代国际法与林则徐禁烟[J]. 漳州师范学院学报. 2005 (4).
③ 田涛. 晚清国际法输入述论[J]. 天津社会科学. 1999 (6).

和《北京条约》1 处商埠）。鸦片战争后，《南京条约》规定的五口开放是近代中国约开商埠之嚆矢。自此始至 20 世纪 20 年代，约开商埠陆续出现在中国大地上，成为中外联系的中介和舞台。约开商埠以及租界和租借地是在近代中国中外经济关系史上的重要表现形式。近代西风东渐的背景下，中外主体之间在商埠里发生了诸多的行为互动，商埠里的中外官场和民间互动成为中国近代化主要内容及主体际关系的主要场域，近代商埠成为中外互动主体际关系的参与者和见证者。

面对战争的迫在眉睫，林则徐仍然认为义律勾结鸦片商人阻碍中国禁烟的做法，甚至发动武装挑衅，未必被远在万里之外的英国女王知悉。因此，林则徐把和平的希望寄托在英国女王身上。在英国政府积极酝酿侵华战争之时，林则徐与邓廷桢拟写了一封给英国女王的信，委托英国商船"担麻士葛"号船主转交给英国女王，希望她洞明真相。信中林则徐说明情况后，还不忘对英国女王赞扬一番。他说："向闻贵国王存心仁厚，自不肯以己所不欲者，施之于人。并闻来粤之船，皆经颁给条约，有不许携带禁物之语。是贵国王之政令本属严明。只因商船众多，前此或未加察。今行文照会，明知天朝禁令之严，定必使之不敢再犯。"

工商文明表现为对物质利益的追求，故此，体现在对外在的拓展。追求对外贸易中的利益最大化，成为西方工业国东来的主要目标动能。18 世纪末的英国，正处于资本主义的上升阶段，商品经济高度发展，迫切需要开辟新的市场，进行双边贸易，而贸易的目的主要是为获取依附在物质上的利益。

在西方世界已经完成工业革命、进入资本主义，试图在海外扩大殖民地、拓展原料供应地的时代，靠闭关手段恐怕难以阻挡侵略者的侵略步伐。虽然林则徐在禁烟与贸易问题上坚持"奉法者来之，抗法者去之"，努力将守法商人和违法商人区别开来，分而化之，却不能违背道光帝"一刀切"的闭关禁烟圣旨。

1648 年，西方签订了《威斯特伐利亚和约》，以此和约为开端，欧洲的 30 年战争结束，作为欧洲中世纪与近代史之交的第一个多边条约，它是世界近现代史上的一块重要里程碑。签约各方包括：神圣罗马帝国和奥地利的哈布斯堡王室和法国、瑞典以及神圣罗马帝国内勃兰登堡、萨克森、巴伐利亚等诸侯邦国。

《威斯特伐利亚和约》的签订，开创了以国际会议的形式结束国际战争和解决国际争端的先例，确立了国家主权、国家领土和国家独立等国际关系准则，是国际关系史上新时代开始的重大标志。现实主义国际关系理论指出，由主权、政府、领土、人民构成了民族国家权力行使主体，一国对外关系的决定因素就是国家利益，尤其是物质利益。比如，近代国家间的领土被视作财产之时，领土的归属就和财产的取得具有了相似的景象，国际法上的先占理论即源于罗马私法意义上的个人财产学说，由此可知，近代以来，双边关系中以物质为媒介的色彩日益明显。国家成为意志、能力与主体资格相联系的组织，当然亦是具有民事能力的主体，自然具备私法人格，此类国家间的利益关系需要由国际私法来调整。

15世纪到17世纪欧洲航海者开辟新航路和"发现"新大陆，由欧洲通往印度新航路的发现以及其他航海探险活动，使东西方之间的文化、贸易交流开始大量增加，与此同时，殖民主义与自由贸易主义也开始出现。1715年，英国殖民统治下的东印度公司即"决定正式参加对华贸易"，公司最初在广州设置商馆，定期派船只来华，开始了小规模的贩运鸦片的生意，并由此尝到甜头。丁名楠先生在《略谈英国商人为什么要把鸦片输入到中国》一文中说："英国商人把鸦片输入中国，主要的目的是为赚钱。"英国鸦片贩子泰勒竟然在1818年叫嚣："鸦片同金子一样，任何时候我都能卖掉。"

1833年，英国国会取消东印度公司的对华贸易垄断权，造成中英鸦片贸易进入自由走私阶段。东印度公司垄断权的废除，使鸦片贸易完全向英国私人企业开放，敞开了"进入金果园的大门"，任何英商皆可以前往中国进行贸易，这就掀开了1834年到1839年英国鸦片贩子向中国猖狂偷运鸦片时期。此一时期，英国对华鸦片贸易不仅在数量上呈现惊人的增长速度，而且经营地点还由伶仃岛扩大到广州城外及中国东南沿海。

时至1834年，英国政府开始直接露骨地支持在中国贩卖鸦片，当首任驻华商务监督律劳卑来华时，英国外交大臣巴麦尊甚至连续给他以训令，堂而皇之地要求"不要干涉和阻扰鸦片走私"。

18世纪末的英国，正处于资本主义的上升阶段，商品经济高度发展，迫切需要开辟新的市场，进行双边贸易，而贸易的目的主要是为获取依附在物质上的利益。这与马戛尔尼等人前往大清北方港口，直至要前往京城告御状的目的存在着逻辑联系。

乾隆二十年，英国商人洪任辉等为首的一些西方商人不满粤海关的各种要求，而且希望前往他们所要购买的大宗产品——生丝、茶叶等产地，企图直接打开中国丝茶产区的市场，因此发生了洪任辉公然率领武装商船北上，强行到浙江宁波一带贸易一案。

截止到乾隆二十二年，外国商船连续多次到达江浙一带进行走私贸易活动，特别是鸦片走私贸易。马戛尔尼提出的要求，意图较为明显，英国访华使团的真正目的是为获取东方清王朝的贸易利益。但是，为求超额利润，而将鸦片升格为贸易产品，超越了利益界限，给清政府造成重大伤害。

英国军舰攻入长江口，清政府被迫接受炮舰之下的要求，作为城下之盟的《南京条约（江宁条约）》内容如下：

一、嗣后大清大皇帝、大英国君主永存平和，所属华英人民彼此友睦，各住他国者必受该国保佑身家安全。

二、自今以后，大皇帝恩准英国人民带同所属家眷，寄居大清沿海之广州、福州、厦门、宁波、上海等五处港口，贸易通商无碍；且大英国君主派设领事、管事等官住该五处城邑，专理商贾事宜，与各该地方官公文往来；令英人按照下条开叙之列，清楚交纳货税、钞饷等费。

三、因大英商船远路涉洋，往往有损坏须修补者，自应给予沿海一处，以便修船及存守所用物料。今大皇帝准将香港一岛给予大英国君主暨嗣后世袭主位者常远据守主掌，任便立法治理。

四、因大清钦差大宪等于道光十九年二月间经将大英国领事官及民人等强留粤省，吓以死罪，索出鸦片以为赎命，今大皇帝准以洋银六百万银圆偿补原价。

五、凡大英商民在粤贸易，向例全归额设行商，亦称公行者承办，今大皇帝准以嗣后不必仍照向例，乃凡有英商等赴各该口贸易者，勿论与何商交易，均听其便；且向例额设行商等内有累欠英商甚多无措清还者，今酌定洋银三百万银圆，作为商欠之数，准明由中国官为偿还。

六、因大清钦命大臣等向大英官民人等不公强办，致须拨发军士讨求伸理，今酌定水陆军费洋银一千二百万银圆，大皇帝准为偿补，惟自道光二十一年六月十五日以后，英国因赎各城收过银两之数，大英全权公使大臣为君主准可，按数扣除。

七、以上三条酌定银数共二千一百万银圆。

八、凡系大英国人，无论本国、属国军民等，今在中国所管辖各地方被禁者，大清皇帝准即释放。

九、凡系中国人，前在英人所据之邑居住者，或与英人有来往者，或有跟随及俟候英国官人者，均由皇帝俯降御旨，誊录天下，恩准全然免罪；且凡系中国人，为英国事被拿监禁受难者，亦加恩释放。

十、前第二条内言明开关俾英国商民居住通商之广州等五处，应纳进口、出口货税、饷费，均宜秉公议定则例，由部颁发晓示，以便英商按例交纳；今又议定，英国货物自在某港按例纳税后，即准由中国商人遍运天下，而路所经过税关不得加重税例，只可按估价则例若干，每两加税不过分。

十一、议定英国住中国之总管大员，与大清大臣无论京内、京外者，有文书来往，用照会字样；英国属员，用申陈字样；大臣批复用札行字样；两国属员往来，必当平行照会。若两国商贾上达官宪，不在议内，仍用禀明字样为着。

十二、俟奉大清皇帝允准和约各条施行，并以此时准交之六百万银圆交清，大英水陆军士当即退出江宁、京口等处江面，并不再行拦阻中国各省商贾贸易。至镇海之招宝山，亦将退让。惟有定海县之舟山海岛、厦门厅之古浪屿小岛，仍归英兵暂为驻守；迨及所议洋银全数交清，而前议各海口均已开辟俾英人通商后，即将驻守二处军士退出，不复占据。

十三、以上各条均关议和要约，应候大臣等分别奏明大清大皇帝、大英君主各用。亲笔批准后，即速行相交，俾两国分执一册，以昭信守；惟两国相离遥远，不得一旦而到，是以另缮二册，先由大清钦差便宜行事大臣等、大英钦奉全权公使大臣各为君上定事，盖用关防印信，各执一册为据，俾即日按照和约开载之条，施行妥办无碍矣。要至和约者。

1842 年 8 月，英国代表兼香港总督璞鼎查在有关《南京条约》的双边谈判中提出将鸦片作为货物纳税，公开贩卖。对此中方代表采取"俟姑再商"的策略。8 月 26 日，璞鼎查在《南京条约》基本议定后以个人名义发表演说，建议中国"用实物买卖的形式使鸦片贸易合法化"。清朝钦差大臣对此答复说："鸦片弛禁之事，目前不便遽然奏请。至中国官宪之责，止限于禁本国兵民吸食。各国商船是否携带鸦片，中国不必过问，亦毋庸绳之以法。"因此，尽管《南京条约》字面上没有对今后的鸦片贸易做出明确的规定，但清政府的代表已明白暗示今后英国鸦片贩子可以在中国既不纳税又不受法律的制裁。《南京条约》的文本中只字不提鸦片贸易合法与否，其原因是"鸦片以新例初颁，衅端由是而起，既不便申明前禁，又不便擅定税章，遂置此项于不议"。

1858 年 11 月，清政府与英国、法国、美国签订了《通商章程善后条约》，从此在清政府的官方文书中"洋药"这一专用名词取代了"外国鸦片"的字样，直到 1906 年清政府重新在全国发动禁烟运动时这种称呼才有所变化。《通商章程善后条约》规定："向来洋药……等物，例皆不准通商，现定稍宽其禁，听商遵行纳税贸易。洋药准其进口，议定每百斤纳税银三十两，唯该商止准在口销卖，一经离口，即属中国货物；只准华商运入内地，外国商人不得护送。"必须指出的是，虽然清政府对外屈服于外国的武力，对内急于筹措军饷，最终同意鸦片贸易合法化，但对国内的禁令并未放弃。1859 年，清政府颁布的新条例规定，所有官员、兵丁、太监兴贩、收买、吸食洋药都仍照定例办理；开馆销售鸦片照诱赌例，分别是否经旬累月问拟，房屋入官；另外规定百姓中只准洋货商人经销烟片，他人仍不能问津。"售卖洋货商人仍不准在铺内开馆，别项门面住户一概不准私售转卖寄存，如获有此等匪人及商民聚集者，照开局聚赌之例送部治罪，房间一概入官。"这一新条例部分解除了民间不准贩烟的禁令，对于吸毒则在民间全面放开，从而极大地刺激了民间的贩烟活动。

清朝末期的鸦片战争之前，曾呈现出广州一个口岸对外通商的局面。第一次鸦片战争后，西方列强通过强加一系列中外条约，迫使清政府在 1843 年以后陆续开放上海、宁波、厦门、福州等对外通商，连同一直对外通商的广州在内，形成所谓"五口通商"时期。

此后，天津、牛庄（营口）、登州（烟台）、台南、淡水、潮州、琼州等，以及长江沿线的镇江、南京、九江、汉口还有新疆的喀什（专对俄国的通商口岸）等，在第二次鸦片战争以后不得不渐次开放，最终，通过侵华战争后的中西条约，近代中国沿海及其长江沿岸为主的对西方人开放的"约开商埠"成形。

**推荐阅读书目**

[1] [英] 巴里·布赞，理查德·利特尔. 世界历史中的国际体系——国际关系研究的再构建 [M]. 刘德斌，译. 北京：高等教育出版社，2004.

[2] [美] 莫顿·卡普兰. 国际政治的系统和过程 [M]. 上海：世纪出版集团，2008.

[3] [美] 亚历山大·温特. 国际政治的社会理论 [M]. 秦亚青，译. 上海：上海人民出版社，2000.

[4] [美] 泰克尼尔. 新社会契约论 [M]. 雷喜宁，译. 北京：中国政法大学出版社，1994.

[5] [德] 哈贝马斯. 交往行为理论 [M]. 曹卫东，译. 上海：上海人民出版社，2004.

# 第八章

# 中西互动的商埠

## 一、近代海关

近代中国对外赔款这一特殊的历史现象，是西方资本主义列强对华野蛮掠夺的结果，它对近代中国海关等主权，产生过极其重大的影响。通过鸦片战争后的一系列条约，西方殖民者向中国政府勒索到巨额赔款，近代海关的出现是西方殖民者掌控赔款的手段，近代中国海关的职权范围，最初主要是征收进出口关税。

1853年9月，上海小刀会起义，占领上海县城，迁设租界外滩的江海关被群众捣毁。外商船舶自由出入上海港，江海关无法恢复征税工作。1854年夏，英领事阿礼国提出一个中外合组海关的方案，两江总督怡良派苏淞太道吴健彰于6月29日和英、美、法三国驻沪领事会晤，规定：三国领事各提名一人，由中国任命为税务监督，与中国共同管理江海关的征税事宜。1858年清政府与英、美、法签订的《通商章程善后条款》对这一办法做了修改，"任凭总理大臣邀请英（美）人帮办税务，毋庸英（美）官指荐干预"，并"各口划一办理"。1859年江海关英籍税务监督李泰国被委派为总税务司，负责募用外国人在各口岸任税务司，从此，外籍税务司管理中国海关便成为制度。1861年起，广州副税务司英人赫德任总税务司一直管理中国海关近半个世纪。当时的海关主要为征税和船钞两大部门。征税分内班（处理商人报关、征税）、外班（查验过关商货）、海班（巡水缉私）。船钞民国以后改称海务，主管船政和港务事宜。

统治海关的洋税务司们是利用这个组织保证他们攫取中国的战争赔款以及

维护外商在华贸易的利益，同时，近代中国海关也统一了全国的海关行政，引进了比较先进的组织、人事、财务管理制度，成为近代中国效率较高的行政机构；在港务、船政等方面引进了一些先进设施，在统计、调查、文献保管方面成绩卓然。

洋人夺取中国海关的领导权后，引入英国文官制度和西方先进管理理念，对中国海关进行改革，税收和工作效率大大提高，清政府任何部门都不能和海关同日而语，从而受到清政府的信任和支持。在海关的大力推动下，中国的外交、海军、邮政、气象、检验检疫等部门得以从无到有……

近代海关办公楼具有如下特点：一是数量最多、规模最大；二是层级齐全；三是位置优越；四是很多海关办公楼比较雄伟气派，多数楼顶带有巨大时钟或建有钟楼，成为所在城市的标志性建筑。

粤海关（广州）、江汉关（武汉）、江海关（上海）税务司署大楼均设有巨大时钟，俗称"海关钟楼"，其功能一是充当航标和灯塔；二是为市民提供准点报时服务；三是在以天数为单位征收船舶吨税时，统一时间标准。

海关钟楼与商埠日常生活发生密切关系，以汕头钟楼为例试做管窥。汕头在历史上紧跟上海、广州之后，设立管理对外贸易的关区，按照《天津条约》，1860 年 1 月 1 日成立了由英国人控制的潮海关，亦称洋关，这就是汕头海关的前身。潮海关的关税征收等海关管理权被洋人掌管近 90 年，期间还包揽海务、港务、检疫、邮政等事务。

20 世纪 20 年代汕头港迎来了辉煌时期，远洋航线四通八达，其经济腹地涵盖粤东、赣南及闽西南。日、德、法、美、俄等国家的洋商纷纷来汕插足。20 世纪 30 年代高峰期，汕头港口船舶吨位数居全国第三。潮海关在其中发挥的重要作用不言而喻。

随着货物流转的加大，海关时间标志物汕头海关钟楼也于 1919 年开工建设，1921 年建成，由英国人兴建，是汕头开埠以来最早的建筑之一。海关钟楼是两层楼钢筋混凝土结构，建筑面积 1556.2 平方米，长方体结构，走廊环绕四周，内部装饰考究，镶嵌在其正门楼顶的大钟为大理石面，黑色罗马数字，海关钟楼也因此而得名。

近代汕头中山公园九曲桥的炮山安置有土炮报时，中午 12 时海关钟楼声一响，公园即放午炮，因而近代汕头有"钟楼鸣，午炮响"的说法。当时的汕头人都把海关钟楼的钟声视作标准时间，习惯于听海关的钟声安排作息，甚至有工厂将中午 12 时的钟声作为上午的下班时间，一些人家也把其作为午餐的开饭时间。

19 世纪中叶，清代海关由外国人操办的航标管理机构开始引进国外设备、技术和管理办法，在中国沿海、港口和重要水道设置灯塔、灯桩和灯浮标。

1868 年，清政府海关成立船钞股，自长江口开始，建设中国沿海灯塔。1869 年起至 1936 年近 70 年间，近代海关在我国沿海干线先后建设灯塔 40 余座，在对外通商主要港口（大连、上海、天津、宁波、福州、厦门、汕头、广州、湛江、海口等）设置航标 200 座。从史料看，近代海关的历任工程师均由英国人担任，所用灯器均通过海关驻英国伦敦的秘书处公开招标采购，由外籍工程师设计并监督建造。故此，我国沿海诸多灯塔均呈欧式建筑风格。

花鸟山灯塔位于浙江省舟山市嵊泗县的花鸟山岛上，该岛峰峦起伏，岸线曲折，面积 3 平方千米。灯塔位于花鸟山北部山肩上。塔高 17 米，灯高 89 米，射程 24 海里，是我国东南沿海、东南亚地区及经由东海进入长江口的重要标志。既是我国东南沿海大中型船舶航线上的重要助航标志，也是南来北往船舶航行的重要标志。该灯塔建于 1870 年，1910 年重建，与大戢山灯塔、佘山灯塔同称为长江口外三大灯塔，是当时的重要助航标志。

该灯塔主灯牛眼透镜直径达 1.84 米，塔身为黑白两色。该灯塔是集视觉航标、音响航标、无线电航标、船舶自动识别系统基站于一体的大型灯塔，为一座综合型助航设施，史称远东第一灯塔。灯笼里是四面圆形的牛眼透镜，每面透镜用 8 圈三棱形水晶玻璃拼装。在镜机上装有自动转机，每 60 秒转一圈。

临高灯塔位于海南省临高县西北角，是船舶通过琼州海峡西口的重要助航标志，也是与琼州海峡对面雷州半岛相距最近之处。临高灯塔是法国人于 1893 年建造的，塔高 22 米，灯高 22.6 米，射程 18 海里。该塔设计钢质结构，为红白相间横带圆筒形铁质塔身，外有 6 根斜柱支撑，连接成网格形，周围支撑的钢杆有 350 条。塔底至灯器平台一共有 82 级螺旋阶梯，灯塔旁边还保留着当年与灯塔同时修建的两栋房屋，经过修缮，还保持着欧式的建筑风格。

　　硇洲灯塔是船舶进出湛江港的重要助航标志。在广东省湛江市东南方 40 海里处，有一座由火山岩堆积形成的海岛——硇洲岛，总面积约 56 平方千米。岛的东南部面对南海，西南部与海南省隔琼州海峡相望，西傍雷州半岛，西北扼深水良港湛江港。1899 年，广州湾法国公使署主持设计硇洲灯塔，硇洲岛本地著名工匠招光义承包建筑。塔高 19 米，底座为 5 米见方的石墩。塔身呈圆锥形，上部直径 4 米，顶部是圆鼓形的灯座。

　　整座灯塔全部由麻石（玄武岩）砌成，"麻石"即火山石，火山从海底爆发时，熔浆里有很多小气泡，冷却后就形成了有很多麻麻点点的石头，当地老百姓就把这种石头称作"麻石"，其表面麻麻点点，但特别坚硬。

　　灯塔内，一个圆石柱从地基直矗顶端，石阶与中间的圆柱和塔身的墙壁是一块石头凿成的。台阶一头是圆柱形的，用来建圆柱；一头是弧形的，用来建塔身。第一个台阶也是圆柱的柱础，然后一层层垒上来，石凿构件叠砌成环柱，台阶砌到哪里，圆柱和塔身也就垒到哪里。塔内自壁内围绕中心柱盘旋而上，共有台阶 68 级，68 块经过精细加工的石头按一定的角度错开，逐块堆砌螺旋而上，像一把未完全打开的纸扇。台阶外端则与塔身外墙巧妙连接，可谓巧夺天工。

　　此种建筑有三个特点。一是结实，支撑的圆柱与石阶和塔身构成一个三维的四面体，具有很强的稳定性，抗震性特强。二是节约材料，没有加固和支撑构件，使塔内空间最大化。三是全部用"麻石"一块块叠立起来，石块与石块之间非常吻合，浑然一体，根本不用泥浆雕砌。塔身下方为正方形方墩，上部为圆锥体，顶部是鼓圆凸出于塔身的灯笼室，灯笼室外围建有瞭望台，它的中央底部设置封闭式可转动托盘，承托座架上的水晶磨镜和灯器。

　　近代各地的商埠皆有外国的租借地，随着通商活动的增加，在各通商口岸集聚的外商、外侨日益增多，因而通信需求日益迫切，于是，商埠邮局便应运而生。西方国家争相在各商埠内设立了各自的行政管理机构"工部局"，并在"工部局"下设立"书信馆"，未经清政府允许的情况下，擅自开办各商埠之间的邮件传递。

　　商埠邮局主要有三种类型：一是由租借地行政管理机构创办的商埠邮局，一般租借地行政管理机构称为"工部局"，商埠邮局称之为"书信馆"；二是由外侨组织创办的商埠邮局；三是由外侨个人创办的商埠邮局。商埠邮局的服务对象主要是积聚在中国各通商口岸的外国侨民、外商，通邮范围一般是各商埠之间、外国侨民与母国之间等。

　　1863年上海英租界最早开办了"上海工部局书信馆"，并在1865年首先发行了3套16枚"上海工部局大龙邮票"，这些邮票就是所谓"商埠邮票"。1866年又发行了4套27枚"大龙商埠邮票"和2套5枚"小龙商埠邮票"，汉口、烟台、重庆、九江、镇江、芜湖、宜昌、厦门、福州、南京、威海卫等地"书信馆"也紧随其后，陆续大量印制"商埠邮票"。自此，西方人印发的"商埠邮票"在半殖民地半封建的中国的其他地方也逐渐流行开来。

　　各商埠邮局之间一般皆通过协议互相通邮。据《中国集邮大辞典》记载，一共有11家商埠邮局先后发行过邮票，从1865年至1896年共发行了90套541枚邮票，《中国近现代史大典》的说法是720枚邮票。商埠邮票的影像选题大部分是当地的风景名胜、民间习俗、特产动物，有中国书法、清代制钱，也有双龙、单龙图案等。

　　"上海工部局书信馆"自发行首批"大龙商埠邮票"，直至1896年3月20日光绪皇帝批准正式开办国家邮政，勒令所有商埠"书信馆"必须在1897年2月2日之前关闭，前述的"书信馆"才陆续停止发行"商埠邮票"。

　　第二次鸦片战争以后，中国被迫与西方各国签订的一系列条约中，都规定了各国使馆运送邮件的"专差同大清驿站差使一律保安照料"，即清政府负有保护这些邮递的责任。使馆邮件，主要是通过天津港海运进出。在冬季天津海河封河期间则要改道陆路经镇江在上海、北京间运送。因而，使馆的部分邮件在冬令期间交由总理各国通商事务衙门转交驿站代寄。1865年，海关税务司署由上海迁到北京，海关的冬令邮件亦是经由总理衙门运送。1866年冬，总理衙门把保护责任中的邮件封发分送工作转交给海关总税务司署办理。

　　1878年3月9日，依据李鸿章向总理衙门的建议，由赫德主持，指派德璀琳以天津为中心，在北京、天津、烟台、牛庄（营口）、上海五处海关，仿照欧洲办法试办邮政。当年 3 月 23 日，各海关邮务处陆续开始收寄华洋公众邮件，这就是中国邮政历史的开端，亦是关于大清时期海关试办邮政最为明确的记录和阐述。简言之，大清海关试办邮政的开端，就是以上述五处海关为标志。

### 二、会审公廨

会审公廨是上海历史上在特殊时期、特殊区域成立的一个特殊司法机关，1864 年清政府与英、美、法三国驻上海领事协议在租界内设立的，由清政府道台任命中方专职会审官（谳员），与外方陪审官（领事）会同审理租界内与华人有关的诉讼案件。根据中外双方的约定，如果案件涉及洋人或洋人雇用的华籍仆人，由外国领事参加会审或观审；纯粹华人案件，由中国谳员独自审断。

当人们的利益从精神等内部转向物质等外部时，物质的实在性和此消彼长性，带来利益的矛盾直接化和表面化。个体间的互动行为过程中建构起个体现代理性，个体间的互动是社会秩序形成的主要途径。恩格斯说："每一个社会的经济关系首先是作为利益表现出来。"列宁也指出，千百万群众走向社会主义和共产主义，"不是直接依靠热情，而是借助于伟大革命所产生的热情，依靠个人兴趣、依靠从个人利益上的关心、依靠经济核算"。

人类之所以共同选择法治，就是因为法治为利益冲突的化解提供了一整套缜密而精细的制度安排。从功能上说，法治乃是一套平定纠纷冲突的程序机制，包含着理性、平和的协商与谈判因素。鸦片战争之前，中国是一个独立自主的国家，包括司法权在内的国家主权都能够充分地得以行使。在中国的"化外人"能遵从中国的法律，中国也能够用本国的法律对其进行管辖。在唐代，《唐律疏议》规定："诸化外人，同类自相犯者，各依本俗法；异类相犯者，皆以律论定刑名。"以后的《宋刑统》《大明律》对"化外人"也有类似的规定。《大清律例》中仍然有"凡化外人犯罪，依律拟断"的记载。人类即使是进入近代，西人在华也是需要管理的，领事是可以保护侨民，但并非超越属地之上的领事裁判特权。

但是，1843 年 10 月的《中英五口通商善后条约》确立了英国在华领事裁判权，上海便实行了丧失中国司法权的制度。上海租界建立初期，实施的领事裁判权是指外国人在中国犯罪，不受中国审判治罪，而是由外国领事按照本国条例治罪。根据条约规定涉及中国人同外国人之间的诉讼，中国人由中国官员审理，外国领事无权过问和干涉。1853年小刀会起义时，大批难民涌入租界，使租界内人口剧增，不仅改变了先前"华洋分居"的局面，而且华人很快就占了租界居民的绝大多数，中外纠纷不断发生。"华洋杂处"后如何维护租界内的安全与秩序就成了一大难题，而管理租界内为数众多的华人居民，更是这道难题的焦点所在。英、美、法等国家领事公然破坏中国主权，乘机开始审讯界内的中国居民。仅仅1855年一年内，西方各国领事法庭就在上海审理了500多件华人的案件。

小刀会起义失败后，清政府要求归还对华人案件的审理权。经过胶着难分的交涉，英国领事巴夏礼于1864年建议在英租界领署内设立理事衙门（又称"洋泾浜北首理事衙门"），由中外互派官员共同审理华洋之间案件，具体由苏松太兵备道（俗称上海道台）委派官员会同英国领事审理租界内发生的华人案件。随后，在1868年4月，根据上海道台和英美等领事商订的《洋泾浜设官会审章程》，在英美租界设立了会审公廨（也称会审公堂，英文名为Mixed Court）。

上海会审公廨是中国第一个"西式衙门"的所在，俗称"新衙门"。1867年，英国领事文极司脱和上海道应宝时商谈组织正式法庭事宜，达成了章程10条，经英领事同意，总理衙门及各国公使核准，又经两年的修改，最终，《洋泾浜设官会审章程》于1869年4月20日正式公布生效，此章程成为公共租界里司法制度的主要依据。

按照章程，公审公廨的组织办法和管辖权限如下：（一）公廨组织：原理事衙门改为会审公廨，又称"会审公堂"，由上海道遴委同知一名主持。（二）诉讼管辖范围：华人与无约国侨民为被告的民、刑案件。审判权限："限于钱债、斗殴、窃盗、词讼"等案件。刑事案件限于发落枷杖以下罪民。判流放罪以上的案件由上海县审断，倘有命案，亦归上海县审理。（三）审判办法：涉及洋人的案件由领事或领事派陪审官会审；凡为外国服役及洋人延请之华民涉讼，亦得由陪审官会审，如案件中并不涉及洋人，陪审官不得干预；纯粹华人之间的案件，领事不得干涉。（四）提传办法：租界内的中国人犯，由谳员派差人提审，不必经用巡捕；受雇于外人的中国人，由领事传达到堂；为领事服务的华人，须经领事同意才能拿捕。（五）上诉程序：华洋互控案件，如不服公廨判决，可向上海道和外国领事控告复审。

由于审判是近代司法高度专业化的法治活动，中西之间在此领域并未能同频共振，西方国家往往借此歪曲利用法律理论及其条款，造成会审空有其名，最后甚至租界内纯粹中国人之间的诉讼也须经由外国领事观审操纵判决，造成领事裁判权在华的延伸。

### 三、福建船政

近代中国被迫开埠后，外国在华轮船相对于中国传统的木帆船而言，速度快，载货量大，受气候水流影响小，技术上占有极大优势。19世纪60年代，外商轮船公司快速扩张并获取丰厚利润的事实，吸引了众多华商投资外轮公司或购置轮船冒挂洋旗隐身于洋商名下"诡寄"经营，且这种事态还呈逐步扩大之势。外商轮船公司还以轮船需求燃料，轮船需要维修，外运土货需要加工整理等为由，不断向清廷要求获得开采煤炭，设立修船厂和其他加工厂等设施之权，持续向清廷施加压力。

1866年，闽浙总督左宗棠针对外国轮船在中国沿海内河载客运货带来的冲击，着手筹建船厂。他奏称："自海上用兵以来，泰西各国火轮兵船直达天津，藩篱竟同虚设。""臣愚以为欲防海之而收其利，非整理水师不可；欲整理水师，非设局监造轮船不可。"同时指出："轮船成则漕政兴，军政举，商民之困纾，海关之税旺，一时之费，数世之利也。"

师夷之长技，要做到"洋人之长皆华人之长，实为永久之利"。只有创立近代军事工业基地，才能根本打破西方列强的专利，才能真正做到"师其长以制之"。

东南大利在水而不在陆。自广东福建而浙江江南山东盛京以迄东北，大海环其三面，江河以外，万水朝宗。无事之时，以之筹转漕，则千里犹在户庭；以之筹懋迁，则百货萃诸廛肆，非独渔盐蒲蛤足以业贫民，舵梢水手足以安游众。有事之时，以之筹调发，则百粤之旅可集三韩，以之筹转输，则七省之储可通一水。

　　1867 年，左宗棠建立福州船政学堂，厂址设在福州马尾罗星塔地方，不久由沈葆桢主持船政工程。福州船政局是晚清政府经营的制造兵船、炮舰的新式造船企业，亦称马尾船政局。沈葆桢认为："船政根本在于学堂。"从 1866 年到 1907 年，福建船政先后聘雇 4 批法国技术人员和英国教员，教造船、教驾驶、教外语。聘请了数名掌握科学技术、熟悉船政制造与教学事务的法国人、英国人来当监督和教员，并与外国专家签订了 5 年"保约"：规定"保令外国员匠教导中国员匠，按照现成图式造船法度，一律精熟，均各自能制造轮船，并就铁厂家伙教令添造一切造船家伙；并开设学堂教习法国语言文字，俾通算法，均能按图自造，教习英国语言文字，俾通一切船主之学，能自监造、驾驶，方为教有成效。"

　　1867 年 12 月，福州船政局第一座船台竣工。船厂从 1868 年开始制造第一艘船舶，1869 年 6 月，第一艘木质轮船"万年清"号下水。以后一年半内，湄云、福星、伏波等船相继下水。以上 4 艘船主机都购于外国，船政局只制造船体。从该年年底起，船政局开始起造 150 匹轮机。1871 年（同治十年）6 月，第 5 号轮船"安澜"号下水，"所配轮机、汽炉系 150 匹马力，均由厂中自制"。"安澜"号装备了第一台国产蒸汽机（仿造），在我国造船史上有着重要意义。1870 年自行仿造往复式蒸汽机，翌年 6 月，第一台蒸汽机完成。这在我国造船史和机械制造史上具有重要意义，造船水平不断提高，因而被视"为中国制造肇端之地"。

　　船政局所造兵船，第六号之前均为 150 马力的运输船或跑船。海上航行，轮船的马力在抗风及其航速方面作用明显，因此制造 250 马力的轮船成为船政局继续的目标，洋人监督日意格从耗费时间及其材料角度，对此并不积极。但是，船政局通过日意格订购了一副 250 马力的轮机水缸，从 1871 年 7 月 12 日开工，到 1872 年 4 月 23 日 9 个月的时间，比原计划提前半年造出了 250 马力的杨威号轮船。截至 1874 年，船政局造成 15 艘大小不同的木质轮船。

　　近代中国被迫开埠后，外国在华轮船技术上的极大优势，促使清政府官员中出现建造轮船的举动。由于轮船的技术含量高，福建船政建造轮船初期只能聘用西方技师，在中西合作下，福建船政确实也曾取得骄人的建造成绩。但是，影响福建船政继续发展的是三个意识活动，即西方侵略者的阴影、传统人际关系、官场权争。受第一次鸦片战争英国极端行径的影响，左宗棠不愿引进英国技术人员，转而引进法国技术人员。福州船政局作为洋务运动重要内容之一，是由洋务派代表左宗棠奏请清政府批准，并在法人日意格和德克碑的协助下设立的。晚清时期船政局在筹备、建立和发展的过程中，都与外籍洋员发生着密切的关系。左宗棠曾经与法国"常捷军"配合作战，进剿太平军，与"常捷军"两名首领德克碑、日意格关系不错，便聘请他们为福建船政局提供技术服务。有意思的是，在"常捷军"中，德克碑的军衔高于日意格，可是由于日意格办事热心，为人谦和，是一个"愿意与中国保持合作，而不是采取敌视态度的法国人"，左宗棠便聘请他为福建船政局的正监督，德克碑则为副监督。

清朝官员对于前来效力的洋夷提防颇多，和洋员签订合同时，规定比较苛刻。左宗棠亲手制定《船政章程》，明确了正副监督的权限，规定在重大问题上，正副监督一定要向总理船政大臣请示，由总理船政大臣做出最后决定。福州船政局除了正副监督之外，还聘请了30多名洋人技师。洋人技师一律听命于总理船政大臣，而不是正副监督。这就从制度层面上限制了法国人的权限，但是技术权威也打了折扣。

合同之外，左宗棠又命法国领事出具书面担保书，担保日、德二人采购机器、雇用匠人能尽心尽力。机器有质量问题，或者洋匠在5年内未能教会中国工匠技术等，均由二人负责。如果外籍员工有不遵号令、肆意滋事行为，一切唯二监督是问。还明确规定各项纪律约束。如正职之外不准外接私活，不得违反中国监工命令、不得偷懒耍滑、不得打骂工人、不得触犯法律等。一旦查实，立即解雇，并停给遣散费和路费。若有洋员触犯合同条款，清朝政府的惩处措施也是明快果断的。有一年，洋人技师博士巴态度蛮横，经常打骂他人，另一名洋人技师巴士栋则不服从中方管理。沈葆桢按照左宗棠制定的《船政章程》，解除合约，将他们打发回国。

清廷重视轮船的官员中，李鸿章选择的道路却是直接采购外国现成军舰，以期快速形成战斗力。不要简单地认为李鸿章只是因为崇洋媚外而选择这样的发展道路。实际上晚清的军事工业里，李鸿章控制的江南制造总局等主要生产陆军装备，而左宗棠控制的船政局则负责造船。洋务两巨头的互相角力体现在清朝装备采购上就是互不买账。

新关系规则的形成常常历经这样的过程：刚开始的时候是操作规则，然后成为先例，接下来又变成道义原则，最后被纳入法律文件中。① 法律主要是行为的规范，而关系规范是在行为的不断实践过程中总结得出的，并非提前设定。西方国家东来的过程中带来了近代的要素，而近代的要素既有工商文明的成果，也有追求个体利益的主观奢求，这些东西的传入和效果的发挥需要均衡的国际社会关系，以及社会意识和社会价值的铺垫。否则自利的元素就会失去有效的约束，歪曲近代双边关系文明成果的事情将难以避免，同时因为懵懂和遭受不法侵害也容易造成对西方双边规则的曲解。近代中国的若干重大事件与社会变革几乎都与外部世界有着密不可分的联系，即使是许多内政事务也都深受中外关系的影响和制约。此时，不仅外交事务需要学习和创建新规则，甚至社会生活的各方面也面临近代转型的使命。国际法不仅仅是处理国际关系的新规则，而且，西方近代摸索出的人际关系的行为方式，也是中国近代化需要参考和借鉴的人类文明成果，因此百多年前的先贤业已提出"师夷之长技以制夷"的明智之策。

鉴于近代中国面临的所谓"李约瑟难题"②，特别是西方殖民者出于自利动机下对国际法的歪曲等，中国未曾具备移植法治文明的条件，造成清政府仅仅从功利方面而不是从价值层面接受国际法观念③，即便如此，国人在承受不法侵害的同时，也逐渐地从近代海关特殊机构中，学习并接触到凝聚着近代科技成果的海关钟楼、沿海航标、近代邮政，从会审公廨特殊衙门拨云见日地探究司

---

① ［英］赫德利·布尔. 无政府社会［M］. 张小明，译. 北京：世界知识出版社，2003：54.

② 学界认为，"李约瑟难题"是指英国科学家李约瑟 1964 年在《东西方的科学与社会》一文中表述的"为什么近代科学只在欧洲而没有在中国文明（或印度文明）中产生？"等问题。

③ 王玫黎. 国际法观念与近代中国法律改制［J］. 郑州大学学报（哲学社会科学版）第36卷第4期，2003（7）：151.

法审判的进步，从蒸汽船的建造过程逐渐体会海洋文明的真谛。

历史记忆是社会意识的重要来源，亦是解决现实问题的基础。当西方先行迈入近代之后，工商文明的全球化面对尚未摆脱农耕经济的中国来说，压力及其冲突是一种客观现实。西方殖民者通过"借法趋利"的不法侵害行为，造成中国人对于近代观念、制度和文化等的认知是比较矛盾的，但是，中国社会的发展"内在地"或"逻辑地"需要学习西方实践过的工商文明成果，其中的主体际关系规律被历史实践证明是近现代社会管理的有效途径。借鉴、援用建构在其上的法律关系体系，即"援法避害"的实践经历，无疑是建构中国主体间团结合作进程的重要参考。

商埠以及租界和租借地，目视所及的合璧建筑，深深地印证着中西互动的主体际关系。曾经在欧洲大陆经历并建构过主体际关系机制的西方国家，在利益驱使下冲破中国海岸线后，无视主体互动规律，肆意攫取中国各种权益，造成中西大量侵权纠纷。与此同时，商埠官民不断排除不法侵害，通过主体间的行为互动，渐次容受和汲取主体际关系规律，探索近代文明真谛，此中，造就了中西合璧的商埠，为中国主体际关系领域发展留下了历史的镜鉴和参考。

以需求为动机的主体际关系是一种法律关系。正是西方超越法律强加给中国的扭曲的条约等使我们备受不法侵害之苦，由此亦被迫接受了近代的权益观念，并在此过程中，逐渐习行主体际关系规律，体验并探索排除歪曲法律关系本质，建构团结合作主体际关系的行程，使我们惯于以"刑"为轴线的法体制、法观念开始了近代的转型。[①] 近代所谓不平等条约等所带来的侵害，一方面源自殖民者，另一方面也有我们本身的原因。从中国本身来讲，一部分是由于我们缺乏认知，一部分是由于我们的法制未达到近代文明的水准。[②] 因此，如欲排除不法侵害，首要的直接的是掌握实用的法律关系知识并加以利用。[③]

面对殖民者的不法侵害，清政府的一些官员，一方面出于对西方殖民者强

---

① 王玫黎. 国际法观念与近代中国法律改制［J］. 郑州大学学报（哲学社会科学版），2003（7）：149.

② 蒋廷黻. 中国近代史大纲［M］. 北京：东方出版社，1996：20-21.

③ （清）魏源. 海国图志［M］. 长沙：岳麓书社，2011：39、1124.

权的义愤，力图解除条约中不利条款对中国的束缚，伸张自己的权益；另一方面，出于与西方国家办理外交事务的实际需要，尽管晚清知识界国际观念的建立和对国际法的接受，不是一种简单和直接的移植行为，是通过人类"普世价值"逻辑媒介逐步进行的，也正因如此，惠顿的《国际法原理》著作才被命名为"万国公法"。但是，他们逐渐认识到有必要了解西方在调整国际关系方面的新方法，因此力主将近代国际法引入中国。鸦片战争前夕，为了禁烟，林则徐就开始收集有关西方国际法的著作，将收集来的著作中的一些章节译为中文，他宣告鸦片为违禁品并要求英国商人交出进行焚烧，并且致信英国女皇，要求停止鸦片贸易，信中就利用了瓦特尔著作为据。① 19 世纪 60 年代，惠顿的《万国公法》被翻译出版，清政府官员董恂在《万国公法》序中，强调翻译此书的宗旨是："今九州外之国林立矣。不有法以维之，其何以国？"② 希望以国际法来整肃国际秩序。张斯桂在序中认为："是书亦大有裨于中华，用储之以备筹边之一助云尔。"③ 其明确提出以国际法为对外交涉的武器，来达到捍卫国家和民族利益的目的。

在中秘条约事件中，清朝官员就援引国际法的有关条例维护了部分权益④。此事使清政府在处理国家间关系上初步尝到了运用国际法的甜头，促使它们在后来办理外交事务时，逐渐以国际法作为武器维护国际利益。1864 年春，普鲁士公使乘坐一艘军舰来到中国。他在大海上遇到 3 只丹麦商船，予以拿捕作为捕获品，对此总理衙门提出抗议。在以国际法原则为依据的抗议和清廷将不接待普鲁士公使的震慑下，普鲁士释放了两只丹麦商船并对第三只商船赔偿 1500 元。清政府从采用国际法的好处中逐步领略到掌握西方法律对中国的益处。为了挽回国家主权，就不得不向西方法制靠拢。这样，以国际法的选采为导引，

---

① 王铁崖. 中国与国际法———历史与当代［M］. 北京：中国对外翻译出版公司，1992：24.

② ［美］惠顿. 万国公法［M］. 上海：上海书店出版社，2002：1.

③ ［美］惠顿. 万国公法［M］. 上海：上海书店出版社，2002：3.

④ 杨泽伟. 近代国际法输入中国及其影响［J］. 法学研究，1999（3）.

以收回治外法权为目的，清末的中国开始了自己的法制改革。①

1843 年中国司法主权丧失到 1943 年司法主权的基本收复的百年之中，排除殖民者在华司法特权的侵害，一直是法律人特别是涉外官员努力奋斗的目标。西方国际法知识的传播，以及殖民者"只要中国建立起完善的法律制度，吾等可以撤除治外法权制度"的许诺，激励着中国统治阶层和知识分子为健全中国的法制而努力。"中国改良律例，慎重法庭，自是切要之问题也。"② 民间法中的习惯法使民间社会生活（尤其是经济生活）成为可能，这是中国法律史上最可注意的一种现象，这种情形在明清两代（尤其是清代）获得了最充分的发展和表现。③ 习惯并非法律，也不可能自动上升为法律，上升为法的习惯须经由某个中介环节——法院等法律设施。霍贝尔认为法庭可以是"公众舆论的制裁"的场所④。沈家本、伍廷芳等快马加鞭地修订晚清律例的同时，各级审判厅纷纷建立。⑤ 但是，由于各种因素交织的结果，此项法制变革，并未将"书本上的法"转变成"行动中的法"，呈献给历史的只是一份"不及格的成绩单"⑥。据统计，到 1926 年"县长兼理司法者约占全国百分之九十二，而新式法院不过略资点缀而已"⑦，凭借这种过渡性的司法组织，尚不足以抵抗殖民者在华领事裁判权的侵害，排除侵害的目标只好交由外交交涉来完成。

一战期间，在列宁、威尔逊等倡导下，民族自决成为国际社会普遍接受的法律原则，民族自决权作为一项基本权利成为反帝反殖的有力武器。1919 年巴黎和会上，中国代表明确提出撤废领事裁判权的提案，提案的具体内容是：首先，中国请求有约诸国先于一定期间内，俟中国实行下列两条件后，将现行于中国境内领事裁判权之陋制，实行撤废。第一，刑法、民法及民刑诉讼法，完

---

① 王玫黎．国际法观念与近代中国法律改制［J］．郑州大学学报（哲学社会科学版），2003（7）：151.

② 伍廷芳，中华民国图治刍议，第十一章．

③ 梁治平．清代习惯法：社会与国家［M］．北京：中国政法大学出版社，1996：37.

④ 梁治平．清代习惯法：社会与国家［M］．北京：中国政法大学出版社，1996：144.

⑤ 李启成．晚清各级审判厅研究［M］．北京：北京大学出版社，2004：58.

⑥ 欧阳湘．近代中国法院普设研究——以广东为个案的历史考察［M］．北京：知识产权出版社，2007：94.

⑦ 十年来之司法行政［N］．南京中央日报，1937-04-25.

全颁布；第二，各旧府治所在之地（实际上外国人普通居住之地）地方审检厅，完全成立。中国允于5年内实行上列两条件，同时要求有约诸国允俟该条件实行后，即将领事裁判权撤废，其中中国境内设有特别法庭者，同时一并裁撤。其次，在领事裁判未实行撤废之前，中国要求有约诸国立为下列两项之许可：第一，华洋民刑诉讼被告为中国人，则由中国法院自行讯断，毋庸外国领事观审参与；第二，中国法院发布之传票拘票判决书，得在租界或外国人居宅内执行，毋庸外国领事或司法官预行审查。① 1921年华盛顿会议上，中国代表王宠惠再次提出在华领事裁判权撤废办法。各国借口中国司法不健全而予以拒绝，后经中国专使一再据理力争，各国答应闭会3个月后，由各国政府派代表组织司法视察团到华视察各省司法状况，最终促成1926年法权大会召开。针对"不平等条约"条款内容对中国的不法侵害，1926年年底，国民政府发起了一场要求殖民者支持的"改订新约运动"。殖民者大多表示同意取消在中国的领事裁判权，但又用附件的形式对这一内容有诸多保留。1929年到1930年国民政府先后收回天津的比利时租界、镇江英租界、威海卫租界、厦门英租界；从1929年5月8日至1930年1月7日，历经长达8个月的外交交涉，终于收回了与英、法、美、荷兰、挪威、巴西共6国有关系的上海临时法院。

"九一八"后，顾维钧被任命为国民政府的外交部长，他督促国联成立了"李顿调查团"，在东三省收集日本侵华的证据，并最终形成了"李顿报告书"，确认日本发动的是不折不扣的侵略战争。可以说，顾维钧的努力从法理上给日本对华战争定了性，为中国人民彻底排除殖民者的不法侵害奠定了法律根据。在抗战时期，中国战场抗击着约180万日军，美国要利用中国的力量在远东战场上拖住日本，以减轻其在太平洋战场上的军事压力。1939年1月，英国向中国表示"准备于战争结束之后，根据互惠平等原则，与中国政府谈判废除治外法权，交还租界及修改条约"。1941年，美国政府也表达了同样的态度。1942年10月9日，美国副国务卿威尔斯将取消在华领事裁判权及有关特权的文告面交中国驻美大使魏道明。次日，英美两国同时宣布，废除在华之不平等条约，

---

① 梁敬錞. 在华领事裁判权论 [M] . 北京：商务印书馆，1930：165.

此后，中、美、英三国就订立新约问题，在重庆举行谈判。10月底，巴西、加拿大、挪威、荷兰、阿根廷等国先后与中国商订新约，放弃在华特权。1943年1月9日，日本与汪伪政府签订了《关于交还租界及撤销和废除治外法权之协定》，这给英美等国以强大压力，加速了英美与国民政府的谈判进程。1943年1月11日，中国驻美大使魏道明与美国国务卿赫尔在华盛顿签署了《中美关于取消美国在华治外法权及处理有关问题之条约》与换文，同日，国民政府代表宋子文与英国代表薛穆、黎吉生在重庆签署了《中英关于取消英国在华治外法权及其有关特权条约》。《中美关于取消美国在华治外法权及处理有关问题之条约》规定：北平使馆界以及上海与厦门公共租界之权利与义务移交给中国政府。《中英关于取消英国在华治外法权及其有关特权条约》规定：英国将北平使馆界以及天津、广州、上海、厦门租界的权利与义务放弃并移交于中国。在美英带动下，法国、比利时、挪威等国先后同中国签订新约，宣布放弃在华租界和租借地的权利与义务及其他各项特权。西方殖民者在商埠及其租界和租借地的系列特权被撤废，标志着西方殖民者在中华大地上肆虐横行整整100年的不法侵害从法律条约文本上最终结束。

鉴此可知，随着西方走过近代，及其西风东渐的全球多元一体化进展，近代中外特别是中西之间出现了主体际关系的现象。此种现象在近代中国的初期表现主要以商埠为舞台，以中西国家间条约的法律形式为依据，以侵害中国权益为实质内容，但随着中西之间交往的增加，国人官民不断习行主体际关系的规律，在逐渐排除不法侵害过程中，接受并利用近代行为文明的便利，同时，容受并积累近代主体际关系文明经验，为中国近代社会关系转型提供了镜鉴。

**推荐阅读书目**

［1］王尔敏. 王政通商变局［M］. 桂林：广西师范大学出版社，2006.

［2］王晓秋. 近代中国与世界互动与比较［M］. 北京：紫禁城出版社，2018.

［3］李育民. 晚清中外条约关系研究［M］. 北京：法律出版社，2018.

[4] 朱梅光. 近代中国外交史学研究 [M]. 合肥：时代出版传媒股份有限公司黄山书社，2012.

[5] 唐贤兴. 近现代国际关系史 [M]. 北京：世界知识出版社，2005.

# 第九章

# 中国与世界博览会

世界博览会诞生于各个国家和地区通过日益密切的交流成为一个整体的历史进程中，旨在将世界各国聚在一起，在特定时空集中展示全球人类文明的最新成就。近代以来，中国真正地成为世界的一部分，对中国和世界都具有重要意义。在此过程中，中国通过参与世界博览会，开眼看世界的同时，将中国呈现在世界舞台上，使世界各国能够更好地了解中国。

## 一、晚清中国参与世博会活动

### （一）世界博览会起源

有关博览会的起源，有学者认为博览会或展览会无论中外，古代就已萌发，最早的表现形式为集市，如中国的"市""肆""集""墟""庙会"，欧洲的集市等。① 关于近代意义博览会的起源，国内外学界说法不一。目前比较公认的说法是近代意义的地方博览会起源于 1798 年在法国巴黎举办的工艺博览会；世界博览会（国际博览会，旧译万国博览会或万国赛会）则源于 1851 年在英国伦敦召开的"万国工业品大博览会"（The Great Exhibition of the Works of Industry of All Nations）②。

18 世纪中叶到 19 世纪中叶，工业革命率先在英国发生，随后迅速向整个欧洲推进。这一时期的英国成为最发达的资本主义国家，一度成为"世界工场"。

---

① 洪振强. 民族主义与近代中国博览会事业（1851—1937）［M］. 北京：社会科学文献出版社，2017：21.

② 马敏. 中国近代博览会事业与科技、文化传播［J］. 历史研究，2004（2）：98.

英国通过多种方式展示工业成果，推广先进工农业机械，开启新的市场。1754年英国成立"艺术、工艺与商业促进发展学会"，以鼓励各种促进工商业发展的技术和发明。1761年，英国艺术学会颁发奖品，奖励农具及各种器械，如微型风车、手纺车、脱粒机、苹果榨汁机和各种轮船模型、纺织机械等英国各类科技发明。①

法国经过资产阶级革命后，日益强盛，到拿破仑时代，更是威震整个欧洲，但工业发展水平仍难以超越英国。为了与英国竞争，1798年拿破仑发起了以劝业为目的的工艺博览会，"总以能破坏英国工业为第一战争，必使人认识法国之制造品，为排击英国之制造品中最强之兵器"②。1798年，法国在巴黎设立第一次国内劝业博览会后，认识到此法有利于促进本国工商业发展，之后于1801年、1802年、1806年先后在巴黎召开博览会，从1819年开始每5年举办一次，至1849年共举办11次博览会。继法国之后，其他欧美国家，如英国、俄国、美国、西班牙、葡萄牙等国都举办过规模不一、次数不等的博览会。这些博览会多为国内博览会。

这一时期的英国在艺术学会的组织下仍保持着举办展览会的传统。1843年，维多利亚女王的丈夫阿尔伯特亲王（Prince Albert）任艺术学会主席。1846年，亨利·科尔（Henry Cole）加盟艺术学会。英国在1847年和1848年举办了两次展览会。1848年的博览会吸引了7万人次参观。阿尔伯特亲王等决定从1851年开始效仿法国，每5年举办一次大型展览会。1849年，亨利·科尔前往观摩巴黎博览会。法国曾想把1849年博览会办成国际性，最终因害怕竞争而放弃。回国后亨利·科尔问阿尔伯特亲王，英国的展览办成国家级还是国际性。亲王明确地说"英国展览必须包括外国展品，展览会必须是国际性的"，由此将展览会从国内推向国际，开创了世界博览会的先例。③

---

① 乔兆红.一切始于世博会：博览效应与社会发展［M］.上海：上海三联书店，2008：23.

② 洪振强.民族主义与近代中国博览会事业（1851—1937）［M］.北京：社会科学文献出版社，2017：22.

③ 周秀琴，李近明.文明的辉煌：走进世界博览会历史［M］.上海：学林出版社，2007：12.

　　1851 年 5 月 1 日，第一届世界博览会在伦敦海德公园盛大开幕。维多利亚女王宣言："今日为博览会大功告成之日，得无上之光荣，具伟大之规模，此我国与我最爱之阿尔伯特，所以永垂不朽也！"① 至 1851 年 10 月 15 日闭幕，伦敦世博会共展出来自 25 个国家和 20 多个殖民地的 1.4 万名参展者的近 10 万件展品，吸引了来自世界各地的 630 多万参观者，盈利 18.6 万英镑。② 这次博览会的展厅"水晶宫"由约瑟夫·帕克斯顿（Joseph Paxton）设计，由 30 万块玻璃和 6000 根铁梁造成，通体透明、壮丽辉煌，成为这次博览会最具代表性的标志，展示当时最高科技水平，预告了"玻璃时代"的到来。③ 这次世界博览会为英国赢得声誉，推动世界工业经济和贸易的发展，促进世界各国间的了解和进步。继伦敦世博会后，其他各国相继竞行，举办了一系列世界博览会。

（二）首届世博会上的中国身影

　　从世界博览会诞生之日起，中国与世博会就有了联系。1851 年伦敦举办第一届世界博览会时，英国试图邀请清政府参加。当时在华的英国官员向两广总督提出了"在博览会上进行合作的建议"，但是遭到了拒绝。④ 清政府官方虽没有参与伦敦世博会，但是有中国人和来自中国的商品出现在世博会的舞台上，较为受关注是出现在世博会巨幅油画上的身穿官服"广东老爷"希生（Hesing）和获得金、银大奖的"荣记湖丝"。

　　英国画家利塞鲁斯（Henry Selous）根据伦敦世博会开幕式场景绘制了巨幅纪实油画。在这幅画中，希生老爷站在右侧观礼嘉宾的前排，引人注目。据学界的研究，希生并非清朝官员，他来自当时停在泰晤士河上的"耆英"号商船。1846 年 8 月，几个英国商人在广东购买了这艘船。对大多数没有来过中国的西

①　洪振强. 民族主义与近代中国博览会事业（1851—1937）[M]. 北京：社会科学文献出版社，2017：24.

②　周秀琴，李近明. 文明的辉煌：走进世界博览会历史 [M]. 上海：学林出版社，2007：68.

③　马敏. 中国走向世界的新步幅：清末商品赛会活动述评 [J]. 近代史研究，1988（1）：118.

④　上海图书馆. 中国与世博历史记录（1851—1940）[M]. 上海：上海科学技术文献出版社，2002：54.

方人来说，中国还是一个神话。这些英国商人想将这艘中国制造的船舶打造成一个流动的中国博物馆，船上大量使用中国船员，并满载中国特色的商品开往西方，以此来赚取巨大的商业利益。[①] 商人们雇用英国人查尔斯·科特勒（Charles Kotler），通过贿赂广州官员，把船开到香港并准备远航。"耆英"号远航的消息在中国香港引起巨大的轰动，吸引了众多参观者。1846 年 12 月，"耆英"号从香港出发，船上有 38 名中国人，20 名英国人，船长还雇用了一位中国画家和"中国特使"——希生老爷。[②] 1847 年 7 月，"耆英"号到达纽约。当地报纸宣称"用一小时的时间就能了解中国"。许多民众以能够到这艘中国船上参观为荣。在 3 个月时间里，约有 10 万人前来参观。1848 年 3 月，"耆英"号抵达伦敦，成为伦敦的一个著名旅游景点。在第一届伦敦世博会开幕前，维多利亚女王、文学家狄更斯等各界名人都上船参观。随船留在英国的希生也因此作为嘉宾被邀请出席了伦敦世博会的开幕式，并受到隆重礼遇。[③]

1848 年，英国伯明翰造币厂为纪念"耆英"号商船到达英国还专门铸造了纪念章，其中一枚纪念章的正面是希生老爷的半身胸像，两旁刻有中文的"希生"两字，胸像下有雕刻师韩礼德（Halliday）和伯明翰造币厂的缩写，背面是对商船来历的介绍。另一枚纪念章的正面为浅浮雕大海上正在行进的"耆英"号商船，背面介绍了商船的详细情况。

在伦敦世博会的展厅中有中国馆，其中的展品大多是英国在华商人收集送去英国参展。1850 年 6 月和 7 月，一些在华的英国政界、商界人士分别在香港和广州两地召开了多次会议，讨论促使中国商品到伦敦世博会展出的事宜，"会议的目的在于起到一种推动的作用"[④]。他们为此在广州还成立了专门的委员会。当时在华的英国官员和商人们的确组织了相当多的中国商品赴伦敦参展，包括丝绸、棉花、药材、茶叶、植物蜡、煤炭、雨伞、折扇等工农业产品和刺

---

① 仝冰雪. 世博会中国留影（1851—1937）［M］. 上海：上海科学院出版社，2009：22-23.

② 仝冰雪. 世博会中国留影（1851—1937）［M］. 上海：上海科学院出版社，2009：23.

③ 仝冰雪. 世博会中国留影（1851—1937）［M］. 上海：上海科学院出版社，2009：17.

④ 上海图书馆. 中国与世博历史记录（1851—1940）［M］. 上海：上海科学技术文献出版社，2002：54.

绣、漆器、翡翠、瓷器、鼻烟壶等工艺品。①

英国政界、商界以外，亦有中国商人送商品参展，其中最为知名的是买办商人徐荣村将自己经营的"荣记湖丝"送去参展。徐荣村，广东香山人，在上海开埠后到上海经商，在英商宝顺洋行（Dent Company）担任买办。英国宣布将于1851年举办首届世界博览会。极具商业敏感与智慧的徐荣村获悉后深知这是一个难得的机会，他很快命人精选了12包自己经营的"荣记湖丝"，紧急船运到伦敦。最初，由于包装不够精致，"荣记湖丝"遭到了冷遇，但在长达数月的展览中，经过反复比较，"荣记湖丝"的各种优点逐渐显现出来，受到众人的青睐。最后评选时，评委的评语是："在中国展区，上海荣记的丝绸样品充分显示了来自桑蚕原产国的丝绸的优异品质，因此评委会授予其奖章。"② "荣记湖丝"一举夺得金、银大奖，英国维多利亚女王亲自颁发奖牌和奖状。"荣记湖丝"虽在伦敦世博会获金、银大奖，但并没有引起清政府对博览会的重视。

（三）以维也纳博览会、圣路易斯博览会为例

在伦敦世博会后，纽约、巴黎、伦敦先后举办世界博览会。清政府官方均没有参与。清政府正式接到官方邀请是总理衙门成立后的1866年。法国邀请中国参加1867年巴黎世博会。清政府对博览会不了解，兴趣不足，拒绝官方参加，晓谕中国商民征集物品参加，并札饬总税务司赫德所有赴赛展品过关免税。这是清政府首次以间接的民间方式接纳博览会。③

从1866年总理衙门首度受邀参加法国巴黎世博会起，至1911年清朝覆灭为止，中国共计收到超过80次以上的邀请。赵祐志将80次受邀详情列表，其中清政府反应分为七种：（一）不详，（二）未参加，（三）晓谕商民参加，（四）使馆派员参加，（五）政府派员参加，（六）海关寄物参加、商民自行参加，

---

① 上海图书馆. 中国与世博历史记录（1851—1940）[M]. 上海：上海科学技术文献出版社，2002：54.

② 上海图书馆. 中国与世博历史记录（1851—1940）[M]. 上海：上海科学技术文献出版社，2002：52.

③ 洪振强. 民族主义与近代中国博览会事业（1851—1937）[M]. 北京：社会科学文献出版社，2017：67.

（七）官民组团参加。① 在这 80 次邀请中，清政府决定积极参与共 13 次，包括 1873 年奥国维也纳万国商品陈列会、1876 年美国定鼎百年纪念费城万国赛奇会、1878 年法国巴黎各国炫奇会、1883 年英国京城万国渔户器具赛奇会、1883 年荷兰阿姆斯特丹万国炫奇会、1884 年美国纽约棉花赛奇会、1900 年法国巴黎万国赛奇会、1902 年法属越南河内赛会、1903 年日本大阪第五次劝业博览会、1904 年美国圣路易斯购得路易斯安那百年纪念万国赛会、1905 年比利时列日万国各种赛奇会、1906 年意大利米兰万国赛会并附设渔业赛会、1910 年比利时布鲁塞尔万国赛会。

清政府对参加博览会并不积极，究其原因是多方面的。一是对博览会的性质和功能有误解。晚清朝野士人将博览会视为无关宏旨的赛珍耀奇之举，博览会在当时多译为"炫奇会""聚珍会""聚宝会"等，隐然含有"奇技淫巧"的鄙薄之意。"吾国旧时赛会二字，不求本意，谬译曰赛珍，遂若赛会为炫奇斗异之举者。"②二是清政府对参与博览会有多重隐忧。据赵祐志的研究，其一是赛品免税。欧美举办博览会，向有免除参展品出口税的惯例，但总理衙门收到博览会邀请，担心免税将会发生走私。其二是列强觊觎。总理衙门担心送展的生铁、皮货、瓷器、瓷土、漆器、釉料、绸料等各地物品，引起列强的觊觎。其三是成本亏折。总理衙门担心无法收支平衡，造成亏赔折本。③

随着对博览会了解的加深，朝野士人认识到博览会具有"联交睦谊""推广贸易""增长见识""奖材励能"等作用。④ 在增进了解的过程中，清政府对参与博览会经历了从疑惧、抗拒到接受的过程。下面从晚清参与的博览会中选取两个例子来说明：一是 1873 年维也纳世博会，首次由官方组织参与；二是 1904 年圣路易斯世博会，晚清时最受重视的博览会。

---

① 赵祐志. 跃上国际舞台：清季中国参加万国博览会之研究（1866—1911），马敏编. 博览会与近代中国 [C]. 武汉：华中师范大学出版社，2010：15–17.
② 马敏. 中国近代博览会事业与科技、文化传播 [J]. 历史研究，2004（2）：100.
③ 赵祐志. 跃上国际舞台：清季中国参加万国博览会之研究（1866—1911），马敏编. 博览会与近代中国 [C]. 武汉：华中师范大学出版社，2010：20–22.
④ 洪振强. 论晚清社会对博览会的观念认知 [J]. 学术研究，2009（2）：102.

1. 维也纳世博会

1870 年年底总理衙门收到奥匈帝国驻华公使邀请参加 1873 年维也纳世博会的照会。清政府以"中国向来不尚新奇，无物可以往助"为由拒绝。奥国公使一再请求"酌量助彩"，清政府顾及邦交，"愿助成善举，以昭示和睦不二之谊……特因两国交谊，不肯漠视……若该商民在公会中，能有利益，亦中外和好之一效"①。商人们对参加博览会热情很低。到 1872 年中期，奥匈政府向清政府请求建立一个专门机构负责计划、监督和推动参展工作，使中国的展品既具有代表性，又令人信服。总理衙门授权赫德迅速妥善处理。②

赫德在中国展品的收集、编排、运送等具体操作及注意事项等方面都做了详尽的指示。赫德任命粤海关税务司包腊（Bowra）担任筹办展览的专员，总负责展品的征集和运送，要求各口岸海关积极予以配合。同时，赫德还组织各海关编撰了 1863—1872 年 10 年间的贸易统计，作为征品依据。③ 海关将筹集到的数量庞大、种类繁多的各类样品和标品及民间的各类展品运送到维也纳参展。展品的数量，据海关的编号有 5320 号，各号属下展品数还不止于此。④ 赫德还派出包腊、汉南（Charles）、德璀琳（Detring）、杜德维（Drew）、葛德立（Cartwright）等海关税务司作为中国代表团成员赴会打理事务。在包腊的出色组织下，中国展厅在各个方面都获得巨大成功，各式各样展品与广泛分发的中国展品目录等相配合，展示和介绍了各种展品在中国的用途、价值和各种风俗文化。中国人的衣食住行和中华悠久文化通过展品呈现在世界面前，引起参观者的兴趣。《万国公报》称"中国寄往各物遝迩，争观恐后，以为见所未见也"⑤。

---

① 赵祐志. 跃上国际舞台：清季中国参加万国博览会之研究（1866—1911），马敏编. 博览会与近代中国 [C]. 武汉：华中师范大学出版社，2010：27.

② 沈惠芬. 走向世界——晚清中国海关与 1873 年维也纳世界博览会 [J]. 福建师范大学学报，2004（4）：107.

③ 洪振强. 民族主义与近代中国博览会事业（1851—1937）[M]. 北京：社会科学文献出版社，2017：67.

④ 沈惠芬. 走向世界——晚清中国海关与 1873 年维也纳世界博览会 [J]. 福建师范大学学报，2004（4）：110.

⑤ 沈惠芬. 走向世界——晚清中国海关与 1873 年维也纳世界博览会 [J]. 福建师范大学学报，2004（4）：111.

中国参展的成功让清政府感到满意，海关承办博览会事务的能力得到肯定。此后，总理衙门对各国邀请参加博览会的照会基本上都应接下来，交给总税务司来办理，由此奠定了中国参加博览会和海关承揽世博事务的局面。① 在特定历史条件下，海关承办国际博览会事务有助于中国走向世界及世界了解中国。然而，以外国人为主导的海关筹办博览会意在完成任务，无意利用博览会开拓市场，发展中国工商业。外国人选送的展品往往反映他们心中神秘而落后的东方形象，有损中国的国际形象。②

### 2. 圣路易斯世博会

1904年圣路易斯世博会是清政府最为重视，积极参与的一次博览会。早在1901年，驻美公使伍廷芳致函外务部，转达美国国务卿海约翰（Hay J.）邀请中国参加博览会的照会。③ 1902年2月，美国驻华公使康格（Conger）正式向清政府递交邀请函。1902年7月，美国派特使巴礼德（Barrett）来华邀请中国赴会，觐见了慈禧太后、光绪皇帝，先后拜见了庆亲王奕劻、盛宣怀、刘坤一、张之洞等。面对美国的盛情邀请，清政府非常重视。一是清末重商主义使然，欲通过赴赛繁荣商务，振兴实业；二是庚子事变使中国国际形象受损，清政府想乘参加国际博览会之机改变腐朽没落、愚昧无知的形象；三是美国相比其他列强对华更为友好，借参展联络与美国的友谊。④

清政府任命贝子溥伦为正监督，首批留美幼童黄开甲和东海关税务司美国人柯尔乐（Carl）为副监督，由总税务司赫德等人协同办理赴美赛会事宜。地方政府和民间也很积极地参与此次世博会。参会的展品和商品有海关负责筹集的，也有商人自发组织的。在广东、上海、浙江等地还出现了一些专为参加博

---

① 沈惠芬. 走向世界——晚清中国海关与1873年维也纳世界博览会 [J]. 福建师范大学学报，2004（4）：111.

② 林芳. 中国近代博览会之第一人：陈琪传 [M]. 北京：中国社会科学出版社，2009：44-45.

③ 李爱丽. 晚清美籍税务司研究：以粤海关为中心 [M]. 天津：天津古籍出版社，2005：163.

④ 洪振强. 民族主义与近代中国博览会事业（1851—1937）[M]. 北京：社会科学文献出版社，2017：70-71.

览会而筹组的公司，如北京工艺局、广东广业公司、中国茶磁赛会公司等。① 据学者的统计，圣路易斯世博会中国共 25 个省份和地区，47 个中外公司和个人参展，共展出约 10758 号展品，其中不仅有传统工艺品，更有不少新造物，参展规模比历届世博会都大。② 在这些展品中，有一件特殊的展品是慈禧太后的肖像画。这幅画是美国女画家柯姑娘所画，以改善慈禧太后的国际形象。③ 柯姑娘是副监督柯尔乐的姐姐，经美国驻华公使康格夫人介绍入宫，在宫中生活了 9 个月，为慈禧太后画了 4 幅画。④ 中国在此届博览会上收获颇丰，共获得 190 个奖项，其中超等文凭 36 个、金奖 68 个、银奖 56 个、铜奖 30 个，分布在教育、艺术、人文、制造品、交通运输、农产品、林业、采矿和冶金、渔猎、人类学等门类。⑤

## 二、南洋劝业会

伴随着参加世界博览会的历程，清政府逐渐认识到举办博览会对经济、贸易、国际交流的促进作用，开始加以重视。日本于 1877 年 8 月 21 日至 11 月 30 日在东京上野公园内举行了"第一回内国劝业博览会"，该会持续 3 个多月，参观人数达 45 万多人。⑥ 之后日本多次举办国内博览会，"我国闻风兴起，也渐知所谓'博览会'的重要"⑦。伴随着清末振兴工商的举措，清政府对博览会更为重视。贝子载振于 1902 年出使英国、法国、比利时、日本等国进行考察，认识

① 林芳. 中国近代博览会之第一人：陈琪传［M］. 北京：中国社会科学出版社，2009：52.
② 林芳. 中国近代博览会之第一人：陈琪传［M］. 北京：中国社会科学出版社，2009：56.
③ 卡尔. 一个美国女画师眼中的慈禧［M］. 晏方，译. 北京：中国工人出版社，2008.
④ 有些研究中称柯姑娘是柯尔乐的妹妹，是不对的，柯姑娘 1854 年出生，柯尔乐 1861 年出生。
⑤ 李爱丽，晚清美籍税务司研究：以粤海关为中心，附录二"1904 年圣路易斯博览会中国展品获奖名单".
⑥ 马敏. 世博会与近代东亚的参与［J］. 华中师范大学学报，2010（5）：78.
⑦ 王翔. 中国近代化的一个里程碑：1910 年南洋劝业会述论［J］. 江海学刊，1989（3）：129.

到"赛会一事，实为各国商务最要关键"，1903 年又率队赴日本考察大阪博览会。①从 1903 年大阪博览会开始，清政府及地方政府积极派遣人员观摩和考察。

国内倡议办博览会的呼声越来越高。1904 年，南洋归侨张振勋回国入京，捐了二十万银两。在慈禧太后召见时，他建议清政府开办一大规模博览会，以开国人视野、繁荣经济。② 1908 年，曾赴圣路易斯世博会考察并写下《新大陆圣路易博览会游记》的陈琪和两次参加博览会的严其章向两江总督兼南洋大臣端方提出了 1910 年在南京办国内博览会的设想。端方曾于 1905 年赴欧美考察，对博览会并不陌生，"泰西各国，常于农工商各项品物开设博览会。以资比较，以供研求。……由是农工竞劝，商业勃兴"③。端方对这一设想表示赞同，并指出"此事关系重要，全恃官商合力维持，共图公益"，要求陈琪务必会商沪道、商务局，"体察商情，从长筹议"④。陈琪立即投入博览会方案的规划制订中，经过紧张的商讨研究，向端方呈送了《公园办事处会详稿》，全面阐述了博览会方案，提出了宗旨宜纯、范围宜小、体制宜崇、褒奖宜优、筹备宜速的五大筹备原则。⑤ 端方对陈琪提出的方案大加赞赏，并以此为底稿拟定奏折，同江苏巡抚陈启泰联名上奏，请先创设南洋第一次劝业会，专以振兴实业、开通民智为宗旨。

1909 年 2 月，南洋劝业会总筹办机关劝业会事务所成立。事务所设有会长、副会长、坐办、帮办等职，由坐办、帮办具体负责事务。会长由端方担任，后由新任两江总督的张人俊担任，坐办由陈琪担任。事务所成立后，着手筹备劝业会。事务所相继颁布了《南洋第一次劝业会章程草案》《内国劝业会陈赛章程》

---

① 洪振强. 民族主义与近代中国博览会事业（1851—1937）［M］. 北京：社会科学文献出版社，2017：135.

② 乔兆红. 百年演绎：中国博览会事业的嬗变［M］. 上海：上海人民出版社，2009：204-205.

③ 上海图书馆. 中国与世博历史记录（1851—1940）［M］. 上海：上海科学技术文献出版社，2002：99.

④ 林芳. 中国近代博览会之第一人：陈琪传［M］. 北京：中国社会科学出版社，2009：76-77.

⑤ 林芳. 中国近代博览会之第一人：陈琪传［M］. 北京：中国社会科学出版社，2009：77-78.

等 40 余种章程。事务所设立董事会，筹集募款，预算初为 50 万元，后增至 70 万，官商各半。事务所选定会场在江宁公园，并开始进行场馆建设。事务所派调查员到各地调查物产，劝导出品。事务所积极进行宣传动员。陈琪等先后到上海、天津、苏州等地进行演讲。事务所还派宣讲员到南洋所属各地进行宣讲。①

南洋劝业会的筹办得到了全国各地官绅商的支持。著名实业家张謇、虞洽卿、周金箴、李平书等人为劝业会积极奔走游说，为劝业会的举办做了大量的筹备和组织工作。② 全国各地积极筹备，两江所属各府州分别举办了 39 个物产会，专门展陈地方土特产品，并择优运往南洋劝业会参赛。其他各省也纷纷成立协赞会、出品协会、物产会，举办本地产品展览并选择质量优良者送往南京赴赛，东到浙、闽，北到奉、直，西到秦、滇、蜀，南到粤、湘、赣，"有一省仅设一会者，亦有一省而设三、四会者"，广为搜罗赛品。③ 为鼓励侨民参会，劝业会委派熟悉南洋各埠的王树枬作为调查员前往南洋群岛，专为劝业会事会同各埠侨民，设立出品协会及协赞会，以便集合当地所有产出，采取制造各品，定期运宁入会陈赛。④

经过近两年的筹备，南洋劝业会于 1910 年 6 月 5 日盛大开幕。劝业会会场占地 700 余亩，规模宏大，共建了 30 余个场馆，建筑风格有中式、西式、中西合璧式。劝业会事务所建造布置的有：教育馆、工艺馆、农业馆、美术馆、卫生馆、武备馆、机械馆、通运馆、京畿馆等。另外设暨南馆，陈列南洋华侨的展品；设第一、第二、第三参考馆，陈列欧洲、美国、日本各国的产品，并附设劝工场。各省建造展馆有：直隶馆、东三省馆、山陕馆、四川馆、湖北馆、湖南馆、广东馆、河南馆、山东馆、云贵馆、浙江馆、福建馆、安徽馆、江西

① 洪振强. 民族主义与近代中国博览会事业（1851—1937）[M]. 北京：社会科学文献出版社，2017：153.

② 王翔. 中国近代化的一个里程碑：1910 年南洋劝业会述论 [J]. 江海学刊，1989（3）：129.

③ 王翔. 中国近代化的一个里程碑：1910 年南洋劝业会述论 [J]. 江海学刊，1989（3）：130.

④ 乔兆红. 百年演绎：中国博览会事业的嬗变 [M]. 上海：上海人民出版社，2009：207.

馆，展陈本省出品。另特设江宁缎业馆、湖南瓷业馆、博山玻璃馆 3 个专门实业馆；江南制造局之兰绮馆、广东教育协会之教育出品馆、江浙渔业公司水产馆。① 南洋劝业会的展品数量 100 多万件，分为 24 部，420 类。清政府任命农工商部侍郎杨士琦担任劝业会审查总长，负责审查及授予褒状证书。杨士琦调用学有专门及素有经验的人员担任审查员，明定宗旨"专以奖进实业，提倡公司、局厂为先"。经过长达三个月的审查比较和悉心研究，最后评出一等奖 66 名，二等奖 214 名，三等奖 426 名，四等奖 1218 名，五等奖 3345 名，合计 5269 名。②

劝业会会场进行了精心布置，会场大门是红木牌楼，高三丈余，用彩灯装饰"南洋劝业会"五个大字，到夜间更是光彩夺目。会场各展馆之间摆放了各种奇花异草，环境优美。会场内设有贩卖部、饮食店、旅社、剧场等各种服务设施，为游客参观之余提供了休息、娱乐之便。南洋劝业会纪念塔中建造了一座电梯，"其挺立而独高者为电梯，高二十余丈"，登上楼顶，"全场规模隶于足底，场外山林收入眼帘"，整个会场一览无余。会场外围专门铺设了轻便铁路，备有专用车厢，可随时供游客乘坐参观。会场既是一座大展览馆，又是一座大型公园。③ 南洋劝业会从 1910 年 6 月 5 日开幕，至 1910 年 11 月 29 日闭幕，会期历时半年，得到了社会各界人士的广泛关注，各地绅商大贾、政学首脑纷纷前来，南洋华侨和日本、美国也派来代表团，参观人数 30 多万。

南洋劝业会给参观者留下了深刻、难忘的印象。1910 年 8 月，鲁迅率领绍兴府中学堂的 200 多名师生前去参观。据吴仁昌的回忆，除了白天自由参观外，学生们还特别喜欢夜游。因为夜间电灯齐明，而以会场正门口彩牌楼的电灯最多，和府校一间屋两盏火油灯对比，一明一暗，相差何止天壤。有不少学生是第一次见到电灯、轮船、火车、汽车、铁路等。一个星期的参观，师生们满载而归，大家都赞扬鲁迅，说"百闻不如一见""南京一行胜读十年书""我们这

① 林芳. 中国近代博览会之第一人：陈琪传 [M]. 北京：中国社会科学出版社，2009：93.
② 乔兆红. 百年演绎：中国博览会事业的嬗变 [M]. 上海：上海人民出版社，2009：211.
③ 林芳. 中国近代博览会之第一人：陈琪传 [M]. 北京：中国社会科学出版社，2009：95.

些绍兴'井底蛙'已由豫才先生带领游过汪洋大海了"①。茅盾所在的湖州中学也组织师生去劝业会进行三天半的参观:"三天是参观南洋劝业会各馆,半天是自由活动,或访友,或购物。当我们到浙江馆看见展出的绸缎、绍兴酒、金华火腿等特产,倒也等闲视之,可是听说绍兴酒得银奖牌,却大为惊喜。我们对四川、广东等各省展出的土特产,都很赞叹,这才知道我国地大物博,发展工业前途无限。"②

南洋劝业会历时半年,造成了数十万元的亏空,似乎未能取得预期成效,但是并不能以此来衡量它的价值和意义。南洋劝业会是晚清中国规模最大的全国性博览会,集中体现了中国近代文明所达到的水准,对近代中国社会产生了广泛而深远的影响。③ 第一,南洋劝业会扩大了博览会的影响,使社会风气发生很大变化,"其初发生也,民间应者稀。至最近而贾于廛、工于肆、农于野,处于南方之途者,莫不曰劝业会",起到了"开一时之风气,策异日之富强"的作用④。第二,展览与交流的同时,对展品进行研究,促进改良。1910年6月,南洋劝业会研究会正式成立,李瑞清任会长,张謇任总干事。参加该会的研究员有700多人,定期对劝业会开设的各馆展品进行考察和研究,请有专门学识和富有经验之人研究改良进步的办法。展品研究成果集结而成的《南洋劝业会研究会报告书》,近800页,对各业,特别是对教育、工艺和农业,有详细的研究改进意见。⑤ 第三,借博览会,推动国民外交。南洋劝业会接待美国、日本实业团,不仅仅是商业活动,这种中美、中日间民间团体的交往,有利于增进中美、中日间的相互了解,改善中美、中日之间的关系,是国民外交活动。⑥ 南洋劝业会在推动南京城市建设、增强南洋华侨与祖国联系等方面,起到了不可替

① 薛绥之. 鲁迅生平史料汇编第一辑 [M]. 天津:天津人民出版社,1981:452-453.

② 马敏. 寓乐与会:近代博览会与大众娱乐 [J]. 史学月刊,2010(1):97.

③ 乔兆红. 百年演绎:中国博览会事业的嬗变 [M]. 上海:上海人民出版社,2009:212.

④ 林芳. 中国近代博览会之第一人:陈琪传 [M]. 北京:中国社会科学出版社,2009:116.

⑤ 洪振强. 民族主义与近代中国博览会事业(1851—1937) [M]. 北京:社会科学文献出版社,2017:183.

⑥ 林芳. 中国近代博览会之第一人:陈琪传 [M]. 北京:中国社会科学出版社,2009:102.

代的作用。有学者在总结南洋劝业会的地位和作用时，称它是鸦片战争后 70 年间中国社会在物质文明和精神文明上发生深刻变异的一个标志；是中国社会继续走向世界，走向近代化的一个起点；是中国近代化行程的一个里程碑。①

### 三、博览会与国家形象的塑造

世界博览会为文明与文化在全球的流动提供了天然的理想场所，所流动和交换的，不仅仅是商品、技术与金钱，更是思想、文化与观念，是整体性的人类文明交流，其规模性与直观性都是前所未有的。② 中国参与世博会，在了解其他国家和地区的同时，也站在国际舞台上，使世界各国人民了解中国。正是在博览会整体、立体文明交流活动中，"中国文明首次作为一个有机整体不加掩饰地在国际场合公开亮相，'绍介我们进运之状态于世界万国'，为外界提供了全面鸟瞰中国现状的机会和场所"③。

1851 年，伦敦世博会上，来自中国的展品有丝绸、茶、蜡、棉花、扇子、木材、漆器、拐杖、鼻烟壶等；1876 年，费城博览会上，中国的展品以丝、茶、瓷器、绸货、雕花器、景泰器等为主；1878 年，巴黎博览会上，中国的展品以瓷器、茶叶、古铜器、雕刻、象牙折扇为主。晚清时期中国参加的博览会，展品基本上与上述三次博览会展品相差不大。在这些商品、物产之外，有些展品无法从"实利"的角度来衡量。例如，1862 年伦敦博览会上，展品中的一卷《圣经》《马太福音注释》，英文版的《论语》《大学》《中庸》等中国经典文献；1876 年费城博览会上，展出的留美幼童的功课，"算术、地理、美术、绘图作业，皆有规格"；1904 年圣路易斯博览会上，有慈禧太后的照片、中国的服饰、中国各地的地图、历代钱币等。这些无法归类为商品的部分，事实上多为呈现生活习俗、地理景观或历史文化相关物品，其所表述的并非大清国的某个

---

① 王翔. 中国近代化的一个里程碑：1910 年南洋劝业会述论 [J]. 江海学刊, 1989（3）: 136.

② 马敏. 中国近代博览会史研究的回顾与思考 [J]. 历史研究, 2010（2）: 172.

③ 马敏. 中国走向世界的新步幅——清末商品赛会活动述评 [J]. 近代史研究, 1988 （1）: 129.

特殊部门或面向，而是无法再分割的"中国"。①

　　中国的一些展品，受到参观者的关注和称赞。例如，中国传统产品如丝、茶、瓷器、绸货、雕花器、景泰蓝等在各国中"推为第一"；中国展馆按照中华样式由手工制造的精巧华美的木器、橱柜、桌椅铺垫等，参观者见所未见，不由得啧啧称美，认为华人心思灵敏，甚有过于西人。② 整体而言，中国参会的展品所呈现的是一个"传统农业"国家形象，体现在经济上是以农副产品、手工制品等为主，文化上是以文房四宝、古玩字画等为主，工艺上是以瓷器、丝绸、绣品等为主，生活风俗上是以烟具、婚嫁丧葬物品等为主。③ 在博览会中国场馆布置上，更多体现出"王朝"色彩，从场馆命名来看，有的称"大清国"，实则指"大清朝"；从场馆布置看，建辕门、插龙旗，有的场馆仿造宫殿、陈列皇家居室，有的陈设慈禧太后、皇帝的容像，以体现皇室的威严。④

　　晚清的中国由于工业化起步晚、整体实力弱、对博览会不甚了解，参与博览会的筹划又长期把控在外国人手中，没能像欧美强国通过博览会来展示国势、宣扬文化。通过博览会来塑造一个现代国家的形象，中国也远没有日本成功。在后发现代化国家中，日本最为成功地利用世博会逐渐塑造出其现代国家的形象，不仅在实力上，而且在外在形象上开始与欧美列强并驾齐驱。⑤ 1904 年圣路易斯世博会中国和日本的场馆和部分展品对比明显。中国馆的建筑是仿溥伦官邸而建，精雕细琢，花样繁多，关注之点似乎在于美轮美奂是否符合皇室之尊，而非如何代表中国，展示形象。中国的展品中不乏珍贵文物，如古铜器、瓷器、书画等，均在"人文教养宫"展出，没能进入象征人类文明最高位阶的"美术宫"。⑥ 而日本选择在巨轮旁建日本馆，意在使观景人潮在巨轮上低头即见日本

---

① 王正华，"呈现"中国：晚清参与 1904 年美国圣路易万国博览会之研究//马敏编. 博览会与近代中国［C］. 武汉：华中师范大学出版社，2010：76.

② 乔兆红. 百年演绎：中国博览会事业的嬗变［M］. 上海：上海人民出版社，2009：118.

③ 洪振强. 国际博览会与晚清中国"国家"之形塑［J］. 历史研究，2011（6）：7.

④ 洪振强. 国际博览会与晚清中国"国家"之形塑［J］. 历史研究，2011（6）：7.

⑤ 马敏. 中国近代博览会史研究的回顾与思考［J］. 历史研究，2010（2）：173.

⑥ 王正华，"呈现"中国：晚清参与 1904 年美国圣路易万国博览会之研究//马敏编. 博览会与近代中国［C］. 武汉：华中师范大学出版社，2010：116，99.

馆全景，摄影取地标之景想必是带到日本馆。日本以"金阁寺"作为日本馆的建筑之一，在摩天巨轮的映照下，传统与现代并陈兼备，既有历史文化又有工业文明，看似不相容，实则互补的形象大获成功。日本锁定乾山瓷，形成符合西方美术创造观的说辞，使该类瓷器及日本文化扬名国际。①

晚清的中国虽然没有能够通过博览会成功塑造一个现代国家的形象，但是在参与博览会的过程，逐渐形成近代国家观念及与之密切相关的利权观。外交官员、留学生、商人等，做出很多努力，以维护"国"之形象。晚清时期，海关长期负责筹备博览会事宜，所选展品中的部分体现了中国落后的一面，如吸鸦片者、乞丐、小脚妇人等雕塑。这些展品多次出现在博览会上，渐渐地引起觉悟了的中国人的不满和抗议，并成为中国人要求自办展览事务的主要原因之一。② 到 20 世纪初期，有识之士对危害"国"之形象的行为，进行了更持续的抗争。1903 年大阪博览会上，主办方在人类馆中欲把福建与其殖民地等同视之。中国留日学生、在日华商、驻日公使等积极采取对策阻止，最终主办方决定不在人类馆展示中国人，将福建出品迁入参考馆中四川出品陈列所内。③

1904 年圣路易斯世博会，美国盛情邀约，中国积极参与，但参展的中国官、商、民仍受到来自美国各方的歧视。1903 年 1 月，美国颁布《华人来美赴圣路易斯赛会入口章程》，对华人入美办赛规定了诸多歧视性限制。驻美公使梁诚几经交涉，促使美国重新改订了华人赛会章程，中国官员及随从，赴赛华商不须具保，但赴会场的华工仍须具保，并经过严格审查。④ 参会的展品中，海关筹办的部分中仍有体现中国落后一面的展品。⑤ 贝子溥伦、清政府驻纽约领事夏楝山及众商人、留学生多次交涉，柯尔乐见引起公愤，终将这些落后之物完全撤下。

① 王正华，"呈现"中国：晚清参与 1904 年美国圣路易万国博览会之研究//马敏编. 博览会与近代中国 [C]. 武汉：华中师范大学出版社，2010：116，101.
② 沈惠芬. 走向世界——晚清中国海关与 1873 年维也纳世界博览会 [J]. 福建师范大学学报，2004（4）：111.
③ 洪振强. 国际博览会与晚清中国"国家"之形塑 [J]. 历史研究，2011（6）：15-16.
④ 洪振强. 民族主义与近代中国博览会事业（1851—1937）[M]. 北京：社会科学文献出版社，2017：100.
⑤ 林芳. 中国近代博览会之第一人：陈琪传 [M]. 北京：中国社会科学出版社，2009：60.

在维护"国"之形象的过程中，中国人逐渐意识到海关筹办博览会的弊端。海关外籍官员筹办博览会主要是完成清政府交给他们的任务，无意通过参与博览会促进中国的工商业等各方面发展；而且外籍官员跋扈、专权，排挤中国官员、商人；选送的展品多低劣粗俗。驻外公使、留学生、商人等纷纷要求收回办赛之自主权，由外务部和商部主办参加博览会事宜。这一矛盾在 1904 年圣路易斯世博会更加凸显。商部于 1905 年年底颁布了《出洋赛会章程》，规定："外国遇有赛会，由商部咨行各省督抚晓谕商人有愿赴会者，务于限期内呈报本省商务局商会转报督抚汇咨商部办理。"① 至此，清政府收回了出洋赴赛的主办权。

### 四、博览会对中国的影响

世界博览会是全球性集会，将各国万物荟萃在一起集中展示，是整体性、立体性的人类文明交流。中国参与博览会活动，走出封闭，走向世界，展示自己，反思自我，对近代中国有着深远的影响。

第一，从"天下观"到"世界观"的转变。

鸦片战争以前，中国基本上处于昧于外情的时代，一般人心目中只有"天下"的观念，而没有"世界"的概念。鸦片战争前后，人们才逐步形成以近代地理科学为基础的世界观念。中国人对世界大势的真正把握和多元国际意识的确定，是在派遣驻外使节、出洋留学和出洋赴赛等一系列走向世界的过程中实现的。② 在博览会上，分区展陈各国出品的独特形式，有助于人们正确分辨和确定本土文化在世界文明体系中的位置和角色。1878 年巴黎世博会曾专门兴建一条"万国街"，把各国建筑集中在一起展示。置身其中的人们最能生动而具体地感受到"盖今之天下，乃地球合一之天下"。中国不过是国际大家庭中的普通成员之一，陈腐的"华夷等级秩序"国际观念不攻自破。

第二，忧患与危机意识。

---

① 洪振强. 国际博览会与晚清中国"国家"之形塑［J］. 历史研究，2011（6）：19.
② 马敏. 中国走向世界的新步幅：清末商品赛会活动述评［J］. 近代史研究，1988（1）：124.

中国赴赛的展品，多是传统手工制造或是原料，与欧美等国家展出的声光化电等高科技产品，对比鲜明。参观和考察过各国博览会的人，无不看到中国与强国的差距，深深感到忧虑。中国不仅在机器、工业等方面远不及西方，传统手工业产品也渐失优势。如生丝，中国蚕丝曾独步世界市场，到此时，"条份不匀，或粗或细；线支多病，质脆易断；丝质不净，常杂乱头"，而日本蚕丝业则"殚精竭虑，营业蒸蒸日上，阅时仅三十年，已骎骎手执世界丝业之牛耳。……人进我退，相形见绌"。如陶瓷器皿，"英德两国全由机器制造，规模极大，且其技术极为巧妙，不但成本低廉，制品样式亦多，至不可胜数。德国货品质坚实，价格低廉，最受市场欢迎，即英国货亦有相当之声誉"；相形之下，中国瓷器制造业则衰象毕呈，"今不如古"①。中西之间的巨大落差，激起时人的危机意识，谋求改变自身落后的方法。

第三，竞争的意识。

中西、中日之间的巨大差距，使中国人意识到传统文化中"知足""无争""不言利"等思想观念不再适用。中国在日趋激烈的商战中，要改变落后的境地，需锐意进取，振兴工商业。展览观摩、奖励比赛、提倡竞争，本身就是博览会的含义，正所谓"凡百事业，一经比较，优劣自见，博览会开设之目的，即在于此"②。中国人所倡竞争，不仅同西洋各国争，更强调同日本争，"一则日本是我国近邻，彼强我弱，势必构成严重威胁；二则中国与日本起步相若，但别人日富，我们日贫，差距逐渐拉大，加深了内心的不平衡和焦虑感"③。

第四，从封闭到开放。

博览会之所以具有强大的生命力，成为人类文明进步的助推器，关键在于其"博"、在于其"广"、在于其"大"，在于越来越多的国家和广大民众的积

① 王翔. 中国近代化的一个里程碑：1910 年南洋劝业会述论［J］. 江海学刊，1989（3）：134.

② 王翔. 中国近代化的一个里程碑：1910 年南洋劝业会述论［J］. 江海学刊，1989（3）：134.

③ 马敏. 中国走向世界的新步幅：清末商品赛会活动述评［J］. 近代史研究，1988（1）：126.

极参与。① 在 1851 年第一届世界博览会时，主办方便明确展览会必须是国际性的。近代中国被迫打开国门，走向世界，成为世界的一部分。在这一进程中，博览会扮演了非常重要的角色。晚清中国多次参与博览会，尽管多数不是主动参与；中国举办南洋劝业会，接待来自其他国家的代表团。在这些人与物、商品与文化、物质文明与精神文明相结合的大规模交流活动中，中国真正融入世界，不可能再回到封闭与孤立的状态。

博览会滥觞于工业革命时期的欧洲，初衷为促进国内商业及国际贸易，之后逐渐成为不同文明和文化之间交流与对话的场所，对世界贸易和各国文化交流产生了深刻的影响。晚清中国参加国际博览会是中国迈向世界的重要一步，有助于中国走向世界和世界了解中国，一定程度上促进了中国社会经济的发展和中国人思想观念的转变。今天的中国，早已今非昔比，成功地举办了 2010 年上海世博会，集中展示了改革开放以来中国所取得的成就，进一步提高了中国的国际威望，同时通过世博会，全方位地与世界各国进行文明交流和文化互动。

**推荐阅读书目**

[1] 周秀琴. 文明的辉煌：走进世界博览会历史 [M]. 上海：学林出版社，2007.

[2] 乔兆红. 百年演绎：中国博览会事业的嬗变 [M]. 上海：上海人民出版社，2009.

[3] 林芳. 中国近代博览会第一人：陈琪传 [M]. 北京：中国社会科学出版社，2009.

[4] 洪振强. 民族主义与近代中国博览会事业：1851—1937 [M]. 北京：社会科学文献出版社，2017.

[5] 夏松涛. 展示新中国：展览、空间与新生政权的形象建构（1949—1957）[M]. 北京：中华书局，2020.

---

① 马敏. 中国近代博览会史研究的回顾与思考 [J]. 历史研究，2010（2）：174.

# 第十章

# 晚清中国人的美国旅行与书写

晚清中国人的美国旅行与书写是近代中国人海外旅行与书写的重要组成部分，也是中国人走向世界、了解世界的重要渠道，更是"西学东渐"的重要环节。

中国知识界历来重视收集整理这类海外旅行记录。清末王锡祺辑录的《小方壶斋舆地丛钞》就收录了不少海外游记。20世纪80年代，钟叔河先生主持编纂的"走向世界丛书"（三十五种）更是集大成者。最近几年，岳麓书社赓续旧好、踵事增华，编辑出版了"走向世界丛书"（续编六十五种），蔚为大观。

在"走向世界丛书"基础之上，钟叔河先生还出版了《走向世界——近代中国知识分子考察西方的历史》《从东方到西方——走向世界丛书叙论集》等研究性著作，书中包括专门介绍晚清中国人旅美游记的文章，比如，钟先生为梁启超的《新大陆游记》所写的长篇导言，可谓研究晚清中国人旅美书写的代表性成果。

在历史学界，有些以研究中国近代史为主业的学者，非常关注晚清中国人的旅美书写，俞旦初、熊月之、王晓秋、张礼恒、潘光哲、吴宝晓、闵锐武等人均有相关著述；世界史学界的梁碧莹、杨玉圣、徐国琦等人，也有专门的研究。

当然，晚清中国人的旅美写作是一个跨学科主题，在历史学界之外，其他一些领域的学者也有涉及，比如，国际关系学界的李扬帆，以及研究近现代文学的尹德翔、张治等人，都在各自的博士论文基础上，改编出版了相关专著。

上述诸多研究成果，几乎都会提及晚清著名知识分子、早期报人王韬。

### 一、从王韬"走向世界"

19 世纪六七十年代，王韬曾经游历欧洲、日本，留下了大量的日记、诗文，并通过译书、办报等形式，广泛传播西方历史文化，启蒙了 19 世纪末 20 世纪初的两代知识分子。在写作日记和政论文章之余，王韬还创作了大量涉及海外背景的传奇小说，如曾在《点石斋画报》上连载后集结出版的《淞隐漫录》。

《淞隐漫录》模仿蒲松龄《聊斋志异》的笔法，书中同样充满才子佳人、神仙鬼怪故事，因此后世又称其为《后聊斋志异》；相应地，其插图本也称《后聊斋志异图说》或《绘图后聊斋志异》。

鲁迅先生在《中国小说史略》中评价此书说，王韬作《淞隐漫录》（光绪初成）十二卷，"其笔致又纯为《聊斋》者流，一时传布颇广远，然所记载，则已狐鬼渐希，而烟花粉黛之事盛矣"①。

据王韬在自序中所言，《淞隐漫录》"追忆三十年来所见所闻、可惊可愕之事，聊记十一，或触前尘，或发旧恨，则墨沈淋漓，时与泪痕狼藉相间"②。可见书中的故事并非全是作者凭空想象或者肆意编造。而且，由于王韬有游历海外的经历，书中的故事背景也超越了蒲松龄的《聊斋志异》，有了异国情调。

比如，《淞隐漫录》第八卷中介绍西洋杂技的《泰西诸戏剧类记》，就提到一位名为都比的法国人高空走钢丝的故事，故事的空间背景位于美国和加拿大交界的尼亚加拉大瀑布。

> 美利坚北境与英吉利属地分界处有大江一，曰尼押格尔拉。是江上流高于下流约一百六十尺，广约一千一百尺，上流之水奔腾澎湃而下，状如瀑布，声闻百里，轰雷掣电，滚雪翻银，炫目骇心，视为奇境。江之下流两岸，石塘颇为高广。都比于对岸两塘系以长绳，离水二十余丈，凌空特起，遥望之如天末长虹。倘据此而俯首下窥，心胆

① 鲁迅. 中国小说史略（郭豫适导读）［M］. 上海：上海古籍出版社，2019：172.
② （清）王韬. 淞隐漫录［M］. 北京：人民文学出版社，1983：3.

为之震栗。都比行于绳上，手执一杖，盘旋戏舞。忽坐忽眠，如在平地。时有轮船一艘泊于江中，藉以防失足下坠之虞。都比行既至此，即于囊内取一绳垂至船中，船主以酒一瓶系于绳端，都比收绳得瓶，启瓶饮酒，酒罄，掷瓶于江，迤逦而去，竟达彼岸。

是日远近来观者如堵墙，约二万五千人，莫不鼓掌称奇。逾时复回此岸，问岸上有人愿至彼岸者否，能负之而过。三呼，卒无应者。然都比于此，犹以为未竭所长也。因负木棉一捆于背而行，离岸二百尺，复系一竿于绳，而取一牌悬于竿上。既抵彼岸，复携小车一乘而回。是时观者莫不目注神凝，屏声息气，叹为得未曾有。都比之名由是噪甚，几于妇孺皆知。[①]

有趣的是，王韬并未去过美国，也没有亲见尼亚加拉大瀑布。

尼亚加拉大瀑布是美国纽约州西北部与加拿大安大略省交界处的奇观，从伊利湖奔涌而来的河水，以每小时 30 多公里的速度，冲下落差高达 50 米的悬崖，形成宽度超过 1 000 米的巨大水帘，激起数十丈的雨雾，飞沫四溅，白绫悬空，天光云影，七色缤纷，彩虹贯日，横亘其上，五彩斑斓，美不胜收，每年吸引着世界各地的大量游客前来参观度假。

尼亚加拉一词的读音来自印第安人，意为"雷神之水"。崇拜和敬畏大自然神力的印第安人将瀑布视为神明。在白人到来之前，当地的印第安人会定期礼拜住在瀑布里面的雷神。而且，据说雷神还有妻子，他的妻子原来是一位印第安少女，美貌绝世无双，被年老的酋长看中，要娶她为妻，她誓死不从，驾一叶木舟，从大瀑布顺流而下，飘然坠落，人和小舟瞬间消失得无影无踪。传说她成了雷神的妻子，如果下到瀑布底端，透过瀑布，隐约能看到他们的幸福生活。

这个美丽的女子和她凄美的传说一直流传至今。如今，来参观大瀑布的游客，如果乘船到瀑布之下环视仰观，十之八九会坐上一艘名为"雾中少女"的

---

① （清）王韬. 淞隐漫录［M］. 北京：人民文学出版社，1983：381.

游船，船名就因她和这个传说而来。

不过，这个传说还有另外一个版本。据说印第安部落女性因为崇拜雷神，有自愿投水、舍身求福的习俗。在白人到来之前，每逢佳节，印第安人都会到大瀑布附近欢聚、礼拜，酺宴为乐，载歌载舞。意兴高涨之际，有少女乘轻舟、诉激流，舍生投瀑；岸边同胞无不欢呼雀跃，以为可得永生，且造福族人。这一传说，载于1935年8月《旅行杂志》所刊的一则"遐举杂记"，作者沈也厂，姓名、行迹均不可考。但自述1910年曾渡美，到尼亚加拉瀑布一游。①

查考1910年前后游美之中国人，有记录遗存者二。一为晚清贵胄载洵所率领之访美考察海军团队，一为晚清大理院推事金绍城所率领之出席万国监狱改良协会会议兼考察欧洲各国监狱团队。两个团队同船经日本赴美，于1910年8月出发，9月19日抵达旧金山；次日乘火车赴美东，23日抵达芝加哥，当天晚上到达尼亚加拉。"观瀑布，此天下第一大瀑布也，惜天阴月黑，望之不甚了了。但闻喧豗澎湃之声，如洪钟，如震霆，怒泷标注，馀沫喷洒，散珠如雨，沾衣尽湿。"②

因为载洵和金绍城都有公务在身，此次路过尼亚加拉并未停留仔细游玩。金绍城显然是心有所系、意犹未尽，等到10月初在费城开完监狱改良会议之后，他便于10月底往尼亚加拉一游，并在日记中记录甚详。

前随洵邸夜观之未明，今以便道再莅。此境在美国可称一绝大奇观。

往游时，霏雪漫空，朔风砭骨，奔泷如练，水花溅衣。遥而望之，如白龙百丈，夭矫蟠空。行近涧边，水面浪花白如湩乳。夕阳斜射，隔堤现双弓虹影，逐人而行。同人循石阶而上，立于山坡之侧，仰视飞瀑，予出照相镜为摄一影。③

① 沈也厂. 遐举杂记［J］. 旅行杂志·第九卷第八号，1935（8）：72-73.
② 金绍城. 十八国游历日记·十五国审判监狱调查记·藕庐诗草［M］. 南京：凤凰出版社，2015：20.
③ 金绍城. 十八国游历日记·十五国审判监狱调查记·藕庐诗草［M］. 南京：凤凰出版社，2015：38-39.

随后，金绍城一行又乘电梯进入瀑布之下山洞探险。当然，他并没有看到所谓雷神和他的妻子印第安少女，不过确实在日记中提到了印第安年轻女子乘轻舟自溺舍身的故事。由此推测，1935 年 8 月《旅行杂志》所刊"遐举杂记"很可能是由金绍城的日记敷演而成，因为金绍城 1926 年便已离世。

金绍城生前刊印有此次出行的"游历日记"和"审判监狱调查记"，前者以《十八国游记》为名，收入钟叔河等几位先生续编的"走向世界丛书"，由岳麓书社刊行；两者连同金绍城的诗集，一并收入"中国近现代稀见史料丛书"（第二辑），由凤凰出版社刊行。

仔细翻阅钟叔河等几位先生续编的"走向世界丛书"，可以发现，除了金绍城的《十八国游记》外，陈兰彬的《使美纪略》、张荫桓的《三洲日记》和傅云龙的《游历美加等国图经馀纪》，都有大量关于晚清中国外交官和游历使游览尼亚加拉大瀑布的记载。

不过，从现有的记录来看，中国人见到大瀑布的时间，可能更早。1868 年蒲安臣使团中的几位成员，就曾在大瀑布附近逗留多日，并留下了详细日记。蒲安臣原本是美国外交官，1861—1867 年间出任美国驻华公使；1867 年年底离任后，转而担任清政府使臣，"派往有约各国，充办理各国中外交涉事务大臣"，率领使团出使欧美各国，1870 年年初病逝于俄国。关于蒲安臣在中美沟通之间所发挥的历史性作用，徐国琦教授的《中国人与美国人：一部共有的历史》有详细研究，兹不赘述。

蒲安臣使团在美期间，曾访问首都华盛顿、纽约、波士顿等重要城市，并达成了中美之间的第一个平等条约《蒲安臣条约》（《中美天津条约续增条约》），允许两国人民自由往来，相互接收对方学生入学；互不干涉内政，等等。

与蒲安臣一同出使的钦差大臣志刚，在《初使泰西记》一书中详细记载了使团在美国面见总统、商谈条约的经过，以及条约文字与附注。《初使泰西记》已收录于钟叔河先生 20 世纪 80 年代主编的"走向世界丛书"。

1868 年 6 月（阴历），双方谈妥条约内容、等待美国国会批准之际，蒲安臣离开使团其他成员，回老家探亲。而志刚等人则乘机游览了尼亚加拉大瀑布。

据《初使泰西记》，志刚一行于 6 月 20 日（阴历）抵达尼亚加拉，21 日观瀑布。"瀑水下注，总宽约三里许。盖汇上游北美里加密士湖、苏湖、休伦湖、依湖数千里数大湖之水，而束于一口。其地当大磐石。积年水劲溜急，将下流之河斲成二三十丈之深沟……下流中隔小岛，又悬流十六丈余，口宽七十余丈……瀑水下注之势，如大团白绵，推拥而下，訇声如雷，极其壮阔。溅起水沫，上接浮云。其中终日横卧长虹，高喷浓雾。"①

随后，志刚一行还壮着胆子下到瀑布底部水崖边，游览了所谓"风洞"。"夫流水悬崖之间而为之风洞，言其水势过猛，寒气逼人，万雷怒轰。入其中者，足不知所履，目失其所视，耳失其所听，而口鼻不得喘息，世间无此逼迫危急之境也。"②

志刚等人到达尼亚加拉时，正赶上修建横跨尼亚加拉河的观光钢索铁桥。他在《初使泰西记》中详细介绍了这种新鲜的架桥方法。

> 盖修飞空铁桥之法，无虑河面百数十丈之宽。只两岸有坚土，则造百数十丈之钢链。链皆熟条所炼，两岸以火机炼之，至尺许粗。深埋其两端于两岸，压以重石，谓之下锚。又累石为台，高十数丈，架链其上，则台为柱，而链为梁矣。其拽链过河，架链升台，炼细为粗，皆借火机之力，人力弗胜也……而桥屋顶上平，连接铁路，而行火轮车。则取多用宏，于百数十丈之间，飞空而过。为奇观，为快事，奇而法，快而稳，悬空而坚实，能矣哉！③

同行的使团成员张德彝也在《欧美环游记》中详细记载了这两天的大瀑布之旅。

---

① （清）志刚. 初使泰西记（钟叔河主编"走向世界丛书"）［M］. 长沙：岳麓书社，1985：281–282.

② （清）志刚. 初使泰西记（钟叔河主编"走向世界丛书"）［M］. 长沙：岳麓书社，1985：282.

③ （清）志刚. 初使泰西记（钟叔河主编"走向世界丛书"）［M］. 长沙：岳麓书社，1985：283.

是时节方盛夏，而寒气逼人如冬，耳畔溢涌之声，如河决堤，聆之令人股栗。盖因此间有极大瀑布，总名与村同，宽约四五里，长百零八九里……其溜自南而北，至此下流十九丈八尺而成瀑布。身在上流十里外不敢渡。下流二十余里，白沫飞起如云，直冲宵汉，声大于雷，震惊不止百里。附近之处，人距数尺，对语不闻……每当夏令，四方人民来此乘凉者不可枚举，即冬令亦多临眺，因水结冰山，一切楼台花木，俨如雕刻玲珑，可称玻璃世界，故佳景为天下第一。①

次日，张德彝与志刚一行下到瀑布底端，观疾风洞。"自筒楼环梯绕下，地皆乱石，如狼牙之林立，上望则峭壁陡岩，悬临千丈，天漏急流，飞波扑面。绕至疾风洞之后，通有小木桥，极狭，仅容一足。渡桥后，则步乱石，扶木板，游历数处，而巨浸漫天，如江河之倒泻，其声音之震眩，耳目亦不效灵矣……嗣至姊妹岛等处，则树林荫翳，花鸟宜人，喷雪跳珠，非复从前景象矣。"②

随后，几人还过桥到加拿大境内，登塔眺望，"见英属瀑布如马掌形，名实相副"。照相留影后，"盘山而下，至河边驾小舟，乘激流而横渡"，回到美国纽约。③

## 二、尼亚加拉大瀑布

因为回家探亲，没有与志刚等人一同参观尼亚加拉大瀑布的美国人蒲安臣，对大瀑布一点儿也不陌生；他就出生在大瀑布所在的纽约州，后来随父母西迁密歇根，从哈佛法学院毕业后担任过一段时间的律师，随即投身政界，成为国会议员，连任三届。

蒲安臣担任国会议员期间，正值美国国会内部关于奴隶制问题的辩论白热

---

① （清）张德彝．航海述奇·欧美环游记（钟叔河主编"走向世界丛书"）［M］．长沙：岳麓书社，1985：681.

② （清）张德彝．航海述奇·欧美环游记（钟叔河主编"走向世界丛书"）［M］．长沙：岳麓书社，1985：682.

③ （清）张德彝．航海述奇·欧美环游记（钟叔河主编"走向世界丛书"）［M］．长沙：岳麓书社，1985：682.

化之际，双方的唇枪舌剑甚至演化为人身攻击和肢体冲突。在国会辩论过程中，一名来自南方的支持奴隶制的参议员竟然用手杖攻击对手，将要求废奴的一名北方参议员打得头破血流，手杖亦为之折断。对此，笃信人人平等和人道良知的蒲安臣怒不可遏，在国会发表谴责演说，言辞犀利地批评、责骂动手打人的参议员，激起对方的决斗挑衅。在当时的美国，决斗为非法行为，公开决斗，可能会丢掉民选职位。为了既不向对手示弱，又能规避美国法律，律师出身的蒲安臣巧妙地将决斗地点选在尼亚加拉大瀑布的加拿大一边。结果，支持奴隶制的对手害怕进入逃奴集中的加拿大境内后会遭遇不测，不敢前往，放弃自己挑起的决斗，令蒲安臣声名大振。

在美国建国后的很长一段时间，尼亚加拉大瀑布一直是冒险者的乐园，其中的冒险活动，除了泅渡、走钢索过河之外，还包括决斗。当然，丧命者多，生还者少。1868 年，中国使团游历大瀑布之时，大瀑布的游览设施尚未建好。

据张德彝记载，6 月 22 日这天，天气晴好。仍在大瀑布附近逗留的志刚和张德彝一行，继续参观正在建造之中的钢索铁桥。为了方便工匠往来运送物料，铁桥上已悬有铁篮，两岸各备六匹马，用来拽拉铁篮。"由东岸至西岸，则西岸马曳，由西岸至东岸，则东岸马曳"。他们冒险乘坐铁篮过河，"至中流稍停，有人照像而去。上下天光，人影倒置，是时疑在虚无缥缈之乡矣。回时因马力不齐，令篮簸扬，颇觉危险"①。

23 日至 26 日，几人继续在大瀑布附近流连忘返。直到 27 日方乘火车赴布法罗，继续参观运河谷仓。②

1869 年 1 月，志刚、张德彝一行乘篮往返的钢索桥建成通车，成为联通两岸、观赏大瀑布全景的必经之路。20 年后（1889 年 1 月），此钢索桥为狂风所摧毁，沉入河底。

在这 20 年间，先后有数位中国清政府的外交官和游历使曾经过此桥，参观

---

① （清）张德彝. 航海述奇·欧美环游记（钟叔河主编"走向世界丛书"）[M]. 长沙：岳麓书社，1985：683.

② （清）张德彝. 航海述奇·欧美环游记（钟叔河主编"走向世界丛书"）[M]. 长沙：岳麓书社，1985：684-685.

大瀑布，这座铁桥的雄伟身姿和独特造型，也留在了他们的游记（日记）之中。

　　1878 年 5 月，清政府首任驻美公使陈兰彬赴美上任，7 月 11 日过尼亚加拉大瀑布，他在《使美纪略》一书中详细描述了自己参观瀑布、经过钢索桥的情形。

　　　　[布法罗] 迤北有河名曰"加哑辣" [尼亚加拉]，与安剔衣阿湖 [安大略湖]、伊厘湖 [伊利湖] 相通，英、美以此河分界，北岸属英，南岸属美，两国皆设大帅于此以镇守之。又于河上架飞桥两道（一以便火车往来，一以便游人行走），其桥不用桥柱，四面以铁缆维之，两岸各建桥楼，以挽铁缆，高约数十丈。南楼阔八十尺，北楼阔七十八尺，东、南、北三面皆大瀑布。西人云，通地球瀑布，此为最大。北曰"马蹄瀑"，阔二千尺，水流自高至底，一百五十四尺，东、南两瀑与河同名，南阔六百六十尺，东阔二百四十三尺，水流自高至底，皆一百六十三尺。石峰壁石，湖水奔腾澎湃之声不绝于耳，水花如雪，远望只见白光飞舞。岸旁有屋数间，内设绞车机器，下通水轮，以为升车上下之用。车如小室，可坐一十二人，四面玻璃透亮，有门以便开阖出入。对岸树林浓翳，山上建有亭榭，游人上下亦坐升车，如小舟式，亦系水轮运转。离此二迤，有转水潭，因水急流，至此湾曲而转，故名。又有风洞，因地下浮沙随流而去，上馀坚土，形似瓦面，水气由洞口而出，故名。是处风景幽绝，天气清和，每至炎夏，举国官绅多来避暑。①

　　1887 年 9 月中下旬，清政府第三任驻美公使张荫桓应邀赴费城参加美国制宪百年纪念，与美国总统和各部部长一同入城观兵，登楼会饮。在费城逗留数天后，张荫桓一行于 9 月 23 日晚乘火车往观大瀑布，第二天中午到达大瀑布附近。

---

　　① （清）陈兰彬，谭乾初. 使美纪略·古巴杂记 [M]. 长沙：岳麓书社，2016：29-30.

饭后乘车绕行园囿至瀑流屈曲入湖处，湍急如黄河盛涨之状，高岸陡崖，嵚崎旁礴，崖旁结木亭，备游人憩息。亭侧有屋数椽，售瀑湖所产各种小石，雕镂为首饰之物，间能适用者，略购数种以志兹游。①

25 日早上，张荫桓再次乘车来到"瀑布悬流处，缘崖陡下，瀑花飞溅，衣袂潜湿。崖垠铁栏屈曲，中护小桥，斜透黝洞，崎岖不易行，游人少往者。瀑下有小轮船一艘渡客，容与瀑流极平处，游驶不能远，机轮智巧至是而窭矣。回车绕行三岛，各跨一桥，名擅佳胜。中岛桥在鸣瀑之腰膂，崇林掩映，渐有红叶，坐桥柱少憩，胸臆皆凉，徘徊不忍去"。回到寓所吃完午饭后，张荫桓游兴不减，乘车过桥到对岸英属加拿大观瀑布。②

这天，张荫桓见到了 1868 年志刚、张德彝等人参观时正在建造之中的钢索桥。"桥去水二百六十尺，东西距三千二百尺，两岸加铁柱如闸，又集铁线纽作绳索以相牵缀。桥之两旁亦用铁线遥系，云可经久。""桥窄仅容一车，彼此往来各于桥头相候。过桥迤逦至一板屋，亦售卖湖石映画诸物。"随后，张荫桓下到河边，近观瀑布。"缘梯数级至水机房，下视陡绝，计二百九十尺，上盖木圆篷，不见天日。旁穴小窗透光，以水运机引胡床上下，极险事也。溜至平坦处，接以木阁，低枕水面，环以疏栏。约里许，峭壁千仞，草树蒙茸，瀑流至此乃极湍悍。隔岸水阁参差，陡崖外有木屋，方直插天，此升梯也。盈盈相望，喧腾猛迅，甚非一苇可航。"游览了一个多时辰后，张荫桓回观瀑布正面。"直垂九十丈，横曲略如之，水气积为烟云，白光澈天际，视美属之侧旁睨者，别饶意味。"随后，张荫桓参观了旁边的博物馆，购买了几幅油画。回到美国边界时，税卡索要油画关税，张荫桓因外交官身份得以豁免。③

26 日，张荫桓会见了生活在瀑布附近的一位美国人后，继续在瀑布附近逗留。"第三桥尽处折而东，则瀑布之支流，木磴层折而下，宜可濯足。密林石上

---

① （清）张荫桓．三洲日记（上册）［M］．长沙：岳麓书社，2016：273．
② （清）张荫桓．三洲日记（上册）［M］．长沙：岳麓书社，2016：273．
③ （清）张荫桓．三洲日记（上册）［M］．长沙：岳麓书社，2016：274-275．

微露人影，临流偶坐，若有所思。遂缘磴而西，瀑流横侉而迅，飞花猛卷如泻，积雪寒光，上薄凝为白烟。岸埗危石可供坐憩。时遇游人，亦有携镜具就地映照者。环球瀑布此为巨擘云"。"此英美接界之地，二百年前本属法，犹有炮台故址，沧桑陵谷，海外亦时有之。"①

29 日，张荫桓赴当地美国人宴请后返回寓所。"天阴微雨，危坐栏槛，观瀑流清澈，颇有潇然之致。"30 日，张荫桓又与当地绅商乘小火轮观瀑。归途中经过轮船码头，下船"仍乘溜床上下，其梯路较英界为险。下至平坡，所绕石磴即可仰观飞瀑，似无须乘船。右则奇树枕崖，古秀可画"。午饭后，"乘车至乡落，约二十三里，观瀑流入湖处。两山如峡，水口湾环，瀑势至此弥悍，峭壁无岸，密树初赭，间有楼台"②。

10 月 1 日，阴历八月十五中秋节。"今日风日清妍，度飞桥至英属高阜，回观瀑流，别有风景。沿秋林曲折，有新桥双峙波际，桥岸密树如锦，羊肠一径，架木阁以便往来。阁外劈松枝作阑，略如亚字，古朴可爱。凭阁一望，岛树幽翳，虬松翠柏之巅，时有红叶缠绕，霜气初薄，苍赭相间，绝好溪山图画。回镳迤逦，每于树罅见瀑光，秋阳所照激为红影，岩下烟仍湿也。"③

10 月 2 日，"饭后重览三岛之胜，游人甚盛，多摘红叶缀衣袂，或扑蝴蝶映衬"④。

10 月 4 日，张荫桓才乘火车依依不舍地离开大瀑布，"火车沿河行，晨望河滨秋书，风景甚清。沿岸多石山，间浮于水面，石文如小斧劈，或如云林皴"⑤。

在张荫桓担任清政府驻美公使期间，清政府曾派游历使傅云龙游历美洲等地。傅云龙也曾参观大瀑布，并经过 1868 年建造，陈兰彬、张荫桓曾走过的钢索桥。对此，他在 1888 年 8 月（阴历）的《游历美加等国图经馀纪》中记载甚详。

---

① （清）张荫桓. 三洲日记（上册）[M]. 长沙：岳麓书社，2016：275-276.
② （清）张荫桓. 三洲日记（上册）[M]. 长沙：岳麓书社，2016：277.
③ （清）张荫桓. 三洲日记（上册）[M]. 长沙：岳麓书社，2016：278.
④ （清）张荫桓. 三洲日记（上册）[M]. 长沙：岳麓书社，2016：278.
⑤ （清）张荫桓. 三洲日记（上册）[M]. 长沙：岳麓书社，2016：278.

赖宜各拉之水流急处，石岩壁立，断壑千寻。其上数椽，间道步入，推轩瞰飞瀑，如银如雪，惜少远也。未几，极梯藉其水力转轮激之，自下而上，如车如楼，可受一十二人，云龙乘之。绳转如行屋漏中，板隙驹光，玻璃透之。下一百五十尺有奇，乃近水岸。梯止，则室内也，出室观瀑，如怒如狂，如倾如沸，如文澜机不可遏，而又如海潮受月吸也……

又行七里（英二里余），过铁线桥，跨赖宜各拉河者四，此其一也。线高数百尺，铁柱斜支，悬线如网，一如纽约桥法，长一千一百尺有奇。桥南为瀑落最宽处，随然，瀑非一目可尽。北曰马蹄瀑，水宽二千尺，水落一百五十四尺……如堰开闸，如水倒峡……喷水如气如烟，又如霞遍云，辄数百尺许。澎湃之声，如霆击、如战酣，又如两火车狭道相逢……泷沙竞下，坚土拥之，其外如瓦，其中如瓮，水气乘风辄出洞中，所谓风洞者是。①

傅云龙还在瀑布旁留影一张，以作纪念。他引用摄影师的话说，"中国游历使至此，前未之有，不留影，可乎？"看到如此壮丽景象，身为浙江人的傅云龙不由得想起故乡钱塘江的海潮。异常巧合的是，傅云龙经过大瀑布的这天是农历八月十八日，恰逢故乡钱塘江潮峰最高之日（相传是潮神的生日），也是观潮的最佳时间。身处异国他乡的傅云龙心中自然念念不忘钱塘胜景，于是将大瀑布比之于八月潮生日的钱塘潮。"是游在浙潮数万里外，亦于是日观五大洲第一瀑布，视观钱塘潮逮耶不逮耶？"②

傅云龙是清政府派出的游历使，根据清政府总理衙门1887年拟定的《出洋游历章程》，游历使"游历之时，应将各处地形之要隘、防守之大势，以及远近里数、风俗、政治、水师、炮台、制造厂局、火轮舟车、水雷炮弹，详细记载，

① （清）傅云龙．游历美加等国图经馀纪［M］．长沙：岳麓书社，2016：60-61．
② （清）傅云龙．游历美加等国图经馀纪［M］．长沙：岳麓书社，2016：62．

以备考查"①。傅云龙的游历报告和日记对此记录甚详，自然不会遗漏尼亚加拉大瀑布的重要地理意义。

　　　　赖宜各拉在野里湖（伊利湖）之东北，即翁打里约湖（安大略湖）之西南，翁打里约湖或亦谓之恩打热湖。而加纳大（加拿大）第一部落翁打里约与湖同名，诚重之也。双流既导，一河遂成，谓之赖宜各拉河，或谓之湖河，就源言。其南为美利加合众国纽约邦境，是天之所以界英属地也，殆如鸿沟；不然，加纳大欲画疆自成，其奚以哉！②

　　实际上，在从日本横滨启程赴美之前，傅云龙就听闻过尼亚加拉大瀑布的威名，"抑知瀑布莫大于赖各宜人，海莫大于太平洋乎？当科仑布未游时，谁得而名？云龙将于赖各宜瀑布见词源之大，于太平洋见文澜之雄"③。

　　亲眼见识大瀑布奇景之时，大瀑布旁边的钢索桥同样给傅云龙留下了深刻印象。但是他绝对没有想到，就在他离开美国不久，继续游历秘鲁、巴西之际，这座钢索桥为大风所摧毁，沉入河底。此后，美国和加拿大两岸很快在原地建造了一座新的观光铁桥。李鸿章晚年游历欧美时，曾经过此新桥。1896 年"（七月）二十八日，使相出美都，率同随员人等……往观泥矮迦濑大瀑布。喷珠溅玉，注壑奔岩，悬半天之长虹，洗尘中之倦眼，使相顾而乐之，徘徊不忍去。瀑入溪涧，淫为大川，上架铁桥，可通车马。英官盛饰公车，迎于桥左。于是，巍巍相节，遂辞美界，而又入英界矣"④。

　　但是这座几乎原样复制的新铁桥，寿命更短，由于汽车工业的迅猛发展，

①　王晓秋，杨纪国．晚清中国人走向世界的一次盛举——一八八七年海外游历使研究 [M]．大连：辽宁师范大学出版社，2004：28.

②　（清）傅云龙．游历美加等国图经馀纪 [M]．长沙：岳麓书社，2016：62.

③　（清）何如璋等．甲午以前日本游记五种（钟叔河主编"走向世界丛书"）[M]．长沙：岳麓书社，1985：260.

④　（清）蔡尔康等．李鸿章历聘欧美记（钟叔河主编"走向世界丛书"）[M]．长沙：岳麓书社，1986：207-208.

原来主要通行马车和行人的铁桥已经不敷使用。到1898年，这座存续不到10年的铁桥，便被更为坚固的钢制拱形大桥取代，而且新的钢桥离大瀑布的距离更近。1906年五大臣出洋考察时，戴鸿慈在《出使九国日记》中所看到的就是这座新的钢桥，而且，他们正是坐汽车经过的此桥。

戴鸿慈在《出使九国日记》（丙午年农历一月十七日）中写道：

> 早八时，至乃阿哥拉，乃世界第一大瀑布处也。十时，坐雪车往观。其地积雪满山，冷风砭骨，奔泷直走，喧豗震耳。临流注望，但见一泻千里，无从溯其来源。中间丛木怪石，起伏不一。又方严冬，冰块亘流，故波折益甚。最低处水花满空，高至数十丈，尽成烟雾。闻其下有地洞，可以度人云。此瀑布当加拿大与美交界处，故英美各有半主权。是日，加拿大府尹亦来陪观。因度铁桥，循源上溯，往来两国间……
>
> 出，复坐汽车沿瀑布上行。饶河有车路二，次崖际，便游人之往复也……瀑布流处，皆出天然，不佳人工。两岸壁石如削，即水力之所荡刷使然也。水至回澜湾而折流，实非当时之河道。今绕至湾后，树木殆满，枯涧湮塞，古河道存焉……复循岸觇下游之势，水渐舒缓，可以行舟。闻盛夏之日，游人甚众，每泅水为乐。月夜景色转幽，士女如织，甚或天阴云翳，好事者以电灯映照其间，代秉烛游焉，洵美观也。绕游数周，复至图画店购瀑布画数帧以归。[①]

1898年建成的钢制拱形大桥气势雄伟，是当时世界上最大的拱形钢桥，桥上可走双轨电车。1910年八九月（阴历）间，金绍城参观时，也曾见此桥。

40年后的1938年1月，湍急的河水裹挟着巨大的冰块，汹涌而下，冲垮了这座40岁的拱形钢桥。随后，美加双方在附近重建了一座类似的拱形大桥，后被称为"彩虹桥"，就是今天游览大瀑布的游客所看到的那座。利用这座桥，游

---

① （清）戴鸿慈. 出使九国日记（钟叔河主编"走向世界丛书"）[M]. 长沙：岳麓书社，1986：366-367.

人可以乘车或者步行到河对岸的加拿大，从正面观览瀑布全景。

当然，并非所有到尼亚加拉之人，都是为观景而来，也有轻身自寻短见者。1910年，金绍城游历美国时就曾注意到，每年到尼亚加拉大瀑布来舍身投瀑之人为数不少。"美人之溺于此水自尽者，去年二百二十九人，今年已八十二人，岂沾土人之旧习欤？抑出于西人好奇之心也！"①

实际上，尼亚加拉大瀑布所在的小城，完全是一座旅游城市，几乎没有任何工业。除了大瀑布外，城中还有多家赌场酒店（往往二者合为一体），很多赌场失意之人，徘徊于瀑布边缘，纵身一跃，使得大瀑布与西海岸的金门大桥一样，成为"轻生圣地"。

而且，赌博系印第安人的一项传统，也算是所谓"土人旧习"。美国西部的印第安人保留地仍有大量的合法赌场。不知今日尼亚加拉附近（包括加拿大）的赌场，是不是印第安人的遗留传统。

### 三、华盛顿故居与华盛顿传说

每年的2月22日是美国开国元勋、首任总统乔治·华盛顿的生日，也是法定的联邦假日，但是不同年份的这一天，往往并不总是临近周末，美国人又不习惯专门调休；在某一周中间单独放假一天，常常造成诸多不便。为了让民众能够有更充裕的时间来缅怀这位"国父"，同时繁荣美国的旅游消费与假日经济，从1971年开始，联邦政府通过立法，将每年二月的第三个星期一定为"总统日"，全国放假一天，与当月第二个星期的周末两天连在一起，形成一个春季"长周末"，供民众缅怀总统，借此休息、踏青、赏花。

每年的"总统日"，华盛顿总统的故居弗农山庄（Mount Vernon）都会向公众免费开放一天，邀请大家到总统家参观做客，分食生日蛋糕。时值冬末春初，冰雪消融、春草萌发、空气清新，正是旅游踏青的好时节。

遥想当年，美国独立后，华盛顿解甲归田，隐居于此。可是邦联体制之下的新国家，内忧外困，几乎解体。为应对内外危机，几位开国元勋曾于1785年

---

① 金绍城. 十八国游历日记·十五国审判监狱调查记·藕庐诗草 [M]. 南京：凤凰出版社，2015：40.

春天聚集此地，与华盛顿商议如何解决面临的具体纠纷，以及是否需要召集各邦代表会议，修改当时充当临时宪法的《邦联条例》。可以说，迈向1787年费城制宪的第一步，始于弗农山庄。而华盛顿，既是美国独立革命的领军人物，也是美国制宪会议的"定海神针"；他仍在人世之时，关于他神勇事迹的各种故事已经广为流传，妇孺皆知。等到新生的美国立稳脚跟，开始对外传播新教福音、进行贸易扩张之后，华盛顿的神话故事也随之传布到世界各地。

地处遥远东方的中国，也不例外。1838年，西方传教士在广州所办的报纸《东西洋考每月统记传》，刊登了一篇《华盛顿言行最略》，讲述华盛顿领军抗英的曲折经历，"自此以后，美理哥民自主操权，掌治国也"；华盛顿"归田、安业，而不干预政事……良民知华胸怀大志，腹有良谋，故复立之为国之首领主"①。同年，美国传教士裨治文在新加坡坚夏书院刊印的《美理哥合省国志略》中介绍美国制宪经过时，也非常重视华盛顿的领导地位。

> 时国泰民安，必须立首领，设国法，使邻邦知而不正视，群庶畏而勉恪遵，此要务也。故乾隆五十三年春，有各省袗耆至费拉地费[费城]议其事，共推华盛顿为首。议四月毕，及散归，各执所议之条款回省，告于省内之人，再议一年，复至费拉地费再议，然后定。国法虽定，尚未有文武员弁，遂议立华盛顿为国首领，文武各员，亦议定焉。首领之名由是而始。②

这部《美理哥合省国志略》对魏源的《海国图志》、梁廷枏的《海国四说》和徐继畬的《瀛寰志略》影响甚巨，后三书中涉及美国历史部分，基本脱胎于前者，但是有所衍化生发，尤其是《瀛寰志略》。徐继畬在《瀛寰志略》中论述华盛顿功成弗居、不愿"称王"的义举之后，加了两段按语：

> 华盛顿，异人也。起事勇于胜、广，割据雄于曹、刘，既已提三

---

① 爱汉者等编，黄时鉴整理. 东西洋考每月统记传［M］. 北京：中华书局，1997：320.
② ［美］裨治文. 联邦志略［M］. 广州：南方日报出版社，2018：196.

尺剑，开疆万里，乃不僭位号，不传子孙，而创为推举之法，几于天下为公，骎骎乎三代之遗意。其治国崇让善俗，不尚武功，亦迥与诸国异。余尝见其画像，气貌雄毅绝伦。呜呼！可不谓人杰矣哉。

米利坚合众国以为国，幅员万里，不设王侯之号，不循世及之规，公器付之公论，创古今未有之局，一何奇也，泰西古今人物能不以华盛顿为称首哉。①

19 世纪 50 年代，中国基督教徒曾刻石勒功，将这两段按语赠送美国政府，镶嵌于美国首都华盛顿纪念碑之内，供后人瞻仰，使中国版的华盛顿神话永驻美国首都。

关于华盛顿神话在晚清中国的传播，中国海峡两岸学者（如潘光哲、熊月之）已有精深论述，无须赘言。但是以往的研究几乎都没有注意到，晚清中国第一批出访美国的士大夫兼外交官，无一例外地参观过华盛顿故居和墓地，并留下了长短不一、感慨良多的文字。

比如，1868 年春，随蒲安臣访美的志刚和张德彝就分别在《初使泰西记》和《欧美环游记》中记录了各自的观感。志刚云："（华盛顿）其人其事，则《美国志》（裨治文的《美理哥合省国志略》）与《瀛寰志略》，载之颇详。……然以一废退武职，崛起于人心思奋之时，卒成数千里大业。而乃功成名遂，身退而不为功名富贵所囿，固一世之雄也哉！"②

与志刚一同参观华盛顿故居、墓地的张德彝，虽无志刚之叹，但是记录更为详细、生动。

……乘车行十数里，至漠沟河［波托马克河］岸登官轮渡，曲折行四十八里至卧南山。一路浓阴绿树，阡陌云连。下舟拾级而上，步行四里许，抵华盛顿新移之墓。砌以红砖，前如山字，后如桥背，内

---

① （清）徐继畬. 瀛寰志略［M］. 上海：上海书店出版社，2001：277，291.
② （清）志刚. 初使泰西记（钟叔河主编"走向世界丛书"）［M］. 长沙：岳麓书社，1985：271.

长洞列二石棺，系华盛顿夫妻合葬。外有月门铁栅，左右石碣六七，皆伊子侄辈所立，表扬功德。复东北行过其旧墓，系一深坑，外以砖砌如长枕形。绕至山顶，见有石楼数间，朴素不华；后有廊榃园圃，地势极宽，乃华盛顿之故宅也。前临长江，拱如玉带；后倚青山，立若锦屏。松杉枫柳，花草新奇。守墓者皆本土黑人。下山仍驾小舟登轮渡。①

《初使泰西记》和《欧美环游记》两书，均已收录于钟叔河先生 20 世纪 80 年代主编的"走向世界丛书"，风行至今。

晚年的钟叔河先生老骥伏枥，与几位同人续编"走向世界丛书"，这套续编中的几部游记，也包含有晚清中国人游览华盛顿故居的记录。比如，清政府首任驻美公使陈兰彬，在《使美纪略》中就留下了他 1878 年 8 月（阴历）间的参观行踪。

（白宫）东南十六迈，有山名发伦〔弗农山庄〕。隶勿尔吉尼阿邦〔弗吉尼亚〕，为华盛顿致政后所居。屋仅数椽，规制俭朴，上下两层，上为卧房，有榃一，胡床、小桌各一，瓦缶数事，另房为正命之所，药罐痰盂咸在。余为客房，下层储其遗物，若刀剑、若书籍、若鞭鞍，及退破衣裤等类。墙壁绘其生平得意数事。当战争时，有法国提督刺非日〔拉法耶特〕捐资带兵相助，于成功后入籍美国，像亦绘壁间。屋俯大江，后有厨房，及佣人住处。闻临终时，曾放出黑奴二百余，听其自便。有木兰一株，高可齐檐，系其手植，今尚苍茂。一小园宽约盈亩，花木行列修整；园外平坡一段，绿草如茵，为当年习骑之所。右即其坟，砖围丈许，中置二石棺，覆以铅瓦，若停柩之寮然。前立二石柱，高可八九尺，标刻附葬诸戚名氏，系后人改扞。其手营寿圹，距数十武，尤极狭隘。有守坟官一员，秩视游击。据称华盛顿居此四

① （清）张德彝. 航海述奇·欧美环游记（钟叔河主编"走向世界丛书"）〔M〕. 长沙：岳麓书社，1985：660.

年，其妻又后十八月始卒。今房屋布置一切，皆其手泽，虽极朽蠹，仍依样修理，不敢擅易。坟虽改葬，亦不尚华饰，恐违先志云。①

其后，晚清第三任驻美公使张荫桓在其《三洲日记》中也几次提到华盛顿生日美国的纪念活动。1886 年和 1887 年，他曾两度到弗农山庄参观，其中，第一次参观记录甚详。

巳初，渡把菟麦河［波托马克河］，访华盛顿墓及其故居。沿山迤逦，夹道高树，中有石屋如洞，外环铁柱，洞中平列两石椁，雕镂精工。西人游者咸于洞外歌诗以乐神，但闻噌呔之声，雅乏暗解。行数武，即华盛顿旧居，楼房两层，下列四楹，并不华赡。室中器用服物，陈设妥帖，一如华盛顿生时。有破皮篓大小四枚，宝藏珍重，华盛顿军中之物，足见征战之苦矣。偏西一房逼狭仅容一榻，为华盛顿夫人之居，讶其太朴，询之守冢吏，谓此楼惟此房窗可以望见华盛顿墓。夫人既寡，足不下楼，日于楼窗瞻望，随亦逝世。楼下平房数椽，远接马厩，皆当日工匠执役之所。楼之西北平房一区，守冢吏值宿处。后有园数亩，杂花盈畦，矮树为径，生意欣欣。有西人照相者于楹外映照，特与游侣别照一图。②

张荫桓第二次参观时，系与各国驻美公使同行，男女约百人。"巳初登舟，微雨，少倾而霁，乘兵轮行游，另用小火轮、舢板泊岸，客皆徐步，寒林晴旭，随意流览。……守冢吏导观如去年"。不过，这次张荫桓知道华盛顿无子嗣后，生出一番感慨。"既创宏业而乏嗣绝，似天之报施不厚，不知此中冥冥之意，特使其无子女，则美国民人皆其子女也。"③

在张荫桓任驻美公使期间，清政府还曾派出过一批游历使，出游东西洋各

---

① （清）陈兰彬，谭乾初. 使美纪略·古巴杂记［M］. 长沙：岳麓书社，2016：57.

② （清）张荫桓. 三洲日记（上册）［M］. 长沙：岳麓书社，2016：44.

③ （清）张荫桓. 三洲日记（下册）［M］. 长沙：岳麓书社，2016：306.

国。其中，游历美国的傅云龙在自己的日记《游历美加等国图经馀纪》中，也记载了自己两度访问华盛顿故居弗农山庄的见闻和对华盛顿的敬仰之情。"故居卑且朴，华盛顿儿时斫树斧犹在，而柄朽矣；……海外人物能不以华盛顿为第一流哉！"① 而在给官方提交的正式游历报告《游历美利加图经》中，傅云龙在第十卷末尾，特意附上了长达 3 页的"华盛顿传"，从华盛顿幼时持斧斫树的故事讲起，到起军抗英，聚十三邦而成一国，公举为伯理玺天德（译言总统也），四年任满，留任四年，最后因寒疾而卒。傅云龙感叹："非华盛顿力不逮此公器，听之公论，抑何伟欤！"在传尾，傅云龙再次提到自己游历华盛顿故居后的见闻与感慨。

> 云龙游华盛顿都，见其遗像，若石镂，若油绘，皆剃须如媪状，而奇杰如此。国都六十里有奇，葡萄墨河［波托马克河］之西岸，地曰满脱瓦农［弗农山庄］，是其旧居也，罗列平昔器用，儿时斫树斧犹在，而柄朽矣。石椁置于室侧，妇孺时葺，过者辄脱帽供花，唏嘘遗爱不能忘。岁逢立国日尤甚。呜竟谋呼，虽非世及，何以加哉！②

在正式的游历报告和非正式的个人日记中，傅云龙都提到，他在华盛顿故居看到了华盛顿儿时砍樱桃树的斧头。

华盛顿儿时砍倒父亲心爱之樱桃树的故事，是美国乃至世界各地父母教育孩子诚实守信的经典传说，在美国几乎等同于中国的孔融让梨。不过，其真实性早已有人怀疑。这桩公案并非本部分重点，暂且不表。单说这华盛顿儿时持斧砍树的故事，在美国出现甚早，华盛顿去世之后不久就已行诸文字，并随着传教士传入中国。被誉为中国境内第一份中文报纸的《遐迩贯珍》（香港英华书院印刷），便在 1855 年 4 月（第四号）刊登了"少年华盛顿行略"一文，这是目前所见的关于华盛顿砍樱桃树故事的最早中文版本，现抄录如下：

---

① （清）傅云龙 . 游历美加等国图经馀纪［M］. 长沙：岳麓书社，2016：150.
② （清）傅云龙 . 游历美利加图经［M］. 北京：朝华出版社，2019：332.

华盛顿才六岁时，有友送以小斧一柄，得斧后，喜气洋洋，随处玩弄，遇物必斫，此童子不识不知之性，大抵皆然也。家园中，植有樱树一株，种异凡品，其父爱惜，有若异珍。一日，华盛顿携斧入园，将樱树戕贼殆尽。次日，其父游园，看见樱树，支分节解，遂大发雷霆，聚集家人，询问曰：园中樱树，吾爱所钟，虽人以多金来购，吾亦不舍，今被恶人戕害乃尔，吾必穷究此人，以消吾恨。家人皆推不知，喧嘈间，华盛顿自外入堂，手携小斧。父问曰，吾儿可见伐樱树之人乎？华盛顿见父怒容满面，家人觳觫情形，寸心惶恐，初不敢言，顷之乃曰：诳言我不敢说，此父亲大人所知，园中樱树，实我用此斧戕害也。其父闻子此言，变怒为喜，满面欢容，欣然曰：嗣后乃知吾子不说诳言，是吾家大幸；虽樱树花可成白金，实可成黄金，吾复可惜哉！①

在这段故事之前，编写这段文字的传教士（也许是入教的中国信众）还加了一段中国式的按语和劝喻："华盛顿者，亚麦里迦人也，才兼文武，为国效忠，真所谓公而忘私，国而忘家者也。自少年时，意气奋扬，动皆中礼，言辞真实，屏绝浮夸。亚麦里迦合众国莫不仰慕其为人，至今犹乐道之。余今节取其少年一事，列于贯珍，俾中国童子读而仰慕之，或可感发心志，是所厚望。"②

由此可见，早在张荫桓、傅云龙这批士大夫读书应试时期，华盛顿的英名和神话就已传入中国。张荫桓在《三洲日记》中多次提到《瀛寰志略》，对于华盛顿的英雄事迹，自然不陌生。1889 年春，傅云龙在驻美参赞的陪同下，第二次参观华盛顿坟墓，张荫桓在《三洲日记》中记载说，此"美游应有之义也"，足见他对华盛顿之崇敬。

---

① ［日］松浦章，内田庆市，沈国威．遐迩贯珍［M］．上海：上海辞书出版社，2005：548．

② ［日］松浦章，内田庆市，沈国威．遐迩贯珍［M］．上海：上海辞书出版社，2005：548．

在张荫桓之后出使美国的崔国因，也在日记中留下了凭吊华盛顿故居和墓地的详细记载，1892 年（闰六月二十七日）的《出使美日秘国日记》（卷十一）记录如下：

> 游华盛顿第宅。乘小轮船约半时辰到岸，上小岭，高数十丈，至华盛顿墓。有屋一所，自铁栏外瞻之，白石棺二，停土面，盖夫妇二人也。屋外左右有神道碑。又前行不半里，至其第，局面甚小，乡居盖如是也。第一层画华盛顿像，纵横约八尺，为骑马赴敌形。前一将执刀马前，后则华盛顿之兄，最后则从战诸将，皆骑马像。外有华盛顿亲笔书。又德、法诸将小照，皆从征有功者。右室为洋琴、竹笛、琵琶各一，则平日所陶情者。室外衣架二，海花一朵，为婚时人所赠者。遂上第一层楼，中厅挂枪一枝，牛角筒一具，下置笔架、墨盂。厅前挂刀二柄，长二尺余，皆其生前所用之物。楼左右，男女像各一，则其兄妹。前为客房，后为华盛顿卧房。房中有瓷盆、木箱、木榻，华盛顿即寿终于此榻。又上第二层楼，则临江一室可眺长江，又一室置盥具并木榻，则其夫人之卧房也。夫人后君殁，即寿终于此榻。再上一层，则已扃不可陟，乃下。至各处瞻眺毕，约未初遂返。①

随后，崔国因在当天的日记中，加了一段按语，讲述华盛顿的英勇事迹之后，感叹道："因至其墓、其宅，窃罣然仰慕其为人也：功在美国，而不自居；名满天下，而其宅不盈五亩。自古英雄未有不宅心淡漠而能成功名者，外洋何独不然乎？"②

不过崔国因自始至终都未提及华盛顿儿时砍倒樱桃树的斧头，以及他砍樱桃树的故事。

1896 年李鸿章出访欧美各国，途经华盛顿，曾打算访问华盛顿故居、墓地，可惜，"小雨溟溟，久不开雾。使相本欲展谒开国民主华盛顿山陵，并访其故

---

① （清）崔国因 . 出使美日秘国日记（下册）［M］. 长沙：岳麓书社，2016：515-516.
② （清）崔国因 . 出使美日秘国日记（下册）［M］. 长沙：岳麓书社，2016：516.

居，观其留名阁。皆以雨阻，不克出城"①。于是只好听下属讲解。

1906 年，晚清五大臣出洋考察，途经美国，戴鸿慈在《出使九国日记》中也记下了自己的观感。"谒华盛顿及其夫人坟，列石棺二具，门外列纪念碑二。复入其卧室，闻为华盛顿易箦时所居，后人仍其旧，以志钦仰云。室中陈设朴素，无异平民。盖创造英雄，自以身为公仆，卑宫恶服，不自暇逸。以有白宫之遗型，历代总统咸则之。诚哉，不以天下奉一人也！"② 随同戴鸿慈出访考察的湖北省官员金鼎，后来也撰有一部《随同考察政治笔记》，提到随同往视华盛顿总统夫妇墓的情形："墓甚朴质，并不华美（一代伟民主示人以俭之意）。另有华盛顿服食起居、日用各物，另储一楼，分别陈设数处，以为后人遗念（不尽为华盛顿亲遗之物），内中亦有后人添置者。"③

1910 年，金绍城作为中国代表，参加万国监狱改良会议，并赴欧美考察监狱。8 月过美国首都华盛顿，随谒华盛顿墓。他在《十八国游记》中记载："（华盛顿）坟甚小，后及女衬葬于旁。留花圈为纪念，并览毕华盛顿故居，室甚卑，不及现在美洲中人之家。生前所用车服器物，一一陈列，均极俭朴。皇后所用织机，亦陈于室中。开创明主自奉简约，真不愧土阶茅茨之风矣！"

从《瀛寰志略》开始，中国开眼看世界的士大夫便知道华盛顿功成不居，并未称帝，时至革命与立宪风潮此起彼伏之 20 世纪，金绍城竟然还称华盛顿夫人为"皇后"，实在大可玩味。不过，他游历华盛顿故居（墓地）之后的赞叹，与此前张德彝、陈兰彬、张荫桓、傅云龙、崔国因、戴鸿慈如出一辙，均惊叹于华盛顿的历史伟业、盖世英名与故居（墓地）之简约、朴素，这一方面固然强化了他们和晚清国人心目中的华盛顿崇拜情节，另一方面也说明，晚清士大夫——即便是身为外交官、应该熟知西方情况的开明派，对华盛顿所开创的全新国家和他留给世界的政治文化贡献，并无清晰认识。

---

① （清）蔡尔康等 . 李鸿章历聘欧美记（钟叔河主编"走向世界丛书"）［M］. 长沙：岳麓书社，1986：206.

② （清）戴鸿慈 . 出使九国日记（钟叔河主编"走向世界丛书"）［M］. 长沙：岳麓书社，1986：353.

③ 陈琪，金鼎 . 环游日记·随同考察政治笔记［M］. 长沙：岳麓书社，2016：76.

### 四、晚清中国人的美国监狱考察

1910 年率领清政府代表团参加万国监狱改良会议的金绍城，早年曾留学英国伦敦国王学院，研习法律，回国后在清政府担任过多种法律类职务，并参与晚清法律改革。1910 年，万国监狱协会在美国首都华盛顿召开第八次监狱改良会议，清政府派遣了法部和大理院两个代表团与会，并在会后考察各国监狱。其中，大理院代表团由刑科推事金绍城领衔。

会议期间，金绍城一行参观了美国各大监狱，并在会后游历欧洲十余国，考察各国刑罚与狱政；写成《十八国游历日记》与《十五国审判监狱调查记》，前者已经收录于钟叔河等诸位先生主持的"走向世界丛书"（续编）。

在"日记"和"调查记"中，金绍城对于美国费城监狱与奥本监狱的记录甚为详细。1910 年 10 月 18 日（西历）"往观费城监狱"。"费城监狱狱门外石墙高如城垣，铁门崔巍，望之令人神悚。既入其中，则宏敞如华屋，绝不知其为犴狴中也。其制系用光线形，分为七翼，两翼中间墙上悬一大镜，则对面皆可洞见。中央为看守所，一望而七翼之监房尽在目中也"。除了设施人性化外，监狱待犯人之法"极宽厚，采用最新发明之不定期刑，在狱中能诚心改过者得以随时释放"①。所谓不定期刑是指犯人刑期不固定，可以根据其在狱中表现，随时减刑乃至释放。

参观费城监狱之后，金绍城一行还继续北上考察了美国纽约州的奥本监狱。他注意到，与费城监狱的宽容不同，奥本监狱的犯人必须做工，"盖纽约各项工厂甚多，习成出狱即可至工厂谋生也"。纽约的监狱也反对不定期刑，据监狱长所言，主要原因有二：有犯人在狱中表现不错，"既释而故态复萌，遂至再犯"；犯人在监狱时间太短，学不到技能也没有积攒，出狱后无以谋生，容易再犯。②

金绍城等人考察美国监狱，当然不仅仅是希望借鉴他国经验，改革本国监

---

① 金绍城. 十八国游历日记·十五国审判监狱调查记·藕庐诗草［M］. 南京：凤凰出版社，2015：150-151.

② 金绍城. 十八国游历日记·十五国审判监狱调查记·藕庐诗草［M］. 南京：凤凰出版社，2015：157.

狱弊政。其中还蕴含着更为深刻的动机：通过改良中国监狱，改变中国刑罚残酷的国际形象，以此说服列强放弃在华领事裁判权。1910 年 10 月，华盛顿监狱改良会议期间，美国总统曾宴请与会代表，各国代表纷纷发表致谢词。金绍城在祝酒词中直接用英文提出，"监狱之事与司法关联，司法不能独立，即于监狱改良不能无影响。前者英国商约曾声明，'中国如改良刑法监狱，英国首先承认撤去领事裁判'"。金绍城因此希望美国，"一俟我国新律实行、监狱改良之后，概将领事裁判撤去"①。

1911 年结束环球考察回国后，金绍城曾将考察日记和考察报告呈交清政府，但穷途末路的清政府已经自顾不暇，没有来得及推行计划中的司法与监狱改良。不过他的日记和报告曾在民国时期多次刊印，并进入学术研究视野。

1936 年，毕生从事监狱管理与研究工作的湖南平江人孙雄，在商务印书馆正式出版了《监狱学》一书，书中详细论述了 1910 年华盛顿监狱改良会议的四个议题（刑法立法、行刑制度、预防犯罪、幼年犯罪），并区分了费城模式所代表的严厉分房制和奥本模式所代表的宽和分房制，以及两者之利弊与影响。

对于美国狱政模式的不统一，孙雄颇为感慨："美国监狱之施政方法，则未免州异其制，狱异其规，新旧不一，瑕瑜互见，此固由其刑制之不统一，致成参差不齐之景象耳。虽然，刑制之不统一，一方固为美国之病，一方亦即其所长，何则？盖惟其不统一，故各州乃得不受一定之拘束，而可以自由发挥其理想，制定法律以实行之，故对于刑事政策之新设施，往往树立先声，几成世界刑制革新之向导，如死刑之废止，不定期刑之实行，幼年裁判所之特设，累犯之特别处分，肺病监狱之特设等，皆为近世刑事政策所最需之要求，在几十年前，多有各国梦想所未及者，而美国已著著行之，此诚不得谓非各州自由改进之所赐也。"②

实际上，在金绍城之前，还有好几位出洋的中国人也曾参观过美国监狱，并留下记录，其中最早的应该是蒲安臣使团成员。

---

① 金绍城. 十八国游历日记·十五国审判监狱调查记·藕庐诗草 [M]. 南京：凤凰出版社，2015：28.
② 孙雄. 监狱学 [M]. 北京：商务印书馆，2011：26-27.

　　1868 年 6 月，蒲安臣使团抵达美国首都华盛顿，受到美国总统和国务卿的热情接待。7 月，蒲安臣代表大清政府与时任美国国务卿的威廉·亨利·西华德签署了《中美天津条约续增条约》八款。在等待美国国会批准的过程中，蒲安臣趁机回纽约老家省亲。国务卿西华德系其老友，也是纽约人，曾在纽约州奥本市担任执业律师（1839—1843 年担任纽约州长，1849—1861 年任联邦国会参议员，1861—1869 年担任国务卿）。西华德趁机邀请使团成员到其老家做客，并参观访问纽约各地。

　　使团中的中国官员志刚、孙家谷、张德彝等人接受邀请，前往西华德家中小聚，也因此顺访奥本监狱。志刚在《初使泰西记》中记述了 1868 年六月（阴历）参观奥本监狱的行程与观感。

　　　　十五日起程，由赫逊河西北行四百三十余里，至纽约邦省会奥尔巴尼。十六日，登火车西北行四百五十里，至鳌拜尔（奥本）。寓华尔特家（西华德家），待远客如旧相识，故以之治宾客也。十七日观监狱。其门户之禁，房屋之固，饮食之均，约束之周，法亦犹人。惟使罪人各执一业，终日兴作不休，既使之费有出而公私皆便，更使之劳而思善而灾疢潜消，为得法矣。①

　　随行的使团翻译张德彝记录更详细，除了交代志刚、孙家谷、蒲安臣等人夜宿西华德家、晚上共进晚餐外，还记录了奥本监狱的外貌。

　　　　中建石楼，环以铁壁，共犯人九百五十一名。每名石屋一间，内置铁榻，外立铁门，早启晚闭，功令森严。通监共分十五房。凡在狱者，无论拙巧，终日作工。所造者系铁木皮棉器皿等物，皆用轮机。每房有头役一名管辖。每饭摇铃，则人皆停工，结队行入大厅，内设长案坐凳，锡碗铁盘，每人给面包猪肉各一块，青菜一盘，加非、汤、

────────────

①　（清）志刚．初使泰西记（钟叔河主编"走向世界丛书"）［M］．长沙：岳麓书社，1985：276-277.

醋各一碗。众入，齐立不语。有教师一名，立而颂祷数句。铁钟一响，
众皆坐而刀锸乱动，杯盘狼藉……狱囚衣食皆系官给，所造之货贩卖，
则钱归东主，而东主每日交官洋银不足一圆。不但囚人借以闲其邪心，
而东主且厚获其利矣。①

　　当时负责接待这批清政府官员并对中国寄予厚望的美国国务卿威廉·亨
利·西华德，可谓中国人的"老朋友"。1869 年，西华德从国务卿任上退休后，
开始环游世界，1870 年路过中国，访问上海和北京，受到掌管总理各国事务衙
门的恭亲王奕䜣的热情接待。

　　1876 年，任职于宁波海关的李圭，随中国代表团赴费城参加美国独立百年
世界博览会，在费城逗留两月，参观了费城附近的轻犯监狱、重犯监狱、习正
院、疯人院，留下了数千字的笔记与感言。轻犯监狱"睡房每犯一间，深广五
六尺。地铺木板，墙壁洁白……内设一榻、一桌、一凳、一镜、一扇、一巾。
被褥七日一洗换"。"犯案尤轻者，居内二三日，不见天日，使自省己过，释
之。"狱中男女犯人"皆视其人能作何工，使作之，无鞭挞之苦。又非竟日力作，
有时亦令休息"。狱中礼拜堂和医务室具备，"每届西人礼拜日，教师往宣善言导
化"。医务室"医生逐日按名诊视，药费亦出自公家。法至善也，恩莫大也"②。

　　费城附近的重犯监狱"为楼三层，皆七方形，方各有门。向外一门以出入。
其余六门内，皆长巷夹室，一望无底"。"每巷合面共三四十间，间各有门，门
上挂木牌书犯人号数。""出门有地，广五六尺，种花草。每日必使进内小步三
刻，和舒气血。""人立亭屋正中，则七方皆可瞭望。晚间楼上明灯，面面照耀
如白昼。盖上下数百间之屋，以此亭为主脑焉。"重犯也须每日做工，"如木器、
皮器并织布、缝纫等事，每日限定成物若干，变价贴补公费"③。李圭感慨，

①　（清）张德彝. 航海述奇·欧美环游记（钟叔河主编"走向世界丛书"）［M］. 长沙：
　　岳麓书社，1985：678.
②　（清）李圭. 环游地球新录（钟叔河主编"走向世界丛书"）［M］. 长沙：岳麓书社，
　　1985：244.
③　（清）李圭. 环游地球新录（钟叔河主编"走向世界丛书"）［M］. 长沙：岳麓书社，
　　1985：245.

"外国监狱，迥异中华。第一务取洁净；第二饮食调匀；第三作息有节；第四可习技艺；第五则其总管、司事，一切体贴人情，处若父兄之于子弟。故凡游览其中者，非特不觉其为监狱，即犯人监禁日久，亦忘其身在监狱也。迨期满释归，有技艺，有资蓄，皆可为养身赡家计，或更可传诸子孙。法良意美，于斯尽矣"①。

对于费城监狱的这种宽容改造措施，李圭也有失之过宽的疑问，但是询问当地官员之后，得到的答案是，监狱不是压迫之所，要使犯人在"拘役之中有乐生之心，而后可冀其悔罪迁善也"②。

1905年至1906年出洋考察政治的戴鸿慈，在《出使九国日记》中也两次提到了考察美国的监狱（改过所）与改良所的观感。与李圭一样，戴鸿慈同样注意到，美国监狱和改良所令犯人劳动，以促使其改过自新。"监牢非以苦痛犯人也，束缚其自由而仍使之作工，故西人有改过所之称。"与监狱相对，戴鸿慈区分了"羁禁罪之轻者"的改良所，即改造少年犯的少管所，"其实则一顽童学堂也"。"所中工课，大抵教以工艺、商业，使其出所时有所倚以谋生。"③

1906年回国后，戴鸿慈曾上奏朝廷，请求取法他国实施新政，并联合几位出洋考察大臣向朝廷呈递了《欧美政治要义》《列国政要》等编译著作。同年，清廷下诏正式推行官制改革，改刑部为法部，负责包括监狱管理在内的司法行政工作。戴鸿慈为第一任法部尚书，他根据自己在欧美考察监狱的感观，积极推行狱政改革，筹建模范监狱。

戴鸿慈的监狱改革主张和举措，得到了晚清修订法律大臣沈家本的襄赞。1907年，沈家本曾给清廷上奏《实行改良监狱以资模范而宏教育折》，系统提出改良监狱的四条建议：改建新式监狱、养成监狱官吏、颁布监狱规则、编辑监狱统计。沈家本认为，最为重要的是改建新式监狱，因为监狱的实际状况，体现了一个国家的文明程度。这是欧美各国改良监狱的出发点，也是中国走向

① （清）李圭．环游地球新录（钟叔河主编"走向世界丛书"）［M］．长沙：岳麓书社，1985：246-247.

② （清）李圭．环游地球新录（钟叔河主编"走向世界丛书"）［M］．长沙：岳麓书社，1985：247.

③ （清）戴鸿慈．出使九国日记（钟叔河主编"走向世界丛书"）［M］．长沙：岳麓书社，1986：344，363.

文明国家的必由之路。①

同年，沈家本在给戴鸿慈写的《与戴尚书论监狱书》中直言，筹建京师模范监狱，需"参取西式，以扇面形、十字形为最善，天津及民政部已仿而营之。本部监狱当为天下之模范"。"欧洲各国监狱为专门之学，设立万国协会，穷年研究，精益求精，方进未已。即日本之监狱，虽极意经营，尚不完美，彼都人士方以为憾。中国从未有人讲求此学，则际此更张之始，自应周谘博考，择其善者而从之。若仍墨守己见，不思改图，恐无以关国人之口，遑论远人哉!"②

1909年，戴鸿慈奏请清廷，在京师与各省设立模范监狱，得到清廷同意，1910年京师模范监狱开工，次年主体落成。监狱的设计者为日本人小河滋次郎，小河是日本著名监狱学家，当时任教于京师法律学堂，也是晚清监狱改革的重要推手。

京师模范监狱主体建筑采取扇形结构，扇柄是分布着囚室的长廊，扇轴则是监视塔。而此前落成的奉天模范监狱则兼采十字形结构和扇形结构。十字形楼内基本上都是杂居监，每个监狱关押多人。内分四翼，每翼监房十间，可容300余人；各翼中央建有圆亭，看守可以直视各翼走廊动向。扇形楼内一半是杂居监，另一半是单人监房。至于监狱采用杂居制或者分房制的优劣利弊，孙雄《监狱学》一书中有详细讨论，兹不赘述。

奉天模范监狱附设罪犯习艺所，教导犯人学习各种手艺；犯人生产的物品，售卖后所得收益，四成可以分给犯人。据说当时奉天的商业街上还有监狱开办的商行，专门售卖监狱产品。1910年7月，金绍城等人出国参会之前，还曾专程到奉天模范监狱和习艺所参观，并购买犯人所织之精美布匹与绒凳垫，带到美国作为会议赠品，以显示中国监狱改良之成效与国家文明之程度。

金绍城所任推事的大理院，前身为大理寺。1906年，五大臣出洋考察政治归来后，给清廷上书，要求改定官制、预备立宪，以定国是。同年，清廷下旨，

① （清）沈家本. 与戴尚书论监狱书［M］.//沈家本，沈家本传. 北京：中国人民大学出版社，2015：464-466.
② （清）沈家本. 与戴尚书论监狱书［M］.//沈家本，沈家本传. 北京：中国人民大学出版社，2015：402-403.

预备仿行宪政，改革官制，改刑部为法部，专任司法，改大理寺为大理院，专掌审判，由出洋考察归来的戴鸿慈出任法部尚书，原刑部左侍郎沈家本调任大理寺正卿（仍兼修订法律大臣）。沈家本系浙江南浔人，时年66岁，在他的保举之下，同为浙江南浔人的金绍城才得以进入大理院担任刑科推事（法官），时年不足30岁。

法部和大理院之设，拉开了近代中国司法行政改革和审判独立的帷幕，也开启了晚清部院之争的大幕。就在清廷下诏设立法部和大理院不久，沈家本便上书朝廷，要求厘定法部和大理院的职权范围，并由此形成了一场巨大的争论，是为部院之争。正因如此，1910年第八次监狱改良会议在美国华盛顿召开时，才会出现清政府同时派出法部和大理院两支代表团与会的奇观。

在部院之争中，法部尚书戴鸿慈曾致信流亡海外的梁启超，请求梁借助日本欧西各国经验，区分部院职权。实际上，这并非身为尚书的戴鸿慈第一次求助于清廷通缉犯梁启超。此前一年，戴鸿慈和端方在考察政治归来后，便通过他人，请梁启超起草考察政治报告。已有学者研究证明，端方、戴鸿慈上奏的《请定国是以安大计折》《请改定官制以为立宪预备折》均为梁启超作草拟。①

1898年戊戌变法失败后，梁启超流亡日本，通过"和文汉读法"，遍览翻译成日文的西学书籍。1903年，梁启超又亲往北美游历，留下了《新大陆游记》，深刻批判了当时美国的垄断资本主义经济，对美国的民主政体亦有超前分析，可谓晚清中国人海外旅行与书写的杰作。

**推荐阅读书目**

[1]（清）崔国因. 出使美日秘国日记（上下）[M]. 长沙：岳麓书社，2016.

[2] 金绍城. 十八国游历日记·十五国审判监狱调查记·藕庐诗草 [M]. 南京：凤凰出版社，2015.

[3]（清）李圭. 环游地球新录（钟叔河主编"走向世界丛书"）[M]. 长

---

① 夏晓虹. 梁启超代拟宪政折稿考 [M]. 北京：北京大学出版社，2008：28.

沙：岳麓书社，1985.

[4] 梁启超. 新大陆游记 [M]. 北京：商务印书馆，2014.

[5]（清）张荫桓. 三洲日记（上下）[M]. 长沙：岳麓书社，2016.

[6] 钟叔河. 走向世界：近代知识分子考察西方的历史 [M]. 北京：中华书局，1985/2000.

[7] Jenny Huangfu Day. *Qing Travelers to the Far West：Diplomacy and the Information Order in Late Imperial China* [M] . Cambridge University Press，2018.

# 第十一章

# 近代中国留学生

　　留学生在近代中国历史上扮演着极为重要的角色。留学生们肩负着西学东渐和中学西传的双重使命。他们睁眼看世界，亲历西方文明，在中国近代化的历程中成为引路人，将西学输入中国，推动近代中国各项改革。与此同时，他们或现身说法，或著书立说，将中华文明传播出去，使更多人了解中国。留学生在近代中国与其他文明、国家、地区的交流中起到枢纽的作用。

## 一、容闳与留美幼童

### （一）容闳留美

　　说到近代中国的留学教育，不能不提的是被称为"留学之父"的容闳。舒新城在 1927 年出版了中国近代第一部研究留学问题的专著《近代中国留学史》。他在书中明确指出：无容闳，虽不能一定说中国无留学生，即有也不会如斯之早，而且派遣的方式也许是另一个样子。故预述留学之渊源，不可不先知容闳。①

　　容闳，1828 年 11 月 17 日出生于广东香山县南屏村的一个农民家庭。容闳在家中排行第三，有一兄一姐一弟。1835 年，7 岁的容闳被送到郭实猎夫人（Mrs. Gutzlaff）② 在澳门所办的学校。容闳后来在思考父母送他入西塾的原因

---

①　舒新城. 近代中国留学史［M］. 上海：上海书店出版社，2011：2.

②　郭实猎夫人（Mrs. Gutzlaff），英国人，1832 年由英国 Ladies' Society 派往马六甲教会学校帮忙，1834 年嫁给德国传教士郭实猎（Karl F. A. Gutzlaff）。郭实猎在华传教 20 年，编辑出版《东西洋考每月统记传》等刊物，并写有多部关于中国的著述。Mrs. Gutzlaff 后来邀请失去双亲的两个侄女和一个侄子来华，其侄子巴夏礼（Harry Parkes）后来成为英国在远东颇有影响的外交官，1883—1885 年担任英国驻华公使。

时，回忆道："惟是时中国为纯粹之旧世界，仕进显达，赖八股为敲门砖，予兄方在旧塾读书，而父母独命余入西塾，此则百思不得其故。意者通商而后，所谓洋务渐趋重要，吾父母预先着人鞭，冀儿子能出人头地，得一翻译或洋务委员之优缺乎。"① 1838 年，郭实猎夫人的学校停办。容闳只能回家务农。1840 年，容闳的父亲去世，一家人的生活更是艰难。容闳除务农外，还到澳门天主教印刷所折叠书页赚钱。容闳在澳门遇到伦敦会传教士合信医生。合信告诉他，郭实猎夫人将容闳托付于他，等马礼逊学堂（Morrison School）开学送他入学。因容闳回家，合信觅而不得。二人见面时，马礼逊学堂已开课。容闳征得母亲同意，于 1841 年入马礼逊学堂。

马礼逊学堂是为纪念第一个来华传教的基督教传教士马礼逊而建立。马礼逊 1834 年 8 月在澳门去世。马礼逊在澳门、广州的朋友，包括传教士、商人等捐资建立马礼逊教育协会，其宗旨是"以学校或其他方法促进或改善在中国之教育为目的"②。1839 年 11 月 4 日，马礼逊学堂在澳门正式开学。校长为耶鲁大学毕业生布朗（Brown）。容闳入马礼逊学堂时，学校已有黄胜、黄宽、李刚、周文、唐杰 5 个学生。1842 年，马礼逊学堂迁往香港。1846 年，布朗及家属因身体原因需回美国，因对学校感情甚深，"极愿携三五旧徒，同赴新大陆，俾受完全之教育"，当布朗布告游美方针时，容闳首先起立，次黄胜，次黄宽。③ 三人赴美的斧资，按照布朗和该校校董的安排，由香港《中国日报》的主笔、美商麦企、苏格兰人康白尔等资助，以两年为期，并补助三个人父母两年之赡养费。④

布朗、容闳等一行人于 1847 年 1 月 4 日起行，4 月 12 日到美国。容闳三人同入美国马萨诸塞州的孟松学校（Monson Academy）。彼时美国尚无高等中学，仅有预备学校，孟松为预备学校中最著名的。当时学校中仅有容闳等三人为中国学生，以少为贵，校长对容闳三人加以优礼。⑤ 到 1849 年，容闳等三人获得

---

① （清）容闳. 西学东渐记 [M]. 长沙：湖南人民出版社，1981：2.
② 熊月之. 西学东渐与晚清社会 [M]. 上海：上海人民出版社，1994：126.
③ （清）容闳. 西学东渐记 [M]. 长沙：湖南人民出版社，1981：9.
④ 章开沅，余子侠. 中国人留学史 [M]. 北京：社会科学文献出版社，2013：29.
⑤ （清）容闳. 西学东渐记 [M]. 长沙：湖南人民出版社，1981：15.

的资助已到期。1848 年秋，黄胜因病，提前回国。黄宽为继续得到资助，赴英国爱丁堡大学学医，1857 年学成归国。容闳不愿赴英，留在美国，寻求解决经济问题。容闳若承诺毕业后愿做教士以传道，可申请孟松学校资助读大学。容闳没有申请这项资助，用他自己的话来说，"予虽贫，自由所固有。他日竟学，无论何业，将择其最有益于中国者为之"①。1850 年夏，布朗至南部探视其姊，顺道访佐治亚萨伐那妇女会之会员（The Ladies Association in Savounah），说起容闳的事。萨伐那妇女会会员允诺资助容闳。容闳遂赴纽黑文，考取了耶鲁大学。

容闳在耶鲁大学学习四年，1854 年毕业，是 98 名毕业生中的一名，是毕业于美国第一等之大学校的第一个中国人。容闳在校期间，已在思考自己的未来，"盖当第四学年中尚未毕业时，已预计将来应行之事，规画大略于胸中矣。予意以为予之一身，既受此文明之教育，则当使后予之人，亦享此同等之利益。以西方之学术，灌输于中国，使中国日趋于文明富强之境。予后来之事业，盖皆以此为标准，专心致志以为之"②。

容闳回国后，先在伯驾（Parker）处做书记，又至香港高等审判厅为译员，为英人排斥。1856 年离港赴沪，在海关做翻译，不忍商人与海关通事勾结恶习，决意辞职。之后曾经商、做翻译等，还曾至南京谒洪秀全之侄干王，冀太平军之能用其言而改造中国。容闳求职之路不顺，却始终不忘派遣留学生计划。1863 年，容闳通过李善兰结识了曾国藩。容闳立即想通过曾国藩推行自己的教育方案，不过他没有操之过急，竭力襄助曾国藩筹办洋务，博得曾国藩的信任和赏识。③

1870 年，天津教案发生。曾国藩、丁日昌受命处理此事，急调容闳到天津担任翻译。容闳认为这是与曾国藩密切接触的良机，赶赴天津。天津教案处理结束时，容闳向丁日昌、曾国藩详述留学计划，获得首肯。1871 年 9 月 3 日，曾国藩、李鸿章联名向清廷奏请选派幼童出国留学，"选聪颖幼童，送赴泰西各

---

①　（清）容闳. 西学东渐记［M］. 长沙：湖南人民出版社，1981：19.

②　（清）容闳. 西学东渐记［M］. 武汉：湖南人民出版社，1981：23.

③　王奇生. 中国留学生的历史轨迹：1872—1949［M］. 武汉：湖北教育出版社，1992：7.

国书院学习军政、船政、步算、制造诸学，约计十年余业成而归，使西人擅长之技，中国皆能谙悉，然后可以渐图自强"①。清廷很快批复同意。此外，1868年签订的《中美天津条约续增条约》（亦称《蒲安臣条约》）第七条规定："嗣后中国人欲入美国大小官学学习各等文艺，须照相待最优国之人民一体优待；美国人可以在中国按约指准外国人居住地方设立学堂，中国人亦可在美国一体照办。"条约之规定为中国留学生的派遣提供了条约依据。②

（二）留美幼童

1870年冬，曾国藩回到南京，召容闳商讨留学事宜，商定的内容包括派送出洋学生的额数、预备学校的设立、留学经费的筹措、出洋留学年限等。容闳曾回忆道："至此予之教育计划，方成为确有之事实，将于中国二千年历史中，特开新纪元矣。"③ 考虑到有种种应办事宜，设立幼童出洋肄业局，设监督二人，监督由陈兰彬担任，副监督由容闳担任。两位监督的责任权限不同，陈兰彬专司监视学生留美时汉文有无进步；容闳则监视学生之各种科学，并为学生预备寄宿舍等事，另设有汉文教习、翻译等。④ 议定派出留学生120人，分4批，每批30人，按年分送出洋。学生年龄定为12~15岁，须身家清白，有殷实保证，体质经医士检验，方为合格。考试科目为汉文写读；已习英文者，须试验其英文。应考及格后，当先入预备学校，肄习中西文字，至少一年，方可派赴美国留学。出洋前，学生之父兄须签名志愿书，书中载明自愿听其子弟出洋留学，十五年中如有疾病死亡及意外灾害，政府皆不负责。⑤

1871年，容闳至上海，设立预备学校。1871年夏，因所招学生未满第一批定额，容闳亲赴香港，遴选少年聪颖而于中西文略有根柢者数人，以足其数。当时中国尚无报纸以传播新闻，北方人民多未知此教育计划，故120名留美幼童中，粤人84人，粤人中又多半为香山籍。⑥ 1872年8月11日，第一批学生

① 章开沅，余子侠. 中国人留学史［M］. 北京：社会科学文献出版社，2013：36.
② 章开沅，余子侠. 中国人留学史［M］. 北京：社会科学文献出版社，2013：38.
③ （清）容闳. 西学东渐记［M］. 长沙：湖南人民出版社，1981：91.
④ （清）容闳. 西学东渐记［M］. 长沙：湖南人民出版社，1981：81.
⑤ （清）容闳. 西学东渐记［M］. 长沙：湖南人民出版社，1981：92.
⑥ 章开沅，余子侠. 中国人留学史［M］. 北京：社会科学文献出版社，2013：40.

30 人由陈兰彬带领启程赴美。容闳先行赴美，布置学生住宿诸事。1873 年 5 月 18 日，第二批学生由黄胜带领赴美；1874 年 8 月 9 日，第三批学生由祁兆熙带领赴美；1875 年 9 月 16 日，第四批学生由邝其照带领赴美。这是近代中国历史上首次官派出国留学。

容闳将学生分处于新英格兰之各人家，每家二三人，相去不远，俟学生程度已能入校听讲时，再区处。因斯匹林菲尔（Springfield）地处新英格兰中心，选了适宜场所，作为分配学生的中心点。事务所总部设在哈特福德（Hartford）的桑姆街（Summer Street），直到 1875 年。后在李鸿章的支持下，容闳在哈特福德的柯林街（Collins Street）监造永久房舍。据容闳的描述："有楼三层，极其宏敞，可容监督、教员及学生七十五人同居。屋中有一大课堂，专备教授汉文之用。此外则有餐室一、厨室一及学生之卧室、浴室等。予之请于中国政府，出资造此坚固之屋以为办公地点，初非为徒壮观，瞻盖欲使留学事务所在美国根深蒂固，以冀将来中政府不易变计以取消此事，此则区区之过虑也。"①

幼童们到美国后，按着计划先学英语，之后再学习专门课程。经过短暂的磨合，幼童们很快适应了美国的学习和生活，随着年龄和学识的增长，升入初中、高中。作为第一批官派学生，留美幼童受到很多美国人的关心和爱护，但是仍不可避免地有着边缘人的体验。② 1875 年最后一批幼童到美国。1875 年年底，清廷任命陈兰彬、容闳分别为驻美公使、副使。虽是升迁，容闳却不无担心，"教育计划，是予视为最大事业，亦报国之唯一政策；今发轫伊始，植基未固，一旦舍之他去，则继予后者，谁复能如予之热心，为学生谋幸福"③。容闳请辞，没有得到准许。李鸿章回复他说，担任副公使，于留学生方面，仍有权调度一切。

留学事业看似渐入正轨，实则争论端倪已现。陈兰彬本不热心留学一事，在刑部 20 年未有晋升，不过把留学监督作为"升官发财之阶梯"，而清廷选陈兰彬是因为他"老成端谨，中学较深"，可减少官派留学的阻力和压力。陈兰彬

---

① （清）容闳. 西学东渐记［M］. 长沙：湖南人民出版社，1981：95.
② 章开沅，余子侠. 中国人留学史［M］. 北京：社会科学文献出版社，2013：46.
③ （清）容闳. 西学东渐记［M］. 长沙：湖南人民出版社，1981：100.

最初是愿意担任留学监督的，但是到美国后，看不惯幼童的改变，对于幼童
"至教堂瞻礼、平日之游戏、运动、改装"等琐事，常加阻挠，对于容闳为学生
辩护不满。① 陈兰彬任公使后，不再担任留学监督一职，先后由区谔良、容增
祥、吴嘉善担任。区谔良在 1875 年秋至 1879 年春任职，容增祥只担任一个月，
即丁忧回籍，吴嘉善在 1879 年至 1881 年任职。除容增祥外，其余都是翰林出
身，属守旧派人物，尤其是吴嘉善。②

据容闳的回忆，吴嘉善担任留学监督后，"对于从前已定之成规，处处吹毛
求疵"，有不满的地方，不与容闳沟通，直接向清廷报告，报告容闳如何不尽
职，纵容学生，授以学生种种不应得之权利；又报告幼童们"专好学美国人为
运动游戏之事，读书时少而游戏时多；或且效尤美人，入各种秘密社会，此种
社会有为宗教者，有为政治者，要皆有不正当之行为；坐是之故，学生绝无敬
师之礼，对于新监督之训言，若东风之过耳；又因习耶教科学，或入星期学校，
故学生已多半入耶稣教"等，认为学生久居美国，会全失其爱国之心，他日纵
能学成回国，非特无益于国家，亦且有害于社会，欲为中国国家谋幸福计，当
从速解散留学事务所。撤回留美学生，能早一日施行，即国家早获一日之福。③

容闳起初并不知道吴嘉善对留学生是如此看法，后李鸿章将吴嘉善之言告
于容闳，让他多注意。容闳写了一份详细报告给李鸿章，之后一段时间里，公
使馆及留学事务所两处，暂归平静，并无何等冲突。后来容闳想送一些程度较
好的学生入美国军事学校，致书美国国务院，求其允准。美国国务院以极轻蔑
之词拒绝，曰：此间无地可容中国学生也。④ 容闳将此事告诉李鸿章，接到回
复，知留学事务所前途无望。正值美国社会反华之声日盛，国内的守旧势力再
次请撤留学生。1880 年 12 月，江南道监察御史李文彬，以幼童入教为借口向朝
廷上奏，主张裁撤出洋肄业局，撤回留美学生。清廷就是否撤回留学生垂询李
鸿章、陈兰彬、吴嘉善的意见。李鸿章的态度模棱两可；陈兰彬措辞圆滑，"学

---

① （清）容闳. 西学东渐记［M］. 长沙：湖南人民出版社，1981：102.
② 梁碧莹. 艰难的外交：晚清中国驻美公使研究［M］. 天津：天津古籍出版社，2004：
　　131.
③ （清）容闳. 西学东渐记［M］. 长沙：湖南人民出版社，1981：104.
④ （清）容闳. 西学东渐记［M］. 长沙：湖南人民出版社，1981：105.

生居美已久，在理亦当召回"；吴嘉善直截了当，"当立即撤回，归国后须交地方官严加管束"。至此，留学生的撤回已成定局。最后给留学生的定论是，"腹少儒书，德行未坚，尚未究彼技能，先已沾其恶习"①。究其根本原因是清政府中保守势力对新生事物的阻挠和破坏，但是陈兰彬作为第一任留学监督，他的言论比任何一位局外人的影响还要大，他对留学幼童们的变化不满，对西方教育方法和管理的不屑一顾，均成为保守派造谣诽谤留学生的口实，在关键时刻赞同中途撤回留学幼童则是犯了历史性错误。②

留美幼童计划最终夭折，但是不能说失败了。1883 年，卫三畏在修订《中国总论》时，特别提到容闳和留美幼童，他如是说："无论如何，一点也不能认为这个实验失败了，我们只要想一想每个学生学到的英语知识和西方教育原理；这些年轻人现在受政府聘请在电报局、兵工厂、学堂等处做事，将来就会看到在不同的行业能够尽心称职，他们可能取得多么大的成就啊！"③ 留学幼童回国后，虽经历困难与低谷，但是他们在处在变革时代的国家找到了自己应有的位置，在各自的工作岗位上发挥着重要的作用，如铁路工程师詹天佑，外交家梁诚、唐绍仪，教育家唐国安，地质工程师吴仰增、邝炳光、邝荣光等，为中国的外交、教育、军事、科技早期现代化做出了积极甚至重大的贡献，给后人留下丰富的遗产。④

（三）容闳与中学西传

容闳在未毕业之时就有"以西方之学术，灌输于中国，使中国日趋于文明富强之境"的志愿。容闳回国后，先是向洪仁玕提出七条建议，后投奔曾国藩以实现办西式工厂与率留学幼童；留学计划夭折后，又先后参与维新变法、促进革命运动。长期以来，人们都把容闳的名字与西学东渐紧密联系在一起，不仅因为他的生平事迹确实体现了西学东渐的潮流，而且还因为他的自传中译本

---

① 梁碧莹. 艰难的外交：晚清中国驻美公使研究 [M]. 天津：天津古籍出版社，2004：132.

② 梁碧莹. 艰难的外交：晚清中国驻美公使研究 [M]. 天津：天津古籍出版社，2004：133.

③ ［美］卫三畏. 中国总论 [M]. 陈俱译，陈绛校. 上海：上海古籍出版社，2005：1109.

④ 章开沅，余子侠. 中国人留学史 [M]. 北京：社会科学文献出版社，2013：51-54.

《西学东渐记》，以致在人们的心目中，容闳仿佛是西学东渐的代号。《西学东渐记》的译名，可谓画龙点睛，深得其神髓，绝非误译与歪曲。西学东渐是近代中国一股强劲的潮流，真说得上是家喻户晓，深入人心。①

容闳为西学东渐做出的贡献，为世人所熟知，而容闳在中学西传的工作不大被人提及。容闳从小接受西式教育，就传统文化的素养与实力而言，容闳诚然不及王韬、薛福成、郭嵩焘等大学者，但他熟谙西学和西方社会，却又使他在东（中）学西传工作中具有自己的优势。② 当时一般美国人对中国所知甚少，对许多耶鲁美国学生来说，容闳就是中国，通过他了解中国和中国人，捕捉有关中国社会和历史文化的种种信息。尽管这是一种层次较低的东学西渐，却是容闳自觉的主动行为，特别是表现于临别赠言所展示的中华文化风采。③ 容闳毕业时，与同学相互赠言，赠言簿流传至今。1854 年，耶鲁大学共有毕业生 98人，其中给容闳赠言者 92 人。美国学生给容闳赠言开端引用前人名言佳句，大多取自《圣经》和英美文学作品。容闳给同学的赠言带有浓郁的东方色彩，包括"礼之用，和为贵""大人者，不失其赤子之心""有志者事竟成""手拈一管笔，到处不求人"等佳句，其中"大人者，不失其赤子之心"多次出现。④名言佳句后附有容闳的英文翻译。

无从断言容闳这种东学西渐的努力究竟产生何等效果，但至少东学通过容闳给耶鲁内外一部分美国人留下比较美好的印象，并且使他们增加了解中国、中国人和中国文化的兴趣。一个名为伊士曼（Eastman）的同学给容闳赠言：你从远方来，又将回到你来自的地方。但我不会忘记你曾在我们中间，而这条线

---

① 章开沅. 传播与植根：基督教与中西文化交流论集［M］. 广州：广东人民出版社，2005：109.

② 章开沅. 传播与植根：基督教与中西文化交流论集［M］. 广州：广东人民出版社，2005：109.

③ 章开沅. 传播与植根：基督教与中西文化交流论集［M］. 广州：广东人民出版社，2005：123.

④ 章开沅. 传播与植根：基督教与中西文化交流论集［M］. 广州：广东人民出版社，2005：118-119.

索将伴随你（终身）。我们对中国全都比过去更增多了兴趣。① 容闳在毕业后，曾向耶鲁大学赠送《三字经》《千字文》《四书》《五经》《山海经》《康熙字典》《三国演义》《李太白诗集》等书，更是一种自觉的较高层次的东学西渐的举措。

## 二、清末留欧、留日学生

在官派留欧之前，先后有黄宽、何启、伍廷芳等个人赴英留学。1875 年沈葆桢派遣福建船厂学生 5 人随法国人去法国游学。1876 年李鸿章派卞长胜等 7 人随德国人到德国学习军事和制造。这些学生去法、德两国，均为大员所遣，非政府正式派送，学生监督、学习科目均无一定规章。②

在晚清留学欧洲史上，最引人注目的事件是船政学堂学生赴英法两国学习海军和制造。1866 年，法国接待了到欧洲游历的斌椿一行。法国外长在致法国驻华公使的信中指示："当中国人走出国门，试图了解世界的时候，要把他们吸引到我们的国度。我们要鼓励中国政府，尽可能多地派遣人员来我国学习，并把有关我国学校、学术机关以及产业设施等方面的情报亲自提供给他们的政府。我们方面则要为这些人员的学习提供必要的方便，以便使他们能把学到的成果很快带回自己的国家。这是我们的最好政策。"法国外长的提议在当时并未产生太大的影响。③

最早倡议派留欧学生的，当以沈葆桢为第一人。1866 年，沈葆桢接替左宗棠任福建船政大臣，专主福州船政局。1871 年曾国藩奏准派遣幼童赴美留学时，沈葆桢也萌发派遣海军学生留学欧洲的设想。1873 年沈葆桢正式具折请求派遣学生分赴英法两国学习，得到清政府准许。1874 年日本入侵我国台湾，沈葆桢受命赴台湾筹办防务，留欧一事遂被搁置下来。④ 1877 年，沈葆桢联合李鸿章

① 章开沅. 传播与植根：基督教与中西文化交流论集［M］. 广州：广东人民出版社，2005：123-124.
② 舒新城. 近代中国留学史［M］. 上海：上海书店出版社，2011：10.
③ 陈学恂，田正平. 中国近代教育史资料汇编：留学教育［M］. 上海：上海教育出版社，1991：260.
④ 王奇生. 中国留学生的历史轨迹：1872—1949［M］. 武汉：湖北教育出版社，1992：54.

奏请清廷派遣海军学生留学英法，"造船，驾驶之法……非目接身亲，断难窥其秘钥"，得到批准。英法驻京公使均表示将对进入本国工业设施和教育设施学习、实习的中国青年予以帮助。

第一批留欧学生于 1877 年 3 月 30 日乘船离开福州，共 33 人，包括华监督李凤苞、洋监督日意格、随员马建忠、文案陈季同、翻译罗丰禄，学习制造的学生郑清濂、严复等 16 人、学习驾驶的学生刘步蟾等 12 人。后又选派艺徒张启正等 5 人赴欧，首批留欧学生总计 38 人。这批学生分别进入英、法两国的军事、制造学校学习，随员马建忠、文案陈季同进入政治学堂学习交涉、律例等。第一批留欧生出洋后均能悉心考究，学习成效显著。① 这一批学生在 1879 年至 1880 年先后分批回国效力。1879 年 11 月，沈葆桢和李鸿章在关于首批赴欧学生的学习成果和召回问题的联名会奏中，恳请清廷按照相同条件再次选派学生赴欧，得到批准。受命负责的闽浙总督不积极，加上沈葆桢去世，第二批留欧学生选拔延后。直到 1882 年，第二批学生共 10 人被派往英、法，留学期限为 3 年。后因中法两国关系紧张，学生被严格限制接触专业以外的东西。② 第二批留学生在 1886 年全部回国。中法战争后，清政府因受战败的刺激，关注海防建设。1885 年，李鸿章、曾国荃和船政大臣裴荫森等联名奏请续派学生出国学习，得到批准。1886 年，第三批留欧学生出洋，包括北洋水师学堂学生陈恩焘等 10 人，船政学堂驾驶班学生黄鸣球等 10 人，制造班学生郑守箴等 14 人。1897 年，船政学堂施恩孚等第四批留欧学生 6 人被派往法国学习制造新法，学习年限为 6 年，但是在 1900 年，福州船政局因财政困难请求撤回全部学生，此次留欧学生未能完成学业被中途召回。这一批学生是清末派遣留欧的最后一批留学生。

清末留欧教育从 1877 年开始至 1897 年结束，延续了 20 年之久，共派出学生 80 余人。留欧学生与留美幼童相比，具有其自身的特点，一是，选拔的原则"宜精不宜多"，学生留学前都具有一定的专业基础和外语水平，在有限的留学时间里可操练成才，成为海防的储备人才。二是，留学方针贯穿了实用主义倾

---

① 章开沅，余子侠. 中国人留学史［M］. 北京：社会科学文献出版社，2013：67.
② 陈学恂，田正平. 中国近代教育史资料汇编：留学教育［M］. 上海：上海教育出版社，1991：267.

向，注重专业技能的培养，与晚清海军建设的需要密切相关。① 日后这批留学生成为中国近代海军的中坚力量，许多成为晚清和民国时期的海军高级将领，在近代海军教育中也发挥了重要作用。此外，留欧学生所选专业多样，又属基本学科，他们中的一部分成为 19 世纪最后若干年里在中国的土地上发展起来的矿山采掘、工业企业、土木工程等新式企业的技术骨干。② 留欧学生的影响不仅在技术方面，在西学东渐和中学西传中也扮演过重要角色，特别值得提出的是严复和陈季同。严复翻译西书，传播西学，而陈季同则是将中国介绍给法国及世界。

严复，首批留欧学生，1877 年赴英入格林尼治海军大学，1879 年学成归国，任福州船政学堂教习，次年任天津北洋水师学堂总教习，后升总办。熊月之在《西学东渐与晚清社会》中写道：严复是中国近代史上的著名人物，他的生平，他对中国海军的贡献，他的《论世变之亟》《救亡决论》对变法救亡的呼吁，《辟韩》《原强》对专制主义的抨击，上皇帝万言书对变法的设计等，几乎是每本中国近代史都要述及的。③ 严复在传播西学上的重要贡献是译书，他先后翻译了赫胥黎的《天演论》（*Evolution and Ethics*）、亚当·斯密的《原富》（*An Inquiry into Nature and Causes of the Wealth of Nations*）、斯宾塞的《群学肄言》（*The Study of Sociology*）、约翰·穆勒的《群己权界论》（*On Liberty*）和《穆勒名学》（*A System of Logic*）、甄克思的《社会通诠》（*A History of Politics*）、孟德斯鸠的《法意》④、耶方斯的《名学浅说》（*Primer of Logic*）等作品。

严复译书中影响最大的当属《天演论》，1896 年译成，1898 年正式出版。1898 年之后的 10 多年中，发行过 30 多种不同的版本。严复翻译《天演论》意在告诉人们亡国灭种的威胁，但又不是无所作为的悲观主义，启示人们，中国目前虽弱，但仍有挽救的办法，就是强力竞争，通过努力，改变目前弱者的地

---

① 章开沅，余子侠. 中国人留学史［M］. 北京：社会科学文献出版社，2013：68.
② 章开沅，余子侠. 中国人留学史［M］. 北京：社会科学文献出版社，2013：71.
③ 熊月之. 西学东渐与晚清社会［M］. 上海：上海人民出版社，1994：682.
④ 《法意》直译为《论法的精神》，1748 年出版法文版，1768 年英人译为英文，严复翻译的是英文版。

位，变为强者。严复的翻译不是纯粹直译，而是添加按语，有评论，有发挥，最多的有三四百条，有的是解释原文，有的是对原书意思进行评论，更多的是结合中国社会情况进行发挥。① 严复是以古文译西文，想要改变士大夫心中留学生不学无术、国学根底浅薄的印象，树立留学生新形象。此外，严复在翻译过程中，自立翻译三大标准，即信、达、雅。信，内容准确；达，表达妥帖；雅，文字尔雅。

熊月之教授评价严复翻译西学原著，在近代西学东渐史上有着特殊的价值和重要的地位，除上文提到的广加按语和以古文译西文外，严复开始了中国学者自己系统独立翻译西文原著的历史。中国翻译西书，从利玛窦、徐光启，到傅兰雅、徐寿，都没有跳出西译中述的模式。晚清中国学者独立译书多与教会相关，严复是中国官派出国留学生，独立翻译西著，开始了近代西学东渐史上新的一页。严复译书，开始了全面介绍西方哲学社会科学的历史，标志着西学东渐的主题内容，越过应用科学（坚船利炮）、自然科学（声光化电）阶段，进入哲学社会科学阶段。②

陈季同，1873 年随日益格游历欧洲，1877 年作为文案随留欧学生出洋，李凤苞任驻德、法公使，他为翻译，后升任驻德、法参赞。陈季同在近代中西文化交流史上的主要贡献是向西方特别是向法国介绍和传播中国文化。③ 他出版了不少法文著作，如《中国人自画像》（*Les Chinois Peints par Eux-Memes*）、《中国戏剧》（*Le Théâtre des Chinois*）、《中国故事》（*Les Contes Chinois*）、《中国人的快乐》（*Les Plaisirs en Chine*）、《黄人的小说》（*Le Roman de I'Homme Jaune*）、《黄衣人戏剧》（*Le Homme de La Robe Jaun*）、《中国人笔下的巴黎》（*Les Parisienne Peints par Chinois*）、《吾国》（*Mon Pays*）等。其中的《中国故事》是《聊斋志异》最早的法文译本之一，也是中国人独立地、较正式地向西方翻译中国文学

---

① 熊月之. 西学东渐与晚清社会［M］. 上海：上海人民出版社，1994：698.
② 熊月之. 西学东渐与晚清社会［M］. 上海：上海人民出版社，1994：698.
③ 黄兴涛. 一个不该被遗忘的文化人——陈季同其人其书［M］//陈季同. 中国人自画像. 贵阳：贵州人民出版社，1998：III.

作品的最初尝试。用节译的方法共译出《聊斋志异》中的 26 篇作品。① 这些具有中国色彩的生动有趣的故事，深受法国人民的喜爱，在一年内就再版 3 次。《中国戏剧》则是中国人直接以西方文字较系统地向欧美传播中国戏剧的嚆矢。它从戏园的结构，中国戏的种类，角色的安排，表演的方法，开、闭幕，乃至虚与实等诸多方面，对中国戏剧进行了生动的解说，并在介绍过程中不时将其与欧洲戏剧加以比较，是继巴赞（Bazin）的《中国戏曲：元代戏曲选译》和儒莲（Stanislas Julien）的《灰阑记》等译作之后有关中国戏剧在法国较有影响且较为系统的介绍。②

　　在陈季同的所有著作中，较有影响的是 1884 年出版的《中国人自画像》和 1890 年出版的《中国人的快乐》，这两本书后来都有出版英文译本。其中《中国人自画像》是陈季同的成名作。这本书首次面对欧洲读者，从一个中国人的立场出发，对本民族的社会生活和中西文化发表看法，从而开启了中国人独立从事此种文化交流活动的先河。该书出版后，在巴黎一度产生某种程度的轰动效应，一年内至少再版 5 次以上。在伦敦出版的英文译本后附有介绍，"这是第一部由中国人自己所写的关于中国社会生活的书""作者尽可能地揭示中国的真相，并认为作为一个中国人对自己的国家和人民的了解，起码不会比那些曾经到过中国的诚实程度不同的旅行者所谈到的要少。全书内容生动有趣。人们认定，陈季同的书摆脱了那种屡见不鲜的，因民族自尊而导致的习惯性偏见"③。

（二）留学日本

　　中国近代派遣留学生到日本是在甲午战争之后。"甲午战后，中国始知国力远逊于日本，但日本在数十年前固无赫赫之名于世界，而竟一战胜我，则明治

---

①　黄兴涛. 一个不该被遗忘的文化人——陈季同其人其书［M］//陈季同. 中国人自画像. 贵阳：贵州人民出版社，1998：IV.

②　黄兴涛. 一个不该被遗忘的文化人——陈季同其人其书［M］//陈季同. 中国人自画像. 贵阳：贵州人民出版社，1998：IV.

③　黄兴涛. 一个不该被遗忘的文化人——陈季同其人其书［M］//陈季同. 中国人自画像. 贵阳：贵州人民出版社，1998：V.

维新有以致之。中日比邻，消息易于传播，加以文字障碍又较西洋为少，故去日者甚多。"① 1896 年，为了增补使馆工作人员，清驻日公使裕庚派理事官吕贤笙招募唐宝锷、朱忠光、胡宗瀛等 13 人，经总理衙门的选拔考试而获准到日本留学，拉开了近代中国人留学日本的序幕。②

1898 年 3 月，张之洞著《劝学篇》，6 月上谕令颁布各省，其《游学篇》大力提倡留学日本，"出洋一年，胜于读西书五年，此赵营平百闻不如一见之说也；入外国学堂，一年胜于中国学堂三年，此孟子置之庄岳之说也……至游学之国，西洋不如东洋：路近省费，可多遣，去华近，易考察；东文近于中文易通晓；西书甚繁，凡西学不切要者，东人已删节而酌改之。中东情势风俗相近，易仿行，事半功倍，无过于此"③。其《广译篇》力言翻译日本书籍之必要，"各种西学书之要者，日本皆已译之。我取径于东洋，力省效速，则东文之用多。……学西文者，效迟而用博，为少年未仕者计也。译西书者，功近而效速，为中年已仕者计也。若学东洋文，译东洋书，则速而又速者也。是故从洋师不如通洋文，译西书不如译东书"④。

日本方面，一些文武大员不时游说中国政要派遣学生留学日本。1898 年，日本驻北京公使矢野文雄向清廷建议："该国（日本）政府拟与中国倍敦友谊，借悉中国需才孔急，倘选派学生出洋习业，该国自应支其经费……人数约以二百人为限。"⑤ 1898 年 6 月，御史杨深秀制定《游学日本章程》，并上奏皇帝。军机处奉旨命令总理衙门奏上具体方案。总理衙门复奏："同文馆东文学生，酌派数人；并咨行南北洋大臣以及两广闽浙各督抚，就现设学堂中，遴选年幼颖悟、粗通东文诸生，开具衔名，咨报臣衙门知照日本使臣，陆续派往，即由出使日本大臣就近照料，毋庸另派监督。各生应支薪水用项，由臣衙门核定数目，

---

① 舒新城. 近代中国留学史［M］. 上海：上海书店出版社，2011：15.
② 章开沅，余子侠. 中国人留学史［M］. 北京：社会科学文献出版社，2013：81-82.
③ （清）张之洞. 劝学篇［M］. 冯天瑜，姜海龙译注. 北京：中华书局，2016：180，185.
④ （清）张之洞. 劝学篇［M］. 冯天瑜，姜海龙译注. 北京：中华书局，2016：212，215.
⑤ ［日］实藤惠秀. 中国人留学日本史［M］. 谭汝谦，林启彦，译. 北京：生活·读书·新知三联书店，1983：23.

提拨专款，汇交出使大臣随时支发。"① 派遣留学生赴日留学遂成为一种国策。

戊戌变法失败后，康有为和梁启超逃往日本，吸引了一些青年学生赴日。多所专为接收中国学生的学校在日本设立，酝酿着进一步的发展。义和团的失败，使中国人更加认识到西学的优越，学西学热情高涨。张之洞、刘坤一等大力主张赴日留学，并建议给予留学生进士、举人等资格，奖励留学。留日的中国学生人数开始迅速增加。至 1901 年年底，留日学生增至 272 人，包括官费和自费学生，留学的学校覆盖从小学、中学到专门学校和大学的全部教育阶段。1902 年 9 月，留日学生增至 614 名。1903 年，留日学生数量再创新高，达到1242 名。1904 年下半年，留日学生增至 2406 人。1905 年，国际上受日俄战争刺激，国内受废除科举制影响，留日学生数达到高潮。就该年留学生究竟有多少人，学界看法不一，最低为六千，最高为两万，一般认为在八千到一万人，实藤惠秀认为八千六百余名，当最确实。② 1906 年，留日学生人数大幅上升的势头开始减弱，之后留日学生数量逐年下降。究其原因，一是，1905 年 1 月，日本文部省颁布了《关于许清国人入学之公私立学校规程》，意在改变日本学校人满为患，出现以牟利为目的的不合格学校及留日学生鱼龙混杂的状况。二是，清政府由鼓励留学转变为限制留学，提高留学资格。1906 年 3 月，清政府颁发《限制游学办法》及《管理游学日本学生章程》，规定无论官费生、自费生，留学者都须具有中学毕业程度且通晓日语，以便直接进入日本高等学堂，同时要求政法、师范科一律停派速成留学生。③

与留学日本热基本同时出现的是"译书热"，主要指的是将日本已译的西学书籍译成中文。上文提到张之洞在《劝学篇》中提倡留学日本和翻译日书。1901 年，张之洞与刘坤一会奏提倡奖励译书，特别提倡翻译日文书籍："缘日本言政言学各书，有自创自纂者，有转译西国书者，有就西国书重加删订酌改者，

---

① ［日］实藤惠秀. 中国人留学日本史［M］. 谭汝谦，林启彦，译. 北京：生活·读书·新知三联书店，1983：24.

② ［日］实藤惠秀. 中国人留学日本史［M］. 谭汝谦，林启彦，译. 北京：生活·读书·新知三联书店，1983：39.

③ 章开沅，余子侠. 中国人留学史［M］. 北京：社会科学文献出版社，2013：93.

与中国时令、土宜、国势、民风大率相近。且东文东语通晓较易，文理优长者欲学翻译东书，半年即成，凿凿有据。如此则既精而且速矣。"① 当时留日学生普遍认为日文易学，日书易译，"学日本文者，数日而小成，数月而大成，日本之学，已尽为我所有矣，天下之事，孰有快于此者?"② 留日学生，包括其他留日人员，乃至国内机构，都热衷翻译和出版日文书籍。

翻译团体多，翻译书籍数量多是这一时期日文西书汉译所呈现出的显著特点。据熊月之的统计，从 1896 年到 1911 年，翻译和出版日本书籍的机构至少有 95 个，较为重要的如商务印书馆、译书汇编社、广智书局、教育世界出版社、作新社、文明书局、会文学社、中国医学会等，分布在东京、上海、杭州、武昌等地方。③ 留日学生积极参与译书，翻译数量剧增。从 1896 年到 1911 年，中国翻译日文书籍至少 1014 种。这个数字，远远超过此前半个世纪中国翻译西文书籍数字的总和，也大大超过同时期中国翻译西文书籍的数字。以 1902—1904 年为例，译自日文的有 321 种，占全国译书总数 60%；译自英文的共 89 种，占 16%；译自德文的 24 种，占 4%；译自法文的 17 种，占 3%。④

这一时期译书的另一个特点是内容上更偏重社会科学。洋务运动前后，中国译书更偏重自然科学，当时中国人认为西方只有"技艺"优于中国。到 20 世纪初，中国知识分子觉察到西方制度的优越，而且试图从中寻找救国救民之方，译书更侧重社会科学。⑤ 据统计，社会科学书籍 366 种，占总数 38%；史地书籍 175 种，占 18%；语言文字书籍 133 种，占 14%；应用科学书籍 89 种，占 9%；自然科学书籍 83 种，占 9%。⑥

翻译主体在这一时期也发生了转换。此前，翻译西书主体主要是西方来华传教士。中国人不懂外文，译书多采用外国人口述，中国人笔录的方式进行。

---

① 熊月之. 西学东渐与晚清社会 [M]. 上海：上海人民出版社，1994：639-640.
② 熊月之. 西学东渐与晚清社会 [M]. 上海：上海人民出版社，1994：640.
③ 熊月之. 西学东渐与晚清社会 [M]. 上海：上海人民出版社，1994：651-656.
④ 熊月之. 西学东渐与晚清社会 [M]. 上海：上海人民出版社，1994：639.
⑤ 王奇生. 中国留学生的历史轨迹：1872—1949 [M]. 武汉：湖北教育出版社，1992：283.
⑥ 熊月之. 西学东渐与晚清社会 [M]. 上海：上海人民出版社，1994：641.

翻译哪些书，如何表述，主要由外国人主导。到 20 世纪初，留日学生进入翻译队伍，翻译史上的主译者的地位发生了转换。这些留学生不仅具有新思想和新知识结构，更主要的是他们可以根据中国的国情，主动地选择西书。西学东渐由被动输入转变为主动输入。①

留日学生对近代中国有着极为深远的影响，舒新城在《近代中国留学史》中强调："留日学生达万余，实为任何时期与任何留学国所未有者。留日与我国政治、文化等之关系极大。"② 留日学生的影响甚广，涉及政治、思想、教育、军事、文化等多方面，学界多有论及，此不赘述。中国留学生赴日对日本也有影响，实藤惠秀如是说，由于中国留学生的到来，日本文化本身也进步起来。那就是由教授日语而带动的日语研究的深化，以及日语文法的改进。③

### 三、庚款与留美热潮

1881 年 6 月，留美幼童被召回，意味着第一次官费留美运动结束。赴美留学处于沉寂状态，有个别受教会学校的资助或是出洋做工赴美留学的情况。1901 年后，清政府实行新政，奖励出国游学。袁世凯从北洋大学堂中选派王宠惠等 8 名学生随傅兰雅（Fryer）赴美，开启了中国高等学校留学教育之始。④清政府财政匮乏，官派留学生数量十分有限。直到美国退回部分庚款，作为中国向美国派遣留学生的经费，掀起中国学生留美热潮。

《辛丑条约》中规定，中国赔款 4.5 亿两海关银（合 3.3 亿美元），美国分得全部赔款的 7.4%，共 2444 万美元，远超美国实际的损失。基于这一事实，中美两国一些人士努力促成美国退回部分庚款，用于中国留学生赴美留学。促成此举者，中方主要是第四批留美幼童，1903 年至 1907 年任驻美公使的梁诚。梁诚与美国国务卿海约翰就庚子赔款付款的问题进行交涉，知悉美国政府对

---

① 王奇生. 中国留学生的历史轨迹：1872—1949 [M]. 武汉：湖北教育出版社，1992：284-285.

② 舒新城. 近代中国留学史 [M]. 上海：上海书店出版社，2011：31.

③ ［日］实藤惠秀. 中国人留学日本史 [M]. 谭汝谦，林启彦，译. 北京：生活·读书·新知三联书店，1983：429.

④ 章开沅，余子侠. 中国人留学史 [M]. 北京：社会科学文献出版社，2013：93.

"超索"事实承认后，从 1905 年开始，主动交涉退还超索的庚款。在梁诚的努力下，海约翰答应努力促成美国政府和国会退还"超收"之款。① 梁诚为争取美国舆论界的同情，接待记者，演说，游说国会议员，取得显著的效果。

美方主要是来华传教士明恩溥（Smith）和时任伊利诺伊大学校长埃德蒙·詹姆士（James）。明恩溥在 1906 年回到美国，很快开始为美国退回超索庚款奔波。他先后在新泽西、佛蒙特做演讲，呼吁应退回超索的款项，而且这笔钱应用在未来能稳固中美两国关系的领域。② 1906 年 3 月 6 日，明恩溥在白宫面谒西奥多·罗斯福总统，向他介绍庚款办学的建议。10 天后，罗斯福总统写信给明恩溥，称赞他的作品是了解中国最好的信息来源。1906 年 4 月 3 日，罗斯福总统再次写信给明恩溥，表示同意他的建议，会尽力去实现，但是他不能干预国会的决定。总统还提到会征询美国大学的意见。③ 除明恩溥外，伊利诺伊大学校长埃德蒙·詹姆士力主利用庚款来办教育。詹姆士给罗斯福总统写了备忘录：哪一个国家能做到教育这一代中国青年，哪一个国家便由于付出努力而在精神上、知识上和商业的影响上取得最大可能的报偿。……中国已经派出成百上千的留学生到欧洲、日本学习，这意味着当这些人回到中国时，他们会建议中国学欧洲和日本，而不是美国。④

退还超索庚款的交涉并不顺利，一直到 1907 年 12 月 3 日，罗斯福总统在国情咨文中不仅提出授权减免庚款的要求，还提出该款的用途。他说："我国宜实力助中国厉行教育，使此巨数国民能以渐融洽于近世之境地。授助之法，宜招导学生来美，入我国大学及其他高等学校，使修业成器，伟然成才，谅我国教育界必能体此美意，同心合德，赞助国家成斯盛举。"⑤ 1908 年 5 月 25 日，美

① 梁碧莹. 艰难的外交：晚清中国驻美公使研究 [M]. 天津：天津古籍出版社，2004.319.

② Theodore D. Pappas. Arthur Henderson Smith and the American Mission in China [J]. The Wisconsin Magazine of History，1987，70（3）：175.

③ Theodore D. Pappas. Arthur Henderson Smith and the American Mission in China [J]. The Wisconsin Magazine of History，1987，70（3）：176.

④ Arthur H. Smith. China and America today：A Study of Conditions and Relations [M]. Fleming H. Revell Company，1907：214—215.

⑤ 梁碧莹. 艰难的外交：晚清中国驻美公使研究 [M]. 天津：天津古籍出版社，2004：324.

国国会在联合决议中，除提出退款的具体数目外，还明确指定作为清政府派遣留美学生的教育经费。就退回的庚子赔款的用途，当时中国国内亦有不同看法，如袁世凯认为应该先办路矿，以其余利振兴学务，但最终未能成行。

中美两国商定自 1909 年起从庚款中逐年拨发部分，拨款数额有具体规定，资助中国向美国派遣留学生。清政府设置专门机构来负责组织向美国派遣留学生。1909 年 7 月 10 日，外务部和学部会奏，在北京设"游美学务处"，附设"游美肄业馆"，负责考选学生、管理肄业馆、遣送学生等。1909 年 9 月 16 日，游美学务处在北京正式设立，以周自齐为督办，唐国安、范源濂为帮办。游美学务处在筹建期间就着手留美学生的选拔。考选学生分为两格，第一格学生在15~20 岁之间，要求"国文通达，英文及科学程度可进入美国大学或专门学"，每年拟定 100 名；第二格学生在 15 岁以下，要求"国文通达，资禀特异"，每年拟取 200 名。这些学生被录取后，先入肄业馆学习数月或一年，通过考试赴美留学，未入选者，仍留馆肄习。① 游美学务处在 1909 年 9 月和 1910 年 7 月先后组织了两次选拔考试，第一次录取了程义法、唐悦良、梅贻琦等 47 人，第二次录取了胡适、赵元任、竺可桢等 71 人。第二次考试还录取了备取生 143 人，以备入游美肄业馆学习。

两次留美选拔考试录取学生共 118 人，不足每年百名定额。学生被录取后，在较短的时间内赴美。在此过程中，游美肄业馆并未发挥其"养成教育"的作用。游美肄业馆"原为选取各生未赴美国之先，暂留学习而设"，希望学生最少在馆接受半年至一年的品学考察与国文训练，然而师资和设备一时欠缺，派遣留美又必须依计划执行，学生留馆学习的时间甚短。② 游美学务处在 1910 年 12 月提议将"游美肄业馆"改为"清华学堂"。1911 年 4 月 9 日，外务部会同学部批准将游美肄业馆改名为清华学堂，定学额为 500 名，分为中等及高等二科，各为四年毕业。中等科毕业后，须经过甄别考试才能晋升高等科。高等科毕业

---

① 章开沅，余子侠. 中国人留学史 [M]. 北京：社会科学文献出版社，2013：120-121.
② 苏云峰. 从清华学堂到清华大学：1911—1929 [M]. 北京：生活·读书·新知三联书店，2001：15.

后须经过考试才能派遣留美。①

专门管理机构和预备学校的设立，使庚款留美人员的选派和培养渐入正轨，拉开了留美教育热潮的序幕。清政府为鼓励自费留学，还实施津贴生制度，用一部分庚款资助已经在美留学的自费生。凡在美国大学本科肄业两年以上的自费生，若品学优良，因家贫未能继续学业者，可提出请求。经驻美出使大臣或部派驻美留学监督审查合格，即给予年费津贴。初定先资助 50 人，每人每月 40 美元，以连发三年为限。这一奖励自费生的制度大大地激励了学子自费赴美留学。② 至 1911 年，留美学生增至 650 人，其中官费 207 人，自费 443 人。

1911 年辛亥革命爆发，清华学堂一度停课。1912 年 5 月重新开学，至 1912 年 10 月清华学堂改名清华学校。1928 年，清华学校改办为清华大学，1929 年派出最后一期学生，结束了作为留美预备学校的历史。庚款留美改为面向全国学界公开招考。1912—1929 年间，清华学校培养直接留美生 967 人，年幼生 12 人，直接留美女生 53 人，专科生 67 人，共派遣留美学生 1099 人。另有庚款津贴生、特别官费生等，共计 1648 人。③

庚款留美学生到美国后，分别进入美国 32 州 128 所学校，大多集中于东部和中部各州之著名大学，据统计有清华学生 20 人以上者 17 校。庚款留美学生考选标准高，求学期间大都勤奋刻苦，多学有所成。据学者研究，969 名庚款留美学生中，获得博士学位者 183 人占 19%，获得硕士学位者 436 人占 45%，获得学士学位者 248 人占 25%，未得学位者近 80 人占 8%。④ 1926 年，据清华大学校长曹云祥的统计报告：清华学生约有 1400 人，其中除 230 人尚在学校继续肄业外，在美尚未完成学业者 400 人，学成归国者约 800 人。此外，资助之专科男生约 50 人，女生 50 人，半费补助生每年 50 人。在已回国之 800 人中，服务于教育界者 300 人（38%），其中，任校长者 10 人，教务主任 40 人，教师及职

① 苏云峰. 从清华学堂到清华大学：1911—1929 [M]. 北京：生活·读书·新知三联书店，2001：16.

② 章开沅，余子侠. 中国人留学史 [M]. 北京：社会科学文献出版社，2013：127-128.

③ 章开沅，余子侠. 中国人留学史 [M]. 北京：社会科学文献出版社，2013：284.

④ 苏云峰. 从清华学堂到清华大学：1911—1929 [M]. 北京：生活·读书·新知三联书店，2001：340.

员 250 人。服务于医法及各社会事业者，约 160 人（20%）。服务于工程界者 100 人（13%），其中，任总工程师者 20 人。服务于商业界者 60 人（8%），其中，任公司经理者 15 人。服务于银行界者 50 人（6%），其中，任经理及行长者 10 人。服务于交通界者 50 人，其中，任铁路局长者不少。服务于政治外交界者 50 人。在报告的最后，他说："以此成绩与国外任何大学相较，当亦无大逊色。此美国政府以庚款兴学，与清华担负此兴学之责任者，所堪共慰者也。"①

### 四、女子留学

据学界研究，近代中国最早出洋留学的女性是金雅妹，她幼年时为美国长老会传教医师麦嘉缔（Divie McCartee）收养。金雅妹跟随麦嘉缔夫妇在日本接受了初等和中等教育。她在 1881 年考入纽约医院附属女子医科大学，成绩优异。② 她毕业后回到中国，在多地行医和从事社会服务。1907 年任北洋女医院院长；1908 年创办护士学校，名为"北洋女医学堂"。继金雅妹后，1884 年，柯金英在福州教会医院资助下赴美留学，1894 年毕业于费城女子医科大学。她回国后，先后主持福州妇孺医院、马可爱医院。1898 年，柯金英出席伦敦世界妇女协会，是中国出席国际会议的第一个妇女代表。③ 1892 年，康爱德和石美玉随卫理公会女教士吴格矩（Howe）赴美，考入密歇根大学-安娜堡医学院学医，毕业回国后，先后在九江、南昌、上海等地行医和服务。

甲午战后，随着维新变法的展开，女子教育逐渐受到重视，但是如舒新城所言，1903 年以前，女子教育在学制系统上尚无正式的地位，就是当时一般自命为明达的人，创办女学，也只以上可相夫，下可教子，近可宜家，远可善种的理论为根据，当然说不到留学。④ 19 世纪末 20 世纪初，女性留学生多是随父兄或丈夫留学，如 1899 年，浙江 9 岁女孩夏循兰就读日本华族学校；1900 年，浙江女子钱丰保前往日本，后入读实践女子学校。1902 年年底，留日女生已有

① 苏云峰. 从清华学堂到清华大学：1911—1929 [M]. 北京：生活·读书·新知三联书店，2001：343.
② 孙石月. 中国近代女子留学史 [M]. 北京：中国和平出版社，1995：44-45.
③ 孙石月. 中国近代女子留学史 [M]. 北京：中国和平出版社，1995：47.
④ 舒新城. 近代中国留学史 [M]. 上海：上海书店出版社，2011：85.

十余名。① 与此同时，也有女子自费赴美留学。

官费留学女子的派遣最早在 1905 年。1904 年 11 月，湖南省请求日本实践女子学校接收 20 名湖南女生。1905 年 7 月，日本实践女校专门设立中国留学生分校，正式接收 20 名湖南女生入学。之后多省派出官费女子赴日留学。日本东亚女校和成女学校设置专门招收中国学生的教育机构，其他十余所女子学校也有中国学生就读。据不完全统计，1908 年，中国留日女生总数 126 名，1909 年 149 名，1910 年 125 名。②

官费女子留美的派遣比留日女子派遣要晚。1906 年，端方等人出洋考察，在美国参观学校时，与美国各校商谈派遣留学生，耶鲁大学每年愿赠学额 11 名，康奈尔大学愿赠学额 6 名，威斯利女子学院愿赠学额 3 名。③ 1907 年 6 月，江苏省考选男生 10 人赴耶鲁大学和康奈尔大学，同时选女子 3 人赴威斯利女子学院，这是我国首次派遣的官费留美女生。1908 年，浙江省同样考选了 10 名男生赴耶鲁大学和康奈尔大学，考选 3 名女生赴威斯利女子学院。当时除录取 3 名外，还备取 2 名，后 3 名照原案赴美，备取的 2 名改派留学日本。④ 同期，英国教育界对中国女子前往留学，亦热忱相助。1910 年，英国女子教育界成立"英国招待留学英国华女干事会"。该会印有中英文章程 20 份，通过清朝驻英大臣转发中国各省，"俾中国女学生藉知来英留学大概情形，不致仍前裹足，庶得风气日开，于中国女子前途，不无裨益"⑤。

官费留学女子的派遣，标志着女子留学进入了一个新阶段，而女子自费留学同时进行。女子留学途径由单一的自费发展为公费、自费并举；留学人数由

---

① 孙石月. 中国近代女子留学史 [M]. 北京：中国和平出版社，1995：62.

② 王奇生. 中国留学生的历史轨迹：1872—1949 [M]. 武汉：湖北教育出版社，1992：328.

③ 康奈尔大学当时译为干尼路大学，威斯利女子学院（Wellsley College）当时译为委耳司雷女学校。

④ 孙石月. 中国近代女子留学史 [M]. 北京：中国和平出版社，1995：69.

⑤ 王奇生. 中国留学生的历史轨迹：1872—1949 [M]. 武汉：湖北教育出版社，1992：329.

零星几人，发展到成批上百人；留学方式由随同父兄、夫婿前往到独自出国留学。① 1910 年 6 月，学部提高女子留学选拔资格，同时给予女子留学与男子一样享受补给官费的待遇。"女生游学为养成母教之基……留学外国，以进求高等专门学艺为主，故定章凡出洋学生，必须中学毕业程度方能派遣。……至自费女生补给官费，应以考入东京高等女子师范学校，奈良高等女子师范学校，蚕业讲习所女子部三校为限。照考取之先后名次与男生一体挨次补给本省官费。"② 1911 年 4 月，清政府颁布《编订女生留学的酌补官费办法》，规定："赴欧美女生，查其学力优良，品行方正，俟毕业归国时，足资启本国教育者，由部选定补给官费，至普通留学女生，经本省提学使考验，果有学力与章程合格者，亦准补给官费，以期女学教育之发达。"③

进入民国时期，伴随着国内女学的发展，女子留学日趋繁盛。据 1914 年统计，在 1300 名中国留美学生中，女生有 94 名。1917 年，留美女生增加到 200 人。1925 年，留美学生总数为 2500 人，其中女生占 640 人。④ 民国时期，女子留学生仍以留日最多，据 1936 年统计，中国女子留学日本人数约为 520 人。另据国民政府教育部在 1930—1931 年对女子留学地域的统计，其中 53.3%留日，28.6%留美，18.1%留欧。据学者推测，近代中国留日留美留欧女生人数当超过一万人。⑤

近代中国女子留学发生在男子留学之后，留学人数也远不及男子，但比男子留学有着更丰富的内涵，不仅有救亡图存、强国富民的普遍内容，还有着中国女性从中国走向世界和近代化的特殊意义。⑥ 近代中国出国留学的女子是中国女性中最早接受教育、具有新思想观念的一批人，她们虽然人数不多，但是在

---

① 王奇生. 中国留学生的历史轨迹：1872—1949 ［M］. 武汉：湖北教育出版社，1992：329.
② 舒新城，近代中国留学史 ［M］. 上海：上海书店出版社，2011：86.
③ 孙石月. 中国近代女子留学史 ［M］. 北京：中国和平出版社，1995：307.
④ 王奇生. 中国留学生的历史轨迹：1872—1949 ［M］. 武汉：湖北教育出版社，1992：329.
⑤ 王奇生. 中国留学生的历史轨迹：1872—1949 ［M］. 武汉：湖北教育出版社，1992：330.
⑥ 孙石月. 中国近代女子留学史 ［M］. 北京：中国和平出版社，1995：前言.

近代中国妇女解放、女子教育、医学、科学、文学、社会改良等方面做出杰出的贡献，发挥了不可替代的作用。

在近代中国留学运动中，较显著的还有赴法勤工俭学、20 世纪 20 年代的留苏热潮、20~30 年代的留德热潮等，因篇幅所限，此不赘述。在近代中国历史上，留学生的人数逾 10 万人，他们肩负着西学东渐和中学西传的双重使命，使中国更了解世界，也使世界更好地了解中国。现在中国的留学规模远超过去，据教育部公布的统计数据，2018 年有 49.2 万各类外国留学人员在华学习，2019 年我国出国留学人员总数达 70.35 万人。我们更应该重视留学生在中外人文交流中的纽带作用。

**推荐阅读书目**

［1］舒新城．近代中国留学史［M］．北京：中华书局，1929.

［2］王奇生．中国留学生的历史轨迹：1872—1949［M］．武汉：湖北教育出版社，1992.

［3］章开沅、余子侠．中国人留学史［M］．北京：社会科学文献出版社，2013.

［4］叶维丽．为中国寻找现代之路：中国留学生在美国［M］．北京：北京大学出版社，2012.

［5］［日］实藤惠秀．中国人留学日本史［M］．谭汝谦，林启彦，译．北京：生活·读书·新知三联书店，1983.

［6］孙石月．中国近代女子留学史［M］．北京：中国和平出版社，1995.